中國民主運動史

從延安王實味爭民主到西單民主牆

翁衍慶——著

目次

導讀

一九八二年十一月，中共留學生第一位獲得博士學位的王炳章先生在美國紐約宣布「棄醫從運」，發起「中國之春」民主運動，舉世雀躍，即為王博士的壯舉而喝采，又為中共在鎮壓「四五天安門民運」和「西單民主牆」之後，民運之火能夠移植海外而鼓舞。人人寄望國內外民運力量的結合，能為中國民主運動帶來一番新氣象。一年後，王炳章又將他集結的民運力量組建為「中國民主團結聯盟」（「民聯」），並在世界各主要城市成立分部。

一九八三年，筆者負笈美國，同學中不乏大陸民運人士，課餘促膝長談，常涉及中國民運之議題，深受他們的民運思想和熱情感動，自此關心中國民主運動的發展情勢。即使在回台後，仍難予忘懷。

「八九民運」爆發後，吸引全球目光，人人都在關注情勢的發展。當看到學生因未能獲得中共善意回應，在天安門廣場採取絕食激烈抗爭手段時，深感不捨，尤其廣場出現一幅「大字報」，學生寫道：「媽媽我很餓，但是我不吃！」更是令人心酸落淚。然而在看到中共總書記趙紫陽出現在學生絕食現場，眼含淚光哽咽的說：「我們來得太晚了……對不起同學們，你們可以批評我們，這是應該的。」以為中共終於被學運感動了。但是，就在這一天鄧小平以趙紫陽同情支持學運，決定罷黜趙紫陽，並堅持學運就是「動亂」，指使軍隊血腥屠殺廣場上民運學生，爆發了震驚世界的「六四」血案。

「六四事件」後，一些學運領袖、異議人士和趙紫陽的智囊紛紛外逃到歐美各國，在巴黎成立「民主中國陣線」(「民陣」),並與「民聯」共同聲明:「作為中國海外民主運動的兩支主要力量,應該在積極合作的基礎上迅速走向聯合」,「向組織上的合併努力,並同時推動有共同意願的其他民運團體一起合併。」

這本是一件好事,如果「民聯」和「民陣」確能合併,並團結海外所有民運力量向中國境內推動民主運動,勢可重振「六四」被打壓後沉寂的民運士氣。可惜這一次合併,卻造成了海外民運最大的分裂,使海外民運從此一蹶不振。

海外民運共分裂了兩次,對中國民運造成了難以彌補的傷害:

第一次的分裂,發生於一九八九年一月的中國「民聯」的「罷王風波」。「民聯」卸任主席王炳章和現任主席胡平之間產生矛盾,導致分裂,王炳章被開除盟籍。「擁王派」出走,另成立「中國民主黨」。當年即爆發「八九民運」,因「民聯」的分裂,在天安門民主運動期間,未能團結一致充分支援大陸民運,不無遺憾。

第二次的分裂,發生在一九九三年一月,「民聯」和「民陣」在美國華府舉行大會,合併為「中國民主聯合陣線」(「民聯陣」)。一月三十一日選舉主席,最受矚目的候選人是德高望重,年逾七旬的老民運志士王若望先生(《上海文學》副主編,被鄧小平點名批判,開除黨籍,一九九二年八月流亡美國)。會前大家有基本共識,新組織由王老領導,藉其聲望團結整合海外民運各派系的力量。前上海學運領袖徐邦泰亦表態全力支持,還為之助選。但臨到報名參選時,徐邦泰突然背信,堅持參選主席,並強力運作。王若望原定當選後,由徐邦泰作他的副手,情勢丕變,深感這是「嚴重的道德問題,是一種陰謀和手段」,「徐邦泰為了能當上主席……成為一支內鬥的槍。」既然「有人向他潑冷水」、「搞陰謀詭計」,他宣布退出競選。因不齒徐邦泰的作為,又有其他候選人五人退選,與會代表近三分一退席抗議。留在會場的代表,不忍見到分裂,投票選出徐邦泰擔任主席。

「民聯」和「民陣」隨即宣布退出「民聯陣」，恢復獨立運作。原本的一個「團結」大會，只因個人的私慾（財源）和野心（權力），造成海外民運組織空前的大分裂。原最具影響力的《中國之春》民運刊物，也為徐某強取豪奪，只出刊了數期，即因貪污經費，被切斷財源停刊。

這一次的大分裂，使海外民運從此陷入谷底，民運領袖雖數次嘗試再整合各組織，都無功而返。許多民運人士在失望之餘，黯然退出活動。部分民運領袖甚至「棄運從商」，各界對民運組織的捐款幾乎斷絕，各組織無不經費拮据，無力運作，多已名存實亡。即使如「民聯」亦只能勉強支撐《北京之春》網刊發行，而寄望王炳章能夠回盟，重新領導「民聯」，再創奇蹟。可惜王炳章在二〇〇二年在中越邊界被中共誘捕，判處無期徒刑，獲釋機會渺茫（目前在海外具整合領導民運力量的領袖中，有人認為楊建利博士可能是較佳人選）。

王炳章和許許多多民運人士辛辛苦苦所建立的海外民運力量，就因為這兩次分裂，而毀於一旦，識者莫不感到親痛仇快。

自大陸民運陷入低潮後，筆者即有心研究中共治權下的中國民主運動史，並廣泛收集資料，發現多數研究者以一九七六年的「四五運動」，作為中國民運濫觴之始，也有人認為一九七九年的「西單民主牆」，才是中國民主運動的起始。這些看法，各有其立論基礎，但筆者以為任何民主運動的爆發，絕非突然蹦出，必然有其歷史的淵源，承續無數前人留傳下來的民主思想和言行典範，累積茁壯，當不滿怒氣聚積達到臨界點，再也無法壓抑時，自然就會爆炸開來。

中共自贛南「長征」抵達延安，毛澤東完全奪得黨政軍大權後，開始了獨裁政治。一九四一年五月發起「整風運動」，整肅了「洋共」王明，鬥爭矛頭即轉向延安的知識份子。當時中共中研院研究員王實味撰寫了〈野百合花〉一文，諷刺中共領導階層與群眾脫節，並鼓吹言論自由和民主選舉，獲得延安知識份子的共鳴。毛澤東怒拍桌子說：「是王實味掛帥，還是馬克思掛帥？」王實味因而被殺。《中國思想運動史》一書說：「（延安整風運動）直到現在，它仍然影響著中國大陸的思想生活和政治生活。」王實味實為中共治權下的中國民主運動第一個烈士。

國府時期著名「民主人士」梁漱溟，在中共建政後，於一九五三年向毛澤東為農民請命。他說：「中國將近三十年的革命中，中共都是依靠農民而以鄉村為根據地的。但自進入城市後，工作重點轉移於城市……而鄉村的農民生活卻依然很苦。」「如今工人的生活在九天，農民的生活在九地，有『九天九地』之差。」毛澤東怒不可遏的說：「梁漱溟提出所謂『九天九地』……完全是徹底的反動思想，這是反動化的建議。」梁漱溟是毛澤東取得政權後，敢與他唇槍舌劍爭辯的唯一之人。梁漱溟在長達半年的被批鬥中，始終堅持：「三軍可奪帥也，匹夫不可奪志！」因此他被公認為中共治權下影響中國思想運動的重要人物，可證明他為農民請命的「九天九地」言論之重要性，和爭取「言論權」的言行，為爾後的大陸民主運動留下了良好典範。

國府時期知名親共作家胡風，早在一九四五年在重慶發表與毛澤東〈在延安文藝座談會上的講話〉內容相背的文章，已得罪毛澤東。一九五二年，毛澤東決心在這篇〈講話〉發表十周年紀念之際，整肅胡風。胡風拒絕認錯，寫了一篇三十萬字的〈關於解放以來的文藝實踐情況的報告〉，主張創作自由、學術自由、思考自由，作家應保持獨立人格等等。激怒毛澤東於一九五五年把胡風打成「反革命集團」，並指示編印《關於胡風反革命集團的材料》，還親撰序言。然而在兩年後的「鳴放」時期，不少知識份子為胡風鳴不平。胡風的〈萬言書〉，因而對中國民運發展起了啟思作用。

梁漱溟和胡風都是中國頂尖著名知識份子，一個爭言論自由，一個爭寫作自由。二人雖因言獲罪，但並不畏權勢，敢於面對毛澤東力爭思想言論自由，所作所為，與民主運動訴求目標一致。毛澤東為馴服全國知識份子，拿梁、胡二人開刀，鋪天蓋地揭批二人的言論，實則是幫助民運思想的傳播。

毛澤東為引誘出更多右派份子，在一九五七年搞了個「引蛇出洞」的「陽謀」，藉鼓吹「鳴放」，保證「言者無罪」，使許多知識份子，特別是所謂「民主人士」，紛紛上當，把中共缺乏民主，剝削人民自由，不尊重人權等實情，傾洩而出，結果都被打為右派，遭受迫害。雖然他們言論都是被誘騙出來，但內容多與民主、自由和人權有關。尤其這些右派份子多屬高級知識份子，和高校學生領袖，由於在「鳴放」當時，毛澤東允許新聞照實報導，因此傳播開來的民運思想，影響極廣。如：

「民盟」副主席章伯鈞說：「現在許多人都說資本主義不好，事實上資本主義還有活力。為什麼還有活力？就因為有多黨制度，有民主制度，有眾議院和參議院，有在朝黨和在野黨……資本主義為什麼還沒有完蛋？就因為有民主。資本主義的國家辦法是：你不行，我來；我不行，你來。在朝的罵在野的，在野的罵在朝的，這就是活力。」

《光明日報》總編輯儲安平說：「（黨群關係不好）關鍵在『黨天下』的這個思想問題上。我認為黨領導國家並不等於這個國家即為黨所有；大家擁護黨，但並沒有忘記自己也還是國家的主人。」

其他「民主人士」批評中共的言論有：「黨政不分，以黨代政，以黨代法」；「國家是共產黨領導的，但不是共產黨所有的。」；「黨究竟應在國家之上，還是應在國家之中？」；「十分懷疑：中華人民共和國的一切權力屬於人民呢？還是中華人民共和國的一切權力屬於共產黨？共產黨是為人民服務的呢？還是人民為共產黨服務呢？共產黨是人民的勤務員呢？還是人民的統治者？人民是國家的主人呢？還是奴隸？」；「（憲法）第八十九條規定人身自由不受侵犯，非經法院決定或檢察院批准不受逮捕，而肅反時的行動證明這條文全被破壞了；第八十七條規定的言論、出版、集會、結社的自由，事實都沒有得到保證。」「大家都把憲法當作一張紙，通過後也就算了……把憲法當成了手紙，亂關人、亂捕人、拆（檢查）信等等，都可以為所欲為」等等。

毛澤東鼓吹「鳴放」誘敵，結果誘發了中共建政後的第一個民主運動——「五・一九學運」。一九五七年五月，中共召開「新民主主義青年團」代表大會。北京大學學生在十九日張貼大字報，質疑北大代表的產生方式不符民主程序，提議開闢「民主牆」。中文系學生張元勳寫了一首詩歌說：「是時候了，年輕人，放開嗓子唱！把我們的痛苦和愛情，一齊都寫在紙上！不要背地裡不平，背地裡憂傷。心中的酸甜苦辣，都抖出來，見一見天光。」「我的詩，是一支火炬……它的火種，來自——『五四』！」

張元勳因而遭到嚴厲批判，同系才女林昭抱不平說：「他有什麼地方值得你們一鬥？我們不是號召黨外人士提意見嗎？人家不提，還要一次一次地動員人家提。人家提了，怎麼又勃然大怒了呢？」為此兩人同被打為右派份子，開除學籍。

林昭後來參與地下民刊《星火》的編輯，被中共以「陰謀推翻人民民主專政」和「反革命」罪名逮捕。在獄中，林昭堅持不放棄民主信念，而被剝奪使用紙筆權力。她就用尖銳物品，戳破指頭、肌膚，沾鮮血在牆壁、襯衫和床單上，書寫了二十餘萬字的血書，控訴中共奴役、剝削人民自由，和殘酷鬥爭。她寫道：「一息尚存，此生寧坐穿牢底，決不稍負初願，稍改初志。」因此她受到慘絕人寰的對待，她在血書上寫道：「最最慘無人道，酷無人性的是：無論在我絕食中，在我胃炎發病，痛得死去活來時，乃至在婦女生理特殊情況下，不僅從來未為我解除過鐐銬，甚至從來沒有減輕。」她說：「人血不是水，淘淘流成河。」林昭曾在「土改」時殘酷鬥爭地主，並揭發母親的「罪行」。後來，她徹底覺醒向母親懺悔：「今後寧可到河裡、井裡去死，決不再說違心話！」一九六八年四月二十九日，林昭被中共祕密槍決，時年三十六歲。死後，中共還向林母索取子彈費人民幣五分錢。不久，林母瘋了，死在街頭。

「五・一九學運」爆發後。北大學生的大字報說：「北大的學生運動，不過是一次世界規模的民主運動的序曲而已。全世界注視著中國，中國注視著青年學生，青年學生注視著我們北京大學，所以我們沒有權利放鬆自己的戰鬥。」

五月下旬，北大學生舉辦「關於胡風問題」辯論會，人民大學法律系學生林希翎與會，她指控中共鬥爭「胡風集團」的錯誤，批評中共「沒有新聞自由」，「真正的社會主義是很民主的，但我們這裡是不民主的，我把這個社會叫做在封建主義基礎上產生的社會主義。」她後來又在歷次演講中說：「（共產黨）在革命大風暴中和人民在一起；當革命勝利了就要鎮壓人民，採取愚民政策。」劉少奇看到林希翎發言內容，批示：「極右份子」，因此成了「六大右派」份子之一（另五人均為民主人士）。

四川大學女學生馮元春，是另外一個敢說敢當的民運烈士。一九五七年六月，馮元春在校內「鳴放辯論會」上說：「毛澤東是偽馬列主義者，共產黨是最殘酷的集團」，「在馬克思的著作裡根本沒有『無產階級專政』這一詞，全是毛澤東的杜撰和引申。所謂無產階級專政就是用暴力奪取政權後的統治階級組成的政府，借用軍隊、警察、監獄去鎮壓老百姓，他們不給人民任何民主自由的權力，也不遵循法律去依法辦事，全國人民代表大會所製定通過的『憲法』僅是一紙空文，毛澤東要想怎麼幹就怎麼幹，想打倒誰就打倒誰，想關誰就關誰，這決不是馬列主義者，是徹頭徹尾的獨裁！」馮元春被逮捕後，以「現行反革命罪」遭判處徒刑二十年。文革時，她在獄中高呼：「打倒獨裁暴君毛澤東」，而被殺害。

「五・一九學運」也有教師積極參與，他們

對中共批評的言論，較「民主人士」的鳴放，更入木三分。如：復旦大學教授楊兆龍批評中共不能將法律定義為「階級鎮壓的工具」；北大「天水心」的大字報說：「黨獨攬一切，專斷一切，黨即人民全體，黨即國家，黨即法律。所謂『民主』實際上已被黨主所代換」；上海第二醫學院大字報說：「已解放八年了，中國人民應該站起來了。應該由中國人民來管理自己的國家！」清華大學徐璋本教授說：應該「取消用馬列主義作為我們的指導思想」。

北大王書瑤的大字報說：「什麼『共產黨是自己的解放者』，什麼『毛主席是中國人民的大救星』，什麼『永遠跟著共產黨走』。於是一切功績都是共產黨賜給的，解放是，民主自由是，大鳴大放也是。但是，不，決不是這樣，人民群眾才是自己的解放者。」「當全國人民的命運掌握在一個小集團手中的時候……一旦小集團不能代表人民而只能代表他自己的時候，人民就要毫不留情地拋棄它……人民一定要自己掌握政權。」「如果不願歷史重演……（人民）就應該及早起來，結束這種權力高度集中的局面，真正的自己當家作主，真正自己決定自己的命運。」

天津第三女中教師黃心平說：「既然允許民主黨派存在，為甚麼不可以實行各政黨輪流執政的辦法呢？」人民大學講師葛佩奇說：「（中共）搞得好，可以；不好，群眾可以打倒你們，殺共產黨人，推翻你們，這不能說不愛國，因為共產黨人不為人民服務。共產黨亡了，中國不會亡……群眾要推翻共產黨，殺共產黨人，若你們不改，不爭口氣，腐化下去，那必走這條路，總有那麼一天。」

「五‧一九學運」之言論，不遜於後來的「西單民主牆」和「八九民運」。但因這是毛澤東所誘發出來的一次民運，學生和知識份子以為只要「鳴放」，毛澤東就會聽到「虛心接納」。所以僅止於言論的發表，未若「西單民主牆」能藉「民運刊物」傳播思想，又因為局限於個人言論的表現，也未能產生民運領袖，因此無法如

「八九民運」發展為組織性的行動。

在一九五八年之前，從延安時期的王實味，到中共建政後的胡風，「鳴放」期間的「民主人士」和高校師生等發表的爭民主、反獨裁言論，除梁漱溟一人外，基本上都是毛澤東誘騙出來，卻無意間在民間，在知識份子和校際之間播下了民運的種子，並且默默滋長。尤其林昭、林希翎、馮元春三位女學生在「五・一九學運」中樹立的典範，最受爾後民運人士推崇。

自「反右鬥爭」結束後，毛澤東不再誘敵出洞，但卻開始有人主動反對毛澤東的錯誤政策。一九五八年三月，毛澤東推出「極左」的「三面紅旗」（大躍進〔土法煉鋼與密植深耕〕、人民公社、總路線）之激進路線，宣稱要「五年超過英國，十五年趕上美國」。但「三面紅旗」造成中共經濟崩潰，民不聊生。毛澤東被迫在「七千人大會」上作了「自我檢討」，種下毛澤東發動「文革」，以鬥爭自劉少奇以下全國「反毛」幹部的惡因。

最先「嗆」聲的是武漢大學校長李達（中共創黨元老）。一九五八年九月，李達當面質問毛澤東：大躍進「密植深耕」的農耕口號「人有多大膽，地有多高產」這句話通不通？毛澤東舉紅軍「長征」為例，說「人的主觀能動性可以克服看起來不可能克服的困難」。李達不同意說：「肯定這個口號，就是認為人的主觀能動性是無限大，就是錯誤。」他勸毛澤東：「你不要火上加油，否則可能是一場災難。」「你腦子發熱，達到三十九度高燒，下面就會發燒到四十度、四十一度、四十二度，這樣中國人民就要遭受大災大難了！」李達一語中的，人躍進餓死了二千萬人。文革時，李達被鬥死。

國防部長彭德懷也看不下去，對「三面紅旗」提出質疑，他在於一九五九年三月政治局會議和七月廬山會議上說：「『大躍進』的政策從根本上來講……是錯了！」「人民公社辦早了」，「若不採取措施改正過來……恐怕人民就不會相信你共產主義了。」他還寫了一封〈致主席信〉說：浮誇風氣滋長，「對糧食的產量估計過大，造成了一種假象。」「在對發展鋼鐵的認識上，有嚴重的片面性。」總之「犯了不夠實事求是的毛病」，「一些左的傾向有了相當程度的發展，總想一步跨進共產主義。」

湖南省委書記周小舟也在廬山會議上當面對毛澤東說：「上有所好，下必甚焉」。「哪裡有什麼萬斤畝？」水電副部長李銳問毛，怎會相信有「萬斤畝」？又說「『以鋼為綱』、『三大元帥』（毛澤東提出的「一為糧、二為鋼、加上機器，叫三大元帥。三大元帥升帳，就有勝利的希望。」）等口號不科學。」

結果這幾人被打為「彭德懷反黨集團」，慘遭批鬥。彭德懷等這些坐擁天下的高幹，都是毛澤東獨裁的幫兇，在這個時候，也能「為民請命」，那民間不滿的情緒，當然更是高亢，孕育了民運思潮的發展。

北大校長馬寅初是另一個典範。毛澤東曾在一九四九年發表〈唯心歷史觀的破產〉一文說：「中國人口眾多是一件極大的好事，再增加多少倍人口也完全有辦法。」但是馬寅初認為「人口太多是我們的致命傷」。一九五七年，他當面向毛澤東直言：「不控制人口，不實行計劃生育，後果不堪設想。」並提出他研究報告《新人口論》，但遭到《人民日報》批判。「大躍進」時，毛澤東要「超英趕美」，人力是他推動極左政策的重要資源。馬寅初的節制人口論，便成了絆腳石。於是展開全國性地批判「馬寅初的反動思想」。毛澤東還挑釁的說：「不服輸，不投降，可以繼續寫文章，向我們作戰嘛！」。

馬寅初不失書生傲骨，他說：「我不怕孤立，不怕批鬥，不怕冷水澆，不怕油鍋炸，不怕撤職坐牢，更不怕死……無論在什麼情況下，我都要堅持我的人口理論。」周恩來勸他：認錯了事。仍撼動不了他的意志，他說：「我雖年近八十，明知寡不敵眾，自當單身匹馬，出來迎戰，直至戰死為止，決不向專以力壓服，而不以理說服的那種批判者投降。」一九六〇年一月，馬寅初辭北大校長，遭到軟禁。

北大校風開明，歷來都是中國民主運動的領頭羊，馬寅初身為北大校長，他堅持真理，堅毅不搖的精神，深深印在北大和全國高校師生心中，並在「八九民運」期間呈現。

在「文化大革命」十年浩劫期間，人人自危，言行稍有不慎，就會被鬥被殺。但是，仍然有仁人志士，前仆後繼，為爭民主自由而犧牲，事蹟傳頌千古。

上海知青劉文輝，因反對毛澤東一九六六年發動文革重要文件〈關於無產階級文化大革命的決定〉（簡稱〈十六條〉）內容，寫了一篇〈駁文化大革命十六條〉的萬言書，批判：「文化大革命強姦民意，瘋狂迫害民眾，是全民大迫害」，「（當權者）登天安門城樓掀起瘋狂的紅衛兵運動，宣揚窮兵黷武，高唱世界革命，控制報刊廣播，操縱全國輿論，對內專政暴行，鎮壓知識份子，焚書坑儒，推行愚民政策，比秦始皇更猶有過人之處。」他呼籲：「民主主義者在抗暴鬥爭的旗幟下聯合起來！」劉文輝十一月被捕，次年三月遇害，年僅三十歲。

北京知青遇羅克出身資本家家庭，飽受歧視，對中共強調的「血統論」深惡痛絕，他於一九六六年八月文革爆發時，寫了一篇震撼人心的〈出身論〉文章，批評專門打壓黑五類的「老子英雄兒好漢，老子反動兒混蛋」的對聯說：「不能用遺傳學說來貶低一部分人，抬高一部分人。依照他們的觀點，老子反動，兒子就混蛋，一代一代混蛋下去，人類永遠不能解放。」

他說：「恩格斯本人是資本家，但他背叛了本階級，成了共產主義的第一代公民，成了工人階級傑出的領袖……出身和成份是不能相提並論的……馬克思、列寧、毛澤東出身都不好。」他呼籲：「一切受反動勢力迫害的革命青年，團結起來！組織起來！勝利必將屬於你們！起來勇敢戰鬥吧！」

遇羅克於一九六八年一月被捕，一九七〇年三月五日被殺，年僅二十七歲。文革結束後，一九七八年西單民主牆興起，著名的《四五論壇》、《沃土》和《今天》等民刊特別發表紀念遇羅克的詩文，可見遇羅克當年追求民主，所受之尊崇。

在文革時期，敢於反抗暴政，爭取民主的志士，其中不乏女性，有四位女鬥士，不惜付出個人生命，也要為真理正義奮戰，其中三人被殺，一人自殺未成，遭判重刑。

一、**北京王佩英**：她要求：「毛主席，請您自己跳下政治舞臺吧！否則全國人民奪政權，怒氣沖天那時您怎好退步？」一九七〇年一月二十七日，王佩英被判處死刑，為防止她喊口號，先用細繩勒緊她的咽喉，遊街示眾後槍殺，年五十四歲。

二、**瀋陽張志新**：因反對毛澤東搞「個人崇拜」，「把個人凌駕於黨之上」，被送勞改。一九七三年十一月她在獄中的「批林批孔」大會上高呼：「中共極右路線的總根子是毛澤東」。遼寧省委書記毛遠新〈毛澤東侄子〉指示：「（讓她）多活一天多搞一天反革命，殺了算了。」一九七五年四月四日，張志新先被割斷喉嚨，阻止出聲後，遊街槍決，年四十五歲。家屬不敢收屍，遺體下落不明。

三、**甘肅蘭州農校教師毛應星**：也因反對毛澤東搞「個人崇拜」，判刑入獄。在獄中仍堅持：「縱然對我再加任何壓力，我這種思想立場觀點，一點也不會改變。」一九七〇年四月，中共以她「罪大惡極，屢教不改，死心踏地，不堪改造」判處死刑。她沒有申訴，寫一篇反諷文章說：「無產階級專政下繼續革命是什麼呢？都是欺騙人的一套手法。」四月十四日清晨，毛應星被割斷喉管後槍殺，年四十五歲。

四、**北京外語學院學生王容芬**：文革爆發後，她覺得毛澤東的行徑與希特勒無異，感到「這個國家完了！」決定不惜犧牲，寫信給毛澤東：「請您以中國人民的名義想一想：您將把中國引向何處去？文化大革命不是一場群眾運動，是一個人在用槍桿子運動群眾。」寄信後，王容芬喝殺蟲劑自殺未遂，被判處無期徒刑。她在獄中仍「拒不認罪、反抗改造」，遭受迫害。文革結束後於一九七九年無罪釋放時，她已經三十三歲，被關了十四年。

一九七六年九月毛澤東死，華國鋒接班，為鞏固權位，提出「兩個凡是」理論（凡是毛澤東作出的決策和指示，都要堅決維護，始終不渝的遵循），以證明他的接班的正當性。因此民運鬥士，轉而接續批判華國鋒。而華國鋒對民運志士鎮壓的殘酷，亦不亞於毛澤東。

上海王申酉出生工人家庭，家貧但喜好讀書，知識豐富，就讀上海華東師範大學物理系。一九六八年「清理階級隊伍」時，他因「思想反動」被抄家，搜出他的日記，記載了大量批評文革的「反革命罪證」，遭受鞭刑，痛不欲生，在他所能取到的紙上，書寫了數百遍「天地難容」極為憤慨的字句。

一九七〇年中共開展「一打三反」運動（打擊反革命破壞活動；反對鋪張浪費、貪污盜竊、投機倒把）時，王申酉被點名批判。他寫的〈我的自由〉等三篇文章，被作為「猖狂攻擊文化大革命」、「破壞一打三反運動」的證據，下放「五七幹校」勞動改造。

一九七六年，王申酉墜入愛河，共幹警告其女友：王申酉「思想反動，五毒俱全」，是一個「反革命份子」，指示二人分手。王申酉寫了一封長信向女友解釋，還未送出，被負責監視的共幹發現搶奪，王申酉急將信撕碎丟進水池。

王申酉被捕後，審訊人員命令他將信的內容，重寫一遍。他寫了六萬餘字，闡述他對「反右」、「反右傾」和「文革」的否定態度；批判毛澤東的「三面紅旗」是「空想社會主義」；表明他對「四人幫」的藐視；認為中國的落後貧窮，社會非變革不可，不可再「閉國自守」。這封重寫的信，便成了他的「自供狀」。

一九七七年四月二十七日，中共以「惡毒攻擊」等多項罪名，宣判王申酉死刑後槍殺，年僅三十一歲。他生前曾說：「人是應該為信仰而活，我也願為自己的信仰而死！」他的犧牲後被推崇為「張志新式」的烈士。

江西女知青李九蓮，在一九六九年被男友出賣她批評林彪，遭中共以「現行反革命罪」判刑五年。林彪事件爆發後，李女獲釋。但她不甘冤獄數年，於一九七四年「批林批孔」期間在贛州張貼「反林彪無罪」等多份大字報。被以「現行反革命翻案」罪名逮捕。李九蓮的被捕，激怒了贛州幹群。有二百五十九個機關，二千多名群眾於四月二十四日，徹夜集會抗議，並成立「李九蓮問題調查委員會」聲援。這是中國大陸民主運動中，首次出現的群眾性抗爭行動。次年，李九蓮被判處徒刑十五年。

華國鋒上臺後，李九蓮祕密寫了一篇〈我的政治態度〉的文章，批評華國鋒的獨裁。一九七七年一月，獄方要她報告思想改造情況，她拒絕說而遭到獄卒辱罵。李九蓮盛怒下不顧後果，拿出〈我的政治態度〉一文，當眾宣讀。被以「惡毒攻擊華主席」、「喪心病狂進行反革命活動」等罪名，判處死刑。十二月十四日，獄卒用一根竹籤將她的下顎和舌頭刺穿在一起，再在口中塞進一個竹筒，然後公審、遊街、槍殺。死後無人敢收屍，曝屍多日，一位戀屍的變態工人，割下李九蓮的乳房和陰部，帶回猥褻。

贛州一位小學女老師鐘海源，於一九七四年在李九蓮張貼的大字報上留言：「李九蓮，妳是我們女性的驕傲。」七五年李九蓮被判刑後，鐘海源書寫抗議傳單散發，隨即被捕。一九七六年北京天安門爆發「四五民運」。鐘海源在獄中公開聲援，批評「華國鋒不如鄧小平」，並在牆上書寫「打倒華國鋒」標語。被以「惡毒攻擊華主席」罪名，於一九七八年四月三十日，判處死刑。鐘海源聆判後，面不改色，當即畫押，把筆一甩。法官問她有何遺言？她說：「跟你們講話白費勁，我們信仰不同。」鐘海源被捕時，女兒僅兩歲，母女親情，橫遭拆散。但她未因而屈服，在獄中屢遭酷刑，頭髮被大把拔掉，小腿骨被打斷，仍不改其志。

執刑前，鐘海源十分安詳，細嚼慢嚥，吃淨她最後一餐。然後，梳理長髮，自挽成髻，換穿一件新大衣，從容準備就義。但卻被獄卒五花大綁，故意弄亂她頭髮，披頭散髮，接受公審，掛牌遊街，押赴刑場。一位高幹子弟因腎衰竭，指定自鐘海源身上「活體取腎」。劊子手僅在鐘女右背打一槍，即抬進醫療車，活剝摘腎而死。

一九七一年九月林彪偕妻兒外逃墜機而亡，中共查出林彪之子林立果曾圖謀殺害毛澤東。後來活躍於西單民主牆的民運人士胡平說：「林彪事件傳出後，我們那個朋友圈子裡都很興奮：『好啊，終於有人要幹掉毛澤東了！』」證明至遲在一九七一年時，民運思想已在中國知識份子中滋長蔓衍，並敢於互相溝通理念。

一九七四年十一月七日，廣州市鬧區出現了一份〈關於社會主義的民主與法制〉的大字報，署名「李一哲」。這是筆名，由作者廣州三位知青李正天、陳一陽、王希哲三人的姓名中各取一字合成。另一位重要成員是郭鴻志。

〈李一哲大字報〉向毛澤東和人大提出六點訴求：一、立法保障人民應有的民主權利；二、限制特權階層；三、保障人民對黨和國家的各級領導的監督權利；四、立法嚴禁拷打、誣陷、草菅人命等「法西斯專政」；五、黨政政策不要經常改變；六、各盡所能，按勞分配。

大字報內容迅速流傳海內外，江青怒斥為「解放後最反動的文章」，中共隨即展開對大字報的批判。一九七六年九月毛澤東死亡後，華國鋒把〈李一哲大字報〉定性為「反革命集團」，逮捕李一哲四人，並牽連數十人。中國大陸民運自此開始步入「群體性」的活動。一九七八年底，鄧小平為打倒華國鋒，開放「西單民主牆」，於是釋放四人，並平反〈李一哲大字報〉。

一九七六年一月八日，周恩來病逝，毛澤東不甘心未在周生前鬥倒他，因此禁止群眾有任何形式的悼念活動。人們於是準備在清明節時，到天安門廣場藉悼念周恩來，發洩對毛澤東和「文革幫」的不滿情緒。自三月十九日起，「人民英雄紀念碑」開始出現悼念花圈，其中不乏北京黨政機構所送花圈，人們更以輓聯、大小字報和演講等方式，公開指責毛澤東和中共的獨裁專制，發出要民主、要法制的怒吼。

四月四日，華國鋒主持政治局會議，指責天安門事件是鄧小平幕後操縱的「有計劃地組織活動」。當晚，毛澤東批准鎮壓清場行動。五日天亮後，群眾發現花圈不見，大小字報被清除，開始鼓噪，呼喊「還我花圈、還我戰友」，並焚燒汽車，焚毀共軍「聯合指揮部」。於是爆發了舉世矚目的「四五天安門民主運動」，開啟了中國大陸群眾性大規模民主運動的重要里程碑。當晚，中共對廣場的群眾進行強力鎮壓，逮捕「反革命」人士。鄧小平被開除一切職務，留黨查看。

毛、周死後次年，人們開始在西單體育場一面長達百米的圍牆上張貼大字報。七月十屆三中全會上，華國鋒抵擋不了大老的壓力，恢復了鄧小平原職。從此，中共中央形成了華國鋒的「凡是派」，和鄧小平的「元老派」之間的鬥爭。

一九七八年九月，文革時停刊的共青團刊物《中國青年》復刊。首期即為「四五天安門運動」辯護，認為這是一場「偉大壯烈的人民運動」。另有二文，提出要破除對毛澤東的迷信，和批判華國鋒的「兩個凡是」的理論。觸怒了「凡是派」，下令查禁。但在十一月中旬，《中國青年》被全部張貼在西單牆上，引來民眾爭閱，並出現許多大小字報呼應。

十一月二十日，中共平反「四五天安門運動」。北京頓時瀰漫民主的氣氛，鼓舞著民運人士在西單民主牆上，大量貼出各種言論的大小字報，群眾蜂擁而至閱讀、抄錄。西單於是形成了一個爭民主、自由、人權和表達政治意見的中心。《北京之春》、《探索》、《四五論壇》、《今天》、《沃土》、《中國人權》等「民刊」紛紛創刊。

活躍於「西單」的民運人士，都是歷經「文革」苦難過的青年人，飽受政治迫害。他們對爭取民主，要求中共政治改革，深有迫切感。這些年輕人，有個別表達民主訴求，也有志同道合，組成社團，發行刊物。這些民辦刊物，數以百計，湧現在全國各地。

「西單民主牆」出現後，鄧小平為利用民主言論打倒華國鋒的凡是論，表態支持。他說：「寫大字報是我國憲法允許的。我們沒有權利否定群眾發揚民主，貼大字報。群眾有氣，讓他們出氣。」「一個革命政黨，就怕聽不到不同聲音，最可怕的是鴉雀無聲。」

「西單民主牆」發表的言論，具有深遠影響力的，令人津津樂道的主要有：魏京生的〈第五個現代化——民主及其他〉、胡平的〈論言論自由〉、任畹町的〈中國人權宣言〉、《四五論壇》的〈反革命與言論自由〉和「啟蒙社」的〈否定文革〉和〈批判毛澤東〉等。

但是鄧小平在逐漸奪得華國鋒的大權後，情勢逆轉。一九七九年三月下旬，魏京生的大字報〈要民主還是要新的獨裁〉，指名批評鄧小平「走的是獨裁路線」，「是一名不折不扣的獨裁者」。鄧小平震怒，於三月二十九日，逮捕魏京生，判刑十五年。

同日，中共宣布查禁「西單民主牆」，打擊「首惡份子」，全國被逮捕的民運人士達千人以上。鄧小平並嚴厲批判「西單民主牆」：「如果讓它漫無限制的搞下去，會出現什麼事情？……少數人可以破壞我們的大事業。」

「西單牆」關閉後，中共於一九八〇年開放縣區級人民代表的直接選舉。民運人士正面臨今後發展的抉擇，因此認為可以透過參選，宣揚民主，當選後更可進行體制內政治改革。從二月起，各重點大學都有民運學生的參選。當選的有上海復旦大學徐邦泰、北京大學胡平等人，但在中共運作下，都無法上任，並受到懲罰。

有一派民運人士不願承認中共的合法性和人大的代表性，故反對參選與投票。一九八〇年下半年，部分民刊希望復刊，但知道單打獨鬥，易為中共各個擊破，因而計劃籌組全國性民刊組織，共同發行民刊，並願意與參選「人代」的民運學生，分進合擊，推展民運。

各地民刊負責人原預定九月中旬在廣州召開民刊全國會議，但先行抵達的代表，即被中共逮捕。王希哲當即取消會議，直接宣佈成立「中華全國民刊協會」，並發行會刊《責任》。陸續又成立了東北、華北、華中、華東、西南、華南六個地區性的分會，各自出版民刊。到年底，全國復刊的民刊已有二十種。

鄧小平在十二月嚴厲批評民主運動說：「最近一些與非法組織有關的人物特別活躍，他們假借種種名義放肆地發表反黨反社會主義的言論。」必須「堅決打擊和分化瓦解上述各種破壞安定團結的勢力。」一九八一年二月，中共下令全面鎮壓、逮捕民運人士，民主運動於是轉入地下祕密活動。

隨著中共的改革開放，派遣知識份子出國留學，許多具有民運思想的學生，開始在海外醞釀發展中國民主運動。一九八二年十一月十七日，王炳章在紐約發起「中國之春」民主運動，創辦第一份海外民主刊物——《中國之春》雜誌，次年成立「中國民聯」民運組織。

綜上所述，中共自延安時期起，到一九七六年「四五天安門運動」爆發之前，事實上已有許多仁人志士為了民主、自由和人權，做出了無可抹滅的貢獻，他們不畏殘酷鬥爭、關押，甚至犧牲生命，也不改其志。他們的思想言行，影響深遠，確實造就了爾後中國民主運動的蓬勃發展。

一九八五年，北大學生為紀念「九一八」五十四周年國恥日，計劃發起「反日」示威遊行。中共藉故封鎖北大校園，阻止學生離校。學生不滿張貼大字報質疑「民主何在？憲法規定的『遊行、言論』自由何在？」。部分學生設法離校，匯合其他院校學生約千餘人上街遊行，並突破軍警的攔截，抵達天安門，後以理性和平方式結束遊行，此即著名的「九．一八學運」。此次學運規模雖小，但影響頗大，北大學生隨即貼出大字報號召：「臥薪嘗膽九一八，東山再起一二九」。

十二月，正逢「一二九運動」（一九三五年北京學運）五十周年紀念。中共為防範學生遊行，當月在全國高校舉辦「愛國思想」教育活動，佔據了學生所有時間。因此「東山再起一二九」，未能出現，直到第二年才在安徽合肥科技大學爆發。

一九八六年十二月，合肥科大學生質疑校黨委操縱區人大代表候選人的提名不公，並受到副校長方勵之的鼓勵：「民主不是自上而下給予的，而是靠自己爭取的」。於是，科大與合肥其他高校學生數千餘人於十二月五日上街遊行，高呼：「要民主，要自由、要民主選舉」。遊行結束後，學生決定藉紀念「一二九」運動五十一周年，九日再發起一次遊行示威。新的「一二九學生運動」於焉爆發，並蔓衍全國。

《中國大陸學潮實錄》一書描述說：「學潮發祥於合肥；西延武漢、昆明；東連南京、上海；北上濟南、天津、哈爾濱；南下杭州、蘇州、深圳、廣州；終止於北京。前後歷時逾月。學潮規模從小到大，從一個城市蔓衍至另一個城市。參加人數之多，捲入高校之廣，是自十年前的『四五天安門事件』以來的第一次，波及範圍也遠比『四五運動』為廣，其中最矚目的，則是在上海出現的波瀾壯闊的動人場面。」

十二月九日當天，上海交大在市體育館舉辦音樂會，一位研究生被工人糾察隊毆傷。交大學生向公安單位申訴被拒，憤而提出與市長江澤民對話要求。情勢迅即發展成為爭民主和要求政治體制改革等訴求。江澤民於十八日到交大對學生講話，頤指氣使，官腔十足。學生因未獲得滿意回答，自十九日起至二十三日，爆發歷時五日，規模空前的「一二一九」學生民主運動。上海共有五十多所大專院校，學生約十二萬人參與這次學運。

「一二九學運」席捲大陸二十多個城市，到

一九八七年一月二日，在北京天安門廣場，隆冬酷寒中結束。民主種子深植大陸各高校，乃至全社會，終於在兩年之後，爆發了更壯闊的「八九民主運動」。

一九八九年適逢中共建政四十周年、五四運動七十周年、法國大革命二百周年。特別是一九一九年「五四運動」追求的是「民主」與「科學」，當年北大學生數千人聚集天安門，高呼口號，成為中國爭取民主的啟蒙運動。

中共總書記胡耀邦因「一二九學運」被罷黜，但他在任內曾努力平反右派知識份子，並能接受學生的民主思潮。他說：「不要再誤解知識份子，不要再誤解學生了」，而被視為開明派。胡耀邦的身體一向健朗，卻在一九八九年四月十五日傳出他在政治局會議上，被總理李鵬氣出心臟病，不治去世。

人們在胡耀邦過世當天，湧向天安門廣場，人民英雄紀念碑四周開始出現悼念花圈。十七日午夜，北大學生寢室突然響起「遊行去！」呼聲，並砸瓶子（影射鄧小平）。學生迅速集合走出校門，沿途有各高校學生隊伍加入，清晨抵達天安門廣場，到晚上時，示威學生已達二萬多人，並獲得數萬名群眾的響應支持。「八九民運」於是爆發。

學生領袖前往人民大會堂遞交《請願書》，中共只派了一位一般幹部接見，學生不滿要求與高層領導對話。十九日凌晨，學生前往中南海請願，遭到武警強制驅離，百餘名學生被毆傷。消息傳出，激起更多學生加入示威行列，學生運動因而迅速擴大，獲得全國學生響應。

四月二十二日，中共在人民大會堂舉行胡耀邦追悼會，並封鎖天安門廣場。但學生和群眾約二十萬人已提前於晚間進入廣場。追悼會後，中共又拒絕學生和群眾瞻仰胡耀邦遺容，總理李鵬也出爾反爾，答應會見學生，隨即又否認。

《人民日報》在四月二十六日照鄧小平指示發表〈必須旗幟鮮明地反對動亂〉社論，將學運定性為「動亂」，助長學潮擴大為全國性的民主運動。進入五月，學生藉紀念「五四運動」七十周年，掀起民運高潮，北京各黨政機關之幹部也紛紛加入運動行列，媒體更不顧禁令，大幅報導民運消息。北京知識份子則呼籲中共中央重視學生運動，進行政治改革。同時中共黨內出現分歧，總書記趙紫陽反對「四二六」社論，李鵬則堅持是「動亂」。

蘇共總書記戈巴契夫預定五月中旬訪問北京，學生決定在戈氏抵京前自五月十三日起進行無限期的「天安門廣場絕食抗議」，期迫使中共與學生對話。十八日，李鵬與學生代表對話，不歡而散。十九日清晨，趙紫陽前往廣場探視絕食學生，受到學生們的歡迎。當天，鄧小平決定罷黜趙紫陽，他說：「問題出在黨內，如果黨內沒有分歧，是團結一致的，就不會有現在混亂的局面。北京已經不能維持了，必須戒嚴」，「要準備流點血」。

五月二十日，中共發布戒嚴令，軍隊遂即向北京開進，北京市民自動湧向街頭和郊區道路，成功暫時阻止軍車和部隊進入北京。六月二日北京著名知識份子劉曉波、周舵、侯德健、高新四人，為提振民運學生士氣，發起新絕食行動。中共恐懼加深，自六月三日夜開始以武力血腥鎮壓學生運動，至四日清晨，完成清場，無數學生和群眾被打死，或被坦克車輾死。此即震驚世界的「六四天安門血案」，中國大陸民運遭受極大破壞。

自此中共汲取「八九民運」教訓，對境內任何民運或抗爭活動，均採取防微杜漸，撲滅於萌芽之際的策略。所以在「六四事件」之後，舉凡大陸民運人士籌組「中國民主黨」、「法輪功」學員和平靜坐包圍中南海，和劉曉波發表「零八憲章」等行動，無不遭中共迅速鎮壓，逮捕主謀者，判處重刑，並宣布「法輪功」為邪教。劉曉波獲頒諾貝爾和平獎，中共不但指責挪威政府干預內政，並且拒絕釋放劉曉波前往領獎。

儘管如此，大陸內部仍有許多民運志士默默地在從事民主運動，只是他們改弦易轍，改採其他方式進行活動，如：「天安門母親」們以親人在「六四」被殺害，要求調查真相，嚴懲元兇；「維權運動」化整為零，由維權人士（多為律師）為涉及人民權益和公義之法律個案進行訴訟辯護，期望積小勝為大勝，促使中共能夠尊重人權，實行法治，逐步達到民主化目的；繼北非和中東「茉莉花革命」後，網路發起「中國茉莉花革命」，鼓勵民運人士在人潮場所以「散步」等方式，表達抗爭，迫使中共動員大量警力防範。這些擺脫過去民運型態的作法，證明民運之心不死，只等待春天再來。

儘管中共經濟快速成長，並加大反腐作為，降低了社會不滿情緒，但是當人們在享受經濟發展的成果後，必然伴隨要求政治改革，渴望同享民主與法治的待遇，這絕非以為採取「政經分離」政策，就可消弭來自校園和社會的民主呼聲，達到長治久安的目的，恐怕不易。

01 延安整風運動

王實味爭民主慘被殺害

王實味 1906-1947

生於河南省潢川縣，因文惹禍，寫下《政治家，藝術家》和《野百合花》等文章，鼓吹言論自由，被毛澤東怒批：「是王實味掛帥，還是馬克思掛帥？」一九四七年七月被殺害，是中共治權下第一位民主鬥士。

一九四一年五月十九日，毛澤東在延安發起「整風運動」，原始目的在批鬥「洋共」的代表人物王明，以確立他在中共黨政軍中的領袖地位。但這場經過精心設計組織的政治鬥爭運動，在王明臣服後，毛澤東迅速把矛頭指向知識界和文藝界，首先針對丁玲的〈三八節有感〉，和王實味的〈野百合花〉等多篇暴露中共黑暗面文章，進行批鬥。丁玲見風轉舵，自我檢討認錯，並落井下石批評王實味，因而逃過一劫。但王實味堅持無罪，在被關押四年後，慘遭殺害。這是毛澤東在掌控中共黨政軍大權後，所面對的第一件「民主運動」。

王明本名陳紹禹（一九〇四～七四），安徽六安人，一九二五年留學莫斯科中山大學，次年加入中國共產黨，一九二七年因協助副校長米夫鬥倒代理校長阿古爾當上中山大學校長，受到史達林的賞識。一九二七年四月中國國民黨「清黨」，結束第一次國共合作（中共稱為「第一次大革命」失敗）。中共批判總書記陳獨秀是托洛斯基派，在國共合作期間，只知與國民黨聯合，而不知與國民黨鬥爭，必須負起革命失敗全責，因而被打倒。但是中共留蘇學生認為史達林也應為「國共合作」的失敗負責。引起史達林的驚恐，為確保中共效忠於他，服從他的領導，決定派遣王明和親史達林的中共留學生，即所謂「二十八個半布爾什維克」相繼於一九二九年至一九三〇年間回到中國，奪取中共中央至地方組織的權力。

一九三〇年底，米夫以共產國際和史達林的代表身分來華，指導中共六屆四中全會。米夫強逼中共中央增補王明為政治局常委。這時中共總書記向忠發，因係工人出身，知識有限，能力亦不足，大權因而完全旁落在王明手中。

王明自以為是史達林欽點的中共領袖，目空一切，自認天縱英明，主張一竿子打倒一切資產階級和中間派（中共稱為「關門主義」），堅持城市暴動。一九三一年六月，向忠發被國府逮捕，判處死刑，王明於九月逃往蘇聯，仍遙控中共中央。次年八月，王明下令中共中央紅軍攻取南昌，包圍武漢，毛澤東則堅決反對這種軍事冒險行動。

王明逃蘇後，史達林指示中共中央改組，由「二十八個半」中的博古（本名秦邦憲）和洛甫（張聞天）等人組成臨時中央，博古出任最高領導人。這年，王明二十七歲，博古二十四歲。博古實際上只是王明的傀儡，既使在中共中央轉移至贛南後，仍繼續執行王明的「左傾路線」，史達林又派德籍軍事顧問李德進入贛南指揮紅軍部隊，剝奪了毛澤東、朱德等的軍事指揮權，並在國軍第五次圍剿時，遭受重大挫敗，被迫西竄逃亡。毛澤東對被奪軍權一事，心中耿耿於懷。

一九三五年一月的「遵義會議」，朱德、周恩來、毛澤東等人雖奪回了軍事指揮大權，但是毛澤東只落得個「周恩來的軍事指揮上的幫助者」，位居次要。直到三月，中共中央軍委成立「前敵司令部」，朱德出任司令員，毛澤東擔任政委，才參與了領導和指揮作戰。

毛澤東內心不悅是：軍委大權仍在周恩來

手中，而且黨的負責人仍是「二十八個半」之一的洛甫（李洪林的《中國思想運動史》一書說：「遵義會議」後書記處仍由博古負總責，二月五日重新分工，才由洛甫接替」）。這些留俄的「洋共」，基本上看不起毛澤東之類的「土共」，認為「山溝裡出不了馬克思主義」，激起了毛澤東的鬥志，決心爭取掌握中共領導大權，湔雪恥辱。

一九三五年十月十九日，中共中央暨紅軍歷經二萬五千里「長征」（「流竄」），抵達陝北。十一月三日中共召開中央政治局會議，毛、周作了新的分工，毛澤東終於取代周恩來的軍事地位，成為軍委主席。十二月，毛澤東又在中共中央黨校演講〈論反對日本帝國主義的策略〉，首次能夠在政治路線上發表個人的主張，標誌著毛澤東軍事與政治地位的日益鞏固。

一九三六年十二月十二日的「西安事變」，促成了「國共第二次合作」。次年七月七日，中國抗日戰爭爆發，中蘇在八月簽訂「互不侵犯條約」，蘇聯先後貸款四億五千萬美元給國府，支援抗戰，中共未獲分毫。當時史達林的戰略是幫助南京國民政府堅持抗戰，牽制日軍，確保西伯利亞東面之安全，讓蘇軍得以在歐洲戰場全力應付德軍的進攻。史達林認為中共力量薄弱，不具執行此戰略能力。他又為了貫徹他的旨意，於十一月底派遣王明自蘇返國，傳達其指示：中共應當與國民黨合作抗日。事實上，史達林是要王明回來領導中共。

王明於十一月二十九日抵達延安，毛澤東熱情迎接，以〈飲水思源〉為題致詞說：「歡迎從崑崙山下來的神仙」，還諂媚表示：「這就叫作喜從天降」。但是，王明毫不給面子，痛斥中共與陳獨秀的關係（註：一九三七年九月毛澤東與洛甫曾聯名要求陳獨秀公開放棄所舉史達林死敵托洛斯基的旗幟，要堅決反對托派），並批判洛甫前在莫斯科中山大學擔任中共黨支部書記時，把所有黨員都劃為托派的錯誤。

一九二七年十二月，中共中央召開政治局會

議。王明提出〈如何繼續全國抗戰與爭取抗戰勝利呢？〉的報告，批評毛澤東的〈抗日救國十大綱領〉，沒有提出「抗日高於一切，一切服從抗日」的根本原則。王明的話，等於否定了毛澤東藉國府集中全力抗日機會，發展壯大中共實力的策略，這豈是毛澤東所能接受的。王明顯然自持是共產國際兼史達林的代表身分，是中共的「太上皇」，頤指氣使，並對毛澤東的反駁，拒絕接受，放言不惜與毛澤東到共產國際打官司。

毛澤東於是決心從理論上、策略上，徹底打垮王明所代表的「洋共」，以確保他所代表的「土共」地位。毛澤東後來在「整風運動」時，就批評王明：「下車伊始，誇誇其談」，「老子天下第一」等重話，就可知王明一九三七年抵達延安時的狂妄態度，已經種下被鬥的因子。

十二月下旬，王明率中共中央代表團赴武漢，主持長江局工作，仍自居為中共領袖，甚至對延安發號施令，更讓毛澤東難以忍受。一九三八年五、六月間，毛澤東發表〈論持久戰〉，請王明在主管的《新華日報》發表，被王明抵制拒刊，還作了一首詩〈論持久戰（評毛澤東這篇論文的中心錯誤）〉：「四億弗憑鬥志衰，空談持久力何來？一心坐待日蘇戰，階段三分只遁牌。」毛、王二人從此進入爭奪領袖地位之戰。

一九三八年九月，中共中央政治局會議，王明堅持在武漢召開，毛澤東置之不理，逕在延安開會，王明不得不回延安與會。中共駐莫斯科代表王稼祥在會上傳達史達林指示：「告訴全黨，你們應該支持毛澤東同志為中國共產黨的領導人」，和「王明等人不要再爭吵了」等語。王明頓時陷於孤立，只得在隨後召開之中共六屆六中全會上表示臣服於毛澤東，不再競爭領袖。

毛澤東在會中作了〈論新階段〉的政治報告，將中共在抗戰期間的軍事戰略、政治路線、如何鞏固黨、建設黨的問題作了系統的說明，強烈表態他的領導地位，不容挑釁。毛澤東得寸進尺，更在王明屈服稱臣後，批判了王明的「一切經過統一戰線」、「一切服從統一戰線」以及王明過去提出的「七個統一」（指將八路軍和新四軍交蔣介石統一指揮）的錯誤。王明被撤去長江局的職務，毛澤東再進一步取得了洛甫「黨內負總責」的位置，實際成了總書記，奠定了他在黨內的領袖地位。

到一九四〇年，抗戰進入中期。一月，毛澤東發表〈民主主義論〉，批評「舊形式」和「歐美式」的「舊民主主義」已經過時，「現在所要建立的中華民主共和國，只能是在無階級領導下的一切反帝反封建的人們聯合專政的民主共和國，這就是新民主主義的共和國。」又說：「中國革命的歷史進程，必須分為兩步，其第一步是民主主義的革命，其第二步是社會主義的革命，這是性質不同的兩個革命過程。」毛澤東在這時提出〈新民主主義〉主張，旨在建立他在中共黨內擁有闡述馬列主義理論，和執行社會革命的策略的絕對權力，核心目的就在擊潰王明的馬列理論地位。

但是，王明仍認為他有第三國際和史達林的背景，毛澤東未必奈何了他，因此在黨內不時掣肘毛澤東，不自覺地常以領袖地位自居，並在這年發表他的代表作《為中共更加布爾什維克而鬥爭》一書第三版，在〈序言〉中，把他的左傾路線說成是黨的正統。

王明顯然低估了毛澤東，毛澤東不但要從思想上和理論上徹底打倒王明，並且學習蘇共和國民黨的「一個領袖、一個主義、一個黨」作法，建立個人絕對權威的地位。所以，毛澤東經過精心擘畫，在黨內掀起了一場「整風運動」，以統一全黨全軍思想，正式確立他獨一無二的領袖地位。

毛澤東的「整風運動」，於一九四一年五月十九日在延安幹部會議上拉開了序幕，他在會議上發表了〈改造我們的學習〉的演講，強烈批判王明的教條主義「不注重研究現狀，不注重研究歷史，不注重馬克思列寧主義的應用。」「許多馬列主義的學者也是言必希臘，對於自己的祖宗，則對不住，忘記了。」「我們看列寧、史達林他們是如何把馬克思主義的普遍真理和蘇聯革命的具體實踐，互相結合，又從而發展馬克思主義的，就可以知道我們在中國是應該如何地工作了。」這一段話實際上也是間接告訴共產國際和史達林：中國「土共」比「洋共」更懂得將馬克思、列寧主義結合中國革命實際的需要，中共除聽令於共產國際和莫斯科外，也要走自己的道路。

九月，中共召開政治局擴大會議。毛澤東對一九三一年一月中共六屆四中全會到一九三五年一月「遵義會議」止，王明和博古的「教條宗派集團」所犯的「路線錯誤」，進行徹底批判。他說：「過去我們的黨很久時期為主觀主義所統治」，「因為這些主觀主義者自稱為『國際路線』，穿上馬克思主義的外衣，是假馬克思主義。」博古被迫作了自我批評，王明仍堅持四中全會的政治路線是正確的，並指責博古應為錯誤負責。會議在毛澤東主導下，決議發動「思想革命」，反對主觀主義和宗派主義。隨即進行了長達半年的全黨全軍的思想學習。

依據毛澤東的鬥爭哲學，他如果不把王明打趴在地，確定永世不得翻身，他是絕不會罷休的。到了一九四二年二月，毛澤東續提出《整頓黨的作風》的要求：「反對主觀主義以整頓學風；反對宗派主義以整頓黨風；反對黨八股以整頓文風。」徹底清算了王明。王明在整風運動中被打得頭抬不起來，請了長期病假。跟隨王明「犯錯」的人，紛紛與王明劃清界限，臣服於毛。

三月，王明在「病假」期間，對毛澤東仍然不服，指責「毛澤東製造毛澤東主義，建立個人黨內專制和個人軍事獨裁」。接著就發生王明中毒事件，雖治療數月，仍「瀕於死亡」（蘇共駐延安代表孫平語）。一九四三年初，王明透過孫平致電史達林，列舉毛「許多反蘇反共的罪行」，請求赴蘇治病，並「報告毛澤東罪惡的詳情」。毛澤東知悉後，立即去電史達林，反誣王明的不實，亦不讓王明去蘇。所幸在蘇聯軍醫介入下，診斷出王明係慢性汞中毒，中共醫生才停止繼續下毒。

王明直到一九五六年一月，史達林（一九五三年三月）死後近三年，才獲准去蘇治病。從此，王明滯留蘇聯未再回國，並發表《毛澤東其人》小冊子，批判毛澤東，一九七四年死在莫斯科。

毛澤東的「整風運動」又怎會與知識份子發生關聯，並演變成鬥爭知識份子呢？

原來，毛澤東痛恨到達延安的中國知識份子缺乏實務經驗，卻滿口理論。他批評這些人「或作演講，則甲乙丙丁、一二三四的一大串；或作文章，則誇誇其談的一大篇」，自以為是「老子天下第一」，而且「欽差大臣滿天飛」。他引用明朝解縉的對聯：「牆上蘆葦，頭重腳輕根底淺；山間竹筍，嘴尖皮厚腹中空」，來諷刺這些知識份子；毛澤東也對在中共內部從事實際工作的幹部不滿，認為他們徒具經驗，缺乏馬列思想理論基礎。

所以毛澤東發動「整風運動」，是要藉鬥爭一舉馴服兩種人，也就是所謂「兩個宗派」的人。第一種人是「教條宗派」，即曾留學莫斯科中山大學，受過馬克思列寧主義系統教育，並受到共產國際重視，和獲得史達林支持的「洋共」份子，包括王明、博古、洛甫、王稼祥等人，因為他們比毛澤東讀過更多的馬列書籍，更懂得馬列思想理論，對毛澤東的威脅最大；第二種人是「經驗宗派」，指的是周恩來、朱德、彭德懷等一些曾經多少受到王明的影響或追隨過王明的中央黨政軍領導人，這些人具有豐富實務工作經驗，有的過去在黨內地位比他高，或者對他的地位構成威脅者。馴服了這兩種人，毛澤東就能達到徹底鞏固他個人獨尊地位的目的。

除此之外，毛澤東還透過「整風運動」，進行「審幹」工作，清查幹部思想和忠誠度。到一九四三年四月更擴大為「肅清暗藏的反革命份子」，變成群眾性的反特鬥爭，然後又發展成「搶救失足者運動」，許多從淪陷區和大後方「投奔」延安的知識青年，被誣陷打為「特務」。

毛澤東靠搞群眾運動起家，所以在「整風運動」初起時，他就有意利用投奔延安的青年知識份子的自由思潮，和過去在「國統區」敢於放言高論的習性，鼓勵他們大膽批判「教條」與「主觀」主義。這些知識份子果然被動員起來，紛紛站出來抨擊「教條主義」和「主觀主義」，幫了毛澤東鬥爭「兩種人」的大忙。這一次「整風運動」，實際就是一九五七年毛澤東搞「陽謀」鼓吹「大鳴大放」「引蛇出洞」陰謀之預演。

「整風運動」結果，毛澤東大獲全勝，徹底鬥倒了王明，也馴服了「兩個宗派」。一九四三年三月二十日中共中央政治局會議通過毛澤東為政治局主席、書記處主席、軍委主席。而且在書記處討論問題時「主席有最後決定之權」，從此確立了毛澤東「定於一尊」獨斷專橫的體制。王稼祥在這一年七月八日公開頌揚「毛澤東思想」是「中國馬克思列寧主義、中國的布爾什維克主義、中國的共產主義。」次年五月，「共產國際」解散，毛澤東又減少了一股掣肘威脅，地位更加鞏固。年底，陝北出現歌頌毛的歌曲《東方紅》說：「毛澤東是人民的救星」。一九四五年在中共「七大」上，通過劉少奇提案，將「毛澤東思想」正式納入黨章。

雖然延安的知識份子批判了「兩個宗派」，但是鬥爭的鋒芒沒有完全的集中到王明等「洋共」身上，反而將矛頭逐漸移轉到對中共黨的專制體制和領導階層官僚習氣的批判。這也要怪毛澤東多次在「反對黨八股」的演講中，以尖銳生動的言詞，批評「黨八股」是：「空話連篇，言之無物；裝腔作勢，藉以嚇人；無的放矢，不看對象；語言無味，像個癟三；甲乙丙丁，開中藥舖；不負責任，到處害人；流毒全黨，妨害革命；傳播出去，禍國殃民。」知識份子天真，以為批評黨和黨的幹部，不違背毛澤東的意思。而且，延安知識份子多是對中共懷抱崇高理想與期望「投奔」而來，但到了延安後，發現事實與理想有顯著差異，內心充滿失望與悔恨。知識份子這種矛盾心理，在受到毛澤東講話激勵後，真以為可以暢所欲言，不負言責，因此在「整風運動」中一併宣泄出來。

首先發難的是丁玲（《解放日報》副刊主編）。她在一九四一年底撰文說：「即使在進步的地方，有了進步的民主」，然而「中國所有的幾千年來的根深蒂固的封建惡習，是不容易剷除的，而所謂進步的地方，又非從天而降，它與中國的舊社會是相連結著的。」由於丁玲在延安知識份子中與毛澤東走的比較接近，既然有丁玲帶頭，代表著獲得了毛澤東的默許，因此紛紛為文，批評時政，揭發延安中共黑暗面的浪潮，發紓不滿情緒。

一九四二年三月九日，丁玲再發表〈三八節有感〉一文，為參加「革命」的婦女同志抱不平，批評延安老幹部「老牛吃嫩草、爭佔年輕女生」，「延安只有騎馬的首長，沒有藝術家的首長，藝術家在延安是找不到漂亮的情人的。」結果遭到老幹部的激烈反彈：「瞧不起我們老幹部，說是土包子。要不是我們土包子，你想來延安吃小米！」賀龍和王震即曾強烈批評丁玲的〈三八節有感〉，賀龍甚至痛罵丁玲是「臭婊子」。

但是，批評中共比較激烈的則是延安中共中央研究院的特別研究員王實味，他在一九四二年二月十七日先寫了一篇〈政治家、藝術家〉的文章，刊登在《解放日報》上，呼應丁玲文章，批評中國專制主義的傳統正在毒化中共，他說：「舊中國是一個包膿裹血的，充滿骯髒與黑暗的社會，在這個社會裡生長的中國人，必然要沾染上它們，連我們自己——創造新中國的革命戰士，也不能例外。」

三月十三日和二十三日，王實味再發表〈野百合花〉四篇雜文。他在文中批評延安的領導與群眾之間缺乏愛，呼籲中共應從延安青年的牢騷中找出工作的缺點；對革命內部的不合理現象，不要文過飾非，應把黑暗面削減到最小限度；他批評延安歌舞昇平現象與抗日戰爭的現實不協調，領導幹部定期舉行舞會，與女青年和女學生們分享良宵，與普通工作人員間存在明顯的不平等，尤其幹部間待遇差別大：「衣分三色，食分五等，卻實在不見得必要與合理。」他說：「動不動就說人家小資產階級平均主義；其實，他自已倒真有點特殊主義，事事都只顧自己特殊化。對下面同志……差不多漠不關心。」「說得好聽，階級友愛啊，什麼啊——屁！」他總結：「延安青年失望了，對等級制度失望了，對革命隊伍缺乏『愛與熱』失望了。」他毫不留情批評延安中共高幹縱情享樂腐化是：「歌囀玉堂春，舞迴金蓮步」。文章一出，迅即獲得延安知識份子的共鳴。

毛澤東愛跳舞，幾乎延安每周所辦的舞會，他都會參加。王實味的「舞迴金蓮步」，等於指責毛澤東，豈非是虎嘴拔毛。

王實味工作的延安中央研究院院長係由洛甫兼任，洛甫雖貴為黨的總書記，大權則早已為毛澤東所奪，只分管宣傳教育工作（兼中宣部部長）。整風運動開始後，洛甫自知無法續呆在中央，主動請調到農村作調研工作，將中研院工作委託中宣部副部長李維漢（化名羅邁）兼管。一九四二年三月十八日，中研院召開「整風運動動員大會」，王實味當場對李維漢在會上的兩項指示，提出反對意見。一是李維漢主張中研院的領導和各室主任均為「整風檢察工作委員會」的「當然委員」，王實味堅持要透過民主選舉產生；二是李維漢要求院內牆報文章，作者應署真名。王實味反對，認為文章應該可以匿名或用化名。

雙方爭執不下，提交表決，結果王實味的意見獲得四分之三出席者支持通過。並即席舉行選舉，院內領導幹部有二人落選，王實味大呼：「民主的勝利！」消息不脛而走，傳遍延安。

其後，王實味在中研院牆報《矢與的》上，連續發表多篇文章，鼓吹言論自由，撻伐李維漢在「整風動員大會」上家長式的作風。王實味在〈零感兩則：硬骨頭與軟骨頭〉一文中，號召群眾「睜大眼睛辨正邪」，要把眼光從院內擴展到「全延安以至全黨」，呼籲中共的下級幹部要敢於對上級幹部直言胸臆，並反對上級幹部對下級的打擊報復，他說：「軟骨病本身就是一種邪氣，我們必須有至大至剛的硬骨頭！」敢於批評「大人物」。

中研院的牆報轟動了整個延安，有幾期甚至不是貼在牆上，而是貼在布上拿到延安南門外鬧區懸掛起來，前往參觀者「川流不息」（李維漢語）。

綜觀王實味的思想，只是在中共體制內追求言論自由和人身平等，偏向人道主義，還談不上是民主運動。但是王實味的揭批，卻侵犯了中共幹部「打天下、坐天下」的特權心理，自然難以容得下他。毛澤東認為整風運動也應該一併馴服這些知識份子，這就註定了王實味悲慘的下場。

王實味，河南潢川人，生於一九〇六年，北京大學文學院預科肄業，以翻譯英文小說為生。一九二六年加入共黨，三〇年曾協助翻譯托洛斯基《我的自傳》一書中的兩章。一九三七年十月去延安，在中研院工作期間，共翻譯《列寧選集》等多本共產思想書籍達兩百多萬字，是一位真才實學的人才。

延安知識份子直言不諱地批評，引起中共領導高層的不滿。王震拿著王實味的〈野百合花〉文章去見毛澤東。毛澤東看完王實味文章後，怒拍桌子說：「是王實味掛帥，還是馬克思掛帥？」他連夜打著燈籠去中研院，看牆報上王實味的文章，當場說：「（這些東西）是很好的反面教材」，「思想鬥爭有了目標了，這也是有的放矢嘛！」王實味不知險惡，還以為毛澤東去看他的文章，是讚賞他的論點，高興的說：「毛澤東同志支持我們！」

一九四二年三月三十一日，毛澤東說話了。他嚴厲指責：「有些人是從不正確的立場上說話的。」這些人用的是「冷嘲暗箭」。他在整風報告中，極盡揶揄諷刺地批判光有書本知識的知識份子，矛頭實際是指向王實味。

毛澤東的祕書胡喬木去找王實味面談，又寫信說：「（〈野百合花〉）那篇文章裡充滿了對於領導者的敵意，並挑起一般同志鳴鼓而攻之的情緒……是絕對不容許的。這樣的批評越能團結一部份同志，則對黨越是危險。」點明了毛澤東把王實味言論視為是對黨和對他本人領導地位嚴重的威脅，必欲去之而後快，以確保馴服延安知識份子，完全臣服於他。

中共中央社會部（係鎮反及情報機構）部長康生更誣陷王實味：「是托派份子，有組織活動，還是藍衣社（指國府「軍統」）特務。」原本只是思想問題，現在已提升到了是「敵我矛盾」問題。

五月，毛澤東在延安召開「文藝座談會」，他在二十三日會議上作總結時說：「要使文藝很好地成為整個革命機器的一個組成部分，作為團結人民、教育人民、打擊敵人、消滅敵人的有力的武器，幫助人民同心同德地和敵人作鬥爭。」（即〈在延安文藝座談會上的講話〉）正式否決了「五四運動」以來文藝界所建立的「自由主義」傳統，並確立了對延安作家和知識份子整肅鬥爭的指導思想。

丁玲和王實味首當其衝，成了批判的對象。丁玲眼看矛頭不對，迅速轉向，承認錯誤，並且反戈批判王實味，還跑到農村去「體驗生活」悔過。她寫了一本《太陽照在桑乾河上》反映農村「巨變」的長篇小說，表達臣服，因而逃過被鬥一劫。

中央研究院則依照毛澤東的指示精神，從六月一日起，連續十二天召開全院座談會，批判王實味。參加座談會的人有時多達一千餘人，事實上已變成了群眾「公審大會」。會議由李維漢親自主持，他首先定調，王實味的問題不只是思想錯誤，而且是政治立場問題。

批評王實味最激烈的人，第一種是原支持王實味言論，或與他接近之同事、領導，為求自保，狠批深揭王實味的黑材料。丁玲就在六月十一日總結批鬥會上檢討自己，表達嚴重「失職」，沒有及時發現〈野百合花〉文章有問題，她說：「希望所有的文藝家對王實味加以深刻的分析，無情的揭露。」儘管丁玲靠出賣「同志」自保，但仍未能逃過被鬥厄運，只是晚了近十年。一九五三年，她被扣上「丁玲小集團」的大帽子，被批被鬥，一九五七年開除黨籍，一九五八年下放北大荒，一九七〇年關進秦城監獄，一九七八年才獲釋放。

第二種人是王實味得罪過的人，如李維漢、陳伯達（毛澤東文膽，王實味的上司，文革時擔任「中央文革小組」組長，後被毛鬥倒）。陳伯達批評王實味為專吸人血的「螞蝗」、「小蟲子」、「白蛉子」，他說：「王實味的思想是包含一個反民眾的、反民族的、反革命的、反馬克思主義的、替統治階級服務的、替日本帝國主義和國際法西斯服務的托洛斯基主義……他本來的靈魂是骯髒的、卑鄙的、醜陋的。也可以說，所有人類最骯髒的東西的成分，在他那裡，都可以找到各種某些不同的表現。」

李維漢後來回憶說：「大家對他（王實味）的認識逐步加深，由他的反黨立場，到他的反黨動機；由他的反動思想，到他的政治上、組織上的反黨行為。」把王實味單純爭取言論自由，和批評領導言行的一個孤傲知識份子，從此打為「反黨」份子。

除了王實味外，延安還是有敢講真話的人。魯迅的弟子蕭軍，就是一個，他在「文藝座談會」上，第一個發言，主張作家是「獨立」的，要有寫作「自由」，引起激烈爭辯。毛澤東非常不悅，私下對反駁蕭軍觀點的胡喬木說：「祝賀開展了鬥爭」。蕭軍在爾後批評王實味的座談會上，也拒絕批評王實味。蕭軍因這兩項「錯誤」，被下放農村改造。一九五〇年代，他又反對土地改革暴行，指責中共「『分』人之地，『起』人之財，『挖』人之糧，甚至『淨身出戶』……滿清雖異族，日本雖異類，尚不為此，胡共產黨為此不仁其甚也哉。」一九四八年下放撫順挖煤。

王實味即使是「反黨份子」，也只是個人行為，但是康生卻有辦法把他打為集團性的活動，硬把王實味和另外四個與他較接近的兩對夫婦連結為「反黨五人集團」。這四個倒霉的知識份子是：中央研究院的潘方、宗錚夫婦，和中央政治研究室的陳傳綱、王汝琪夫婦。到十月三十一日，王實味被正式定性為「反革命托派奸細份子、暗藏的國民黨探子、特務反黨五人集團」，並開除黨籍。王實味雖一再申辯自己不是托派，不是特務，那又有何用。這是毛澤東為在知識份子中樹威，拿王實味作為犧牲品祭旗，已是無可避免地了。

一九四三年四月一日，康生下令中央社會部逮捕王實味審查。王實味受不了酷刑，一度下跪磕頭認罪。

一九四七年三月，國軍胡宗南部攻進延安，王實味由社會部押解東逃，抵達山西興縣，羈押在興縣晉綏公安總局。因王實味在行軍途中「表現不好」，又「不認罪」，晉綏公安總局嫌他是個累贅，請示社會部如何處理，康生指示就地處死。七月一日，國軍飛機轟炸興縣，當晚中共在撤出興縣之前，晉綏公安總局將王實味倉卒槍殺，年僅四十一歲。

另有一說：處死命令是賀龍所下，因賀龍時任中共中央晉綏分局書記、晉綏軍區司令員，他素來不喜歡丁玲、王實味二人，所以他下令殺王的可能性，確實是有。此外，也有資料說：王實味是被中共砍頭處決；甚至有人說：中共為了節省子彈，王實味是被鐵鍬活活打死。事實如何？迄今仍是謎。

王實味被捕之後，毛澤東曾指示：「不要放也不要殺」。一九四八年，毛澤東獲知王已經被殺，大怒。社會部曾作檢討，但也不了了之。

王實味投奔延安時，其妻劉瑩留在上海，始終不知王實味冤死情事。一九七八年，劉瑩七十二歲，無意間收聽廣播，才聽到丈夫早在一九四七年已被殺害。她隻身前往北京申訴，王實味生前的上司李維漢也良心發現，在過世之前，提出要求重審王案，再經過長期清查，證實王實味清白無辜，由中共公安部於一九九二年二月宣布平反。這時王實味已冤死四十五年，他的兒子也已五十五歲，而中共僅發給王實味遺孀劉瑩女士人民幣壹萬元慰問金，真是情何以堪。

王實味一介書生，在延安整風運動期間，顯然是受到毛澤東「反對黨八股」講話激勵，秉持他正直個性，大義凜然地撰寫多篇「暴露黑暗」面的文章，在報紙和牆報發表，目的不外有二：一是幫助毛澤東整頓「黨風」；二是藉機爭取言論自由和民主，還談不上是「民主運動」。但是他的言論卻在延安知識界迅速發酵，廣泛受到支持，影響之大，已超越毛澤東發動整風運動所能容許的範圍，甚至影響到爾後千千萬萬知識份子的思想言行。

毛澤東在一九四一年七月一日政治局通過的〈中央關於增強黨性的決定〉中，就已表明黨員和黨的各個組成部分，都要在「統一意志」、「統一行動」和「統一紀律」下團結起來。王實味未能「體會」其實質含義，自然要墮入毛澤東的陷阱。毛澤東把整風運動擴大到文藝界和知識份子，事實上也是在看過王實味文章後所下的決定，否則他不會說：「思想鬥爭有了目標了。」

毛澤東對王實味在延安造成的風潮之恐懼，不惜無限上綱提升到「敵我鬥爭」地步，這可從毛澤東在一九四五年中共「七大」中講話得到證明。他說：「黨要統一思想才能前進，否則意見分歧。王實味稱王稱霸，就不能前進。一九四二年，王實味在延安掛帥，他出牆報，引得南門外各地的人都去看。他是『總司令』，我們打了敗仗。我們承認打了敗仗，於是好好整風。」

所以在結束鬥爭王實味，成功整肅知識份子後，毛澤東乘勝追擊，在一九四二年十一月宣布：「整風不僅要弄清無產階級思想與非無產階級思想（半條心），而且要弄清革命與反革命（兩條心）。」於是展開新一波的「審查幹部」運動，在毛澤東鬥爭思想中，所謂「半條心」是屬於「人民內部矛盾」，是可以透過「以鬥爭促進團結」，但是「兩條心」，可就是「敵我矛盾」，必須打倒或消滅。

因此，「審幹」工作，到第二年（一九四三）四月就發展成為「肅清黨內暗藏的反革命份子」，再演變成群眾性「反特」鬥爭，很快又擴大為「搶救失足者運動」。所謂「搶救」，就是「逼、供、信」，不過數個月，在嚴刑逼供，苦打成招下，逼出了一萬五千多名「特務」。中共中央文件甚至說：「特務之多，不足為怪。」周恩來就很感慨的說：「真叫人不可理解。」朱德則毫不容氣地對康生說：「你的意思是不是說，開過會後，我就不該再信任我的朋友和戰友了？」「是不是說，從現在起，我就該擔心自己被捕，或等著看我的朋友被捕？」

搶救運動的擴大化，搞得天怒人怨，毛澤東也自覺過了頭，在這年八月十九日指示：「一個不殺，大部不抓。」總算避免了大屠殺，但是承受不了壓力，自殺者光延安一地即有五、六十人之多。如果包括整個「解放區」在內，自戕人數恐怕就要成百上千了。

著名左藝作家胡風，這時人住在重慶，在思想上政治上一向支持中共，但他對毛澤東在延安文藝座談會上的講話，就深不以為然。一九四五年一月，他在他發行的文學雜誌《希望》創刊號上，發表〈置身在為民主的鬥爭裡面〉一文，內容與毛澤東文藝思想背道而馳，引起延安的關注。事實上，胡風是在呼應王實味的主張，幸而胡風人不在解放區，毛澤東也奈何不了他。這個仇，在中共建政後，一九五五年毛澤東終於展開報復，發起批判胡風運動，定罪為「胡風反革命集團」，得以一吐「冤氣」。

《中國思想運動史》一書作者李洪林說：「（延安整風運動）直到現在，它仍然影響著中國大陸的思想生活和政治生活。」對毛澤東而言，延安整風運動是一次成功的黨內鬥爭，也為他建立了爾後思想鬥爭的典型模式，自此他即樂此不疲；對王實味而言，他表現出中國知識份子大無畏，正氣凜然的風骨，確實影響了中國大陸後續無數的知識份子，敢於向中共爭自由爭民主，甚至投身「民主運動」浪潮中。

王實味雖然沒有搞「民主運動」，但他實實在在是中共政權裡，無形中推動「民主運動」的第一人。

02 為爭言論自由

梁漱溟質疑毛澤東雅量

梁漱溟 1893-1988

於一九五三年為農民請命，並向毛澤東爭取「發言權」，是中共建政後敢於與毛「唇槍舌劍」的第一人。

梁漱溟（一八九三～一九八八）原名煥鼎，字壽銘，廣西桂林人，生於北京，畢業於前清北京順天中學堂。曾加入同盟會，民初任司法部司法總長張耀曾（梁之舅父）機要祕書，並自學哲學和佛學有成。民六年，任北京大學印度哲學講座，是當時著名的哲學家。一九一八年與毛澤東（二人同庚）曾在毛之元配楊開慧的父親楊昌濟（北大教授）家裡見過面，那時毛澤東只是北大圖書館的一個小職員。

抗日戰爭爆發後，梁漱溟受蔣介石委員長委派，曾先後出任最高國防參議會參議員，和國民參政會參政員。一九三八年一月，梁漱溟獲得蔣之同意訪問延安，經毛澤東提起，才知當年在楊昌濟家中所見到之年輕人即毛本人。梁對毛表示：「對國民黨很感失望，對抗日前途也很悲觀。因此下決心來延安看看，向中共領袖討教。」二人遂就抗戰前途和階級鬥爭等問題，交談八次之多，每次談話時間少則兩小時，長則通宵達旦。

毛澤東這時正在寫〈論持久戰〉，因此胸有成竹，侃侃而談抗戰必勝原因，梁漱溟被徹底說服。他對毛澤東說：「你今天的談話，使我豁然開朗，精神振奮！」。但雙方對階級鬥爭有著不同的意見。梁漱溟想糾正中共主張的階級鬥爭理論和打土豪分田地的激烈作法。毛澤東不接受梁之說法，二人爭論不休，互不相讓。當時毛澤東尚能「容人」，表現的也很「民主」，使梁漱溟深感受用，留下良好印象。他回憶說：「他（毛）不動氣，不強辯，說話幽默，常有出人意外的妙語。明明是各不相讓的爭論，卻使你心情舒坦，如老友交談。」

梁漱溟回重慶後，於一九三九年參與發起組織「統一建國同志會」，再改組為「中國民主政團同盟」，抗戰勝利後更名為「中國民主同盟」（簡稱「民盟」）。一九四六年，梁漱溟任「民盟」祕書長，二訪延安。

再次見到毛澤東，梁漱溟提出，讓他向中共領導階層陳述〈抗戰勝利後中國統一建國的意見〉。毛澤東把朱德、張聞天（洛甫）、彭德懷、任弼時、林伯渠等十位中央領導找來聽，梁漱溟說：「現在重慶情勢很好。國共領袖蔣介石先生和毛澤東先生親自談判簽訂了停戰協定，政協會議順利召開了，有了五項協議，各黨各派的代表勁頭很高，社會各界反響也好。」梁漱溟講的係指：

（一）一九四五年八月二十八日至十月十一日，毛澤東赴重慶與蔣介石會談，於十月十日簽署的「雙十協定」，達成和平建國基本方針、政治民主化、人民自由、黨派合法等協議。

（二）一九四六年一月十日，在美國特使馬歇爾主持下，由國府代表張群，與中共代表周恩來簽署之《關於停止國內軍事衝突的辦法協議》，雙方自十三日午夜起停上一切戰鬥。

（三）在達成國共停戰協議同日，「政治協商會議」在重慶召開。會議於一月三十一日結束，通過在四十位國府委員名額中，給予中共十個，「民盟」四個。

梁漱溟顯然是以第三大黨領袖自居，才會來與中共談統一建國問題。但是毛澤東認為梁漱溟是蔣介石的說客，因為梁漱溟的意見是：「中國必須要有一個強有力而專心致志搞建設的政府，確立一個統一的建設方針，一口氣搞它幾十年以至上百年的經濟建設。而不是兩黨輪流執政，互相攻擊，你上我下，各搞各的。」「在中國照搬歐美政治體制的一套，一不合中國的歷史文化傳統，二不合中國的國情和現狀的需要。」梁漱溟的意見明顯是建議中共放棄蘇聯體制，支持國民黨政府的領導，集中國力，發展經濟，建設國家。這就不是毛澤東一心一意想要奪取政權，建立共產政權的野心，所聽得進去的。所以梁說完後，毛澤東就結束會見，未表示任何意見。

一九四六年十月，梁漱溟提出不同於國共的抗戰後建國「折中方案」，引起中共和「民盟」內部的不滿，因此辭去「民盟」祕書長職務，並退出「民盟」。事實上，梁漱溟兩次訪問延安，已埋下了毛澤東爾後伺機批判梁漱溟的情緒。

中共建政後，一九五〇年一月，梁漱溟自重慶前往北京。三月十二日，毛澤東約見梁漱溟，邀梁參加「政府」工作。當時梁漱溟對中共政權能否坐穩天下，仍有疑慮，所以婉拒了毛澤東的邀請，梁感覺到毛面有不悅之色。梁後來只出任政協委員。

這一年六月二十五日，北朝鮮入侵南韓，韓戰爆發，毛澤東在史達林指示下，準備出兵「抗美援朝」。但毛為掩飾他出兵境外的軍事行動，計劃成立一個「中國人民保衛世界和平大會」，徵詢梁漱溟出任主席意願，被梁漱溟婉拒，他也表態不贊成出兵「抗美援朝」，他說：「新中國剛成立就捲入朝鮮戰爭，與美國人打仗，後果會怎樣呢？」他認為明明是北朝鮮先發動戰爭，並獲得中共支持，因此成立「保衛世界和平大會」，缺乏正當性，再次引起毛澤東不悅，耿耿於懷。

一九五三年九月八日，政協常委擴大會議，周恩來作〈關於過渡時期總路線的報告〉。次日分組討論，梁漱溟針對周的〈報告〉發言：「深表讚同」，並說：「只有自始至終發揚民主，領導黨又能認真聽取意見，這建國運動才能變成人民群眾的自覺行動，其效能就能倍增。」周恩來遂建議梁：「明天的大會，你也說一說。」

梁漱溟很認真地作了準備，但到九月十一日才有機會發言。他說：「我想重點提出的，那就是農民問題或鄉村問題。過去中國將近三十年的革命中，中共都是依靠農民而以鄉村為根據地的。但自進入城市後，工作重點轉移於城市，從農民成長起來的幹部亦都轉入城市，鄉村便不免空虛。特別是近幾年來，城裡的工人生活提高得快，而鄉村的農民生活卻依然很苦，所以各地鄉下人都往城裡跑。城裡不能容，又趕他們回去，形成矛盾。有人說，如今工人的生活在九天，農民的生活在九地，有『九天九地』之差，這話值得引起注意。」「尤其共產黨之成為領導黨，主要亦在過去依靠了農民，今天要是忽略了他們，人家會說共產黨進城以後，嫌棄他們了。」

毛澤東未與會，但仔細看了會議紀錄，認為梁漱溟反對「總路線」。第二天，毛澤東在中央人民政府委員會第二十四次會議上，不點名批判梁漱溟：「有人不同意我們的總路線，認為農民生活太苦，要求照顧農民，這大概是孔孟之徒施仁政的意思吧！然須知，有大仁政小仁政者，照顧農民是小仁政，發展重工業、打美帝是大仁政，施小仁政而不施大仁政，便是幫助美國人。」「有人竟然班門弄斧，似乎我們共產黨搞了幾十年農民運動，還不瞭解農民？笑話！我們今天的政權基礎，工人農民在根本利益上是一致的，這一基礎是不容分裂、不容破壞的！」

梁漱溟當時也在會場，知道毛澤東在批判他，感到很委屈，兩次要求見毛當面解釋，第一次被拒絕，第二次毛根本不予理睬。於是梁漱溟寫了一封信，於十三日在會場上遞給毛澤東，要求澄清他發言內容。但是兩人見面後，針鋒相對，不歡而散。

九月十六日會議，梁漱溟獲得機會發言，他

中辯自已擁護總路線，絕無反對之意。這等於指責毛澤東的批評錯誤，惹火了毛澤東，決心與梁漱溟攤牌，進行「面對面」的鬥爭。

十七日會議，周恩來作了冗長發言，批評梁漱溟一貫反動，在國共兩黨兩次和平談判的緊急關頭，梁的立場完全是幫助蔣介石的。梁說工農生活「懸殊」，相差「九天九地」，好像他代表的是農民，實際上他是代表地主說話，是挑撥工農聯盟的。對他的那套主張，不能接受，應該斷然地拒絕。

在周恩來講話過程中，毛澤東難抑怒氣，不時插話。他說：「梁漱溟提出所謂『九天九地』，『工人在九天之上，農民在九地之下』，『工人有工會可靠，農民卻靠不住』。這是『贊成總路線』嗎？否！完全是徹底的反動思想，這是反動化的建議。」「所謂反動份子……這些人特別不願意反對蔣介石，所以臺灣的廣播和香港的報紙對於這些人特別表示好感，從來不罵，而且說他們是在大陸上『最有骨氣的人』，其中就有梁漱溟。」「梁漱溟是用筆桿子殺人……偽裝得最巧妙，殺人不見血的，是用筆桿子殺人。你就是這樣一個殺人犯。」「梁漱溟反動透頂，他就是不承認……你梁漱溟的功在哪裡？你一生一世對人民有什麼功？一絲也沒有，一毫也沒有。而你卻把自已描寫成了不起的天下第一美人，比西施還美，比王昭君還美，還比得上楊貴妃。」

毛澤東講話之重，已確定無轉圜餘地。梁漱溟不服氣，在十八日會議上，他要求發言，剛站上臺講了幾句話，就有人起哄，不讓他講下去。梁漱溟堅持要講，他問毛澤東：「我還想考驗一下領導黨，想看看毛主席有無雅量。什麼雅量呢？就是等我把事情來龍去脈都說清楚之後，毛主席能點點頭說：『好，你原來沒有惡意，誤會了。』這就是我要求毛主席的雅量。」

毛澤東不屑的說：「你要的這個雅量，我大概不會有。」

梁漱溟仍不放棄：「主席你有這個雅量，我就更加敬重你，若你真沒有這個雅量，我將失掉對你的尊敬！」

毛澤東生氣地說：「這一點雅量還是有的，那就是你的政協委員可以繼續當下去。」又說：「第二屆政協開會，我還準備提名你當政協委員。讓你繼續當政協委員，是有充當活教材的作用的。因為你能欺騙一部分人，還有一點欺騙作用。」

梁漱溟已失控，說：「領導黨常常告訴我們要自我批評，我倒要看看自我批評是真是假？」

毛澤東說：「批評有兩條，一條是自我批評，一條是批評。對於你實行哪一條？是實行自我批評嗎？不是，是批評。」

梁漱溟頂回去：「我是說主席有無自我批評的雅量。」

稍後，毛澤東不得已，允許梁漱溟講十分鐘。毛說：「梁漱溟的問題並不是他一個人的問題，而是藉他這個人，揭露其反動思想，使大家分清是非。梁漱溟這個人的反動性不充分揭露不行，不嚴厲批判也不行。」「梁漱溟是野心家，是偽君子。」

梁漱溟則堅持十分鐘時間不夠，要求給予一個「公平待遇」。毛澤東乃交付表決，與會之所謂「民主人士」懾於毛威，除少數人外紛紛舉手反對梁講話。最後，梁漱溟被轟下臺。

會後，梁漱溟自知闖了大禍，除向政協請長假「閉門思過」外，於九月二十二日提出自我檢討報告。他說：「我的錯誤之思想在哪裡呢？無疑是自己階級立場之不對。」「中國向下沉淪的厄運，終被共產黨、毛主席領導扭轉，讓我喊一千聲一萬聲『毛主席萬歲』亦不覺多餘。」「我這種目空一切……在大庭廣眾之下與毛主席爭是非，是必定要引起人們公憤的。」「毛主席說我以筆殺人，在會上我聽了很不服氣。待明白過來，才曉得這話是指我長時期的反動言論流毒社會。主席又說我是偽君子，我聽了同樣只是冷笑不服。但明白醒悟之後，深信只有忘我的革命英雄主義才稱得上是一個純粹、清白的好人，夾雜著嚴重個人英雄主義的我，不能一片純誠而無偽，那就是偽君子了。主席又說，我是能欺騙人的，有些人是在受我欺騙，那自然是說我這樣一個並不真好的人，卻仍有人相信我，而獲得好人名聲，有必要揭露其真面目吧！」

細嚼梁漱溟的檢討報告，仍然看得出他的不服氣，和申辯之意。但承認在大庭廣眾下與毛澤東爭論的不對。不過他在三十年後，仍然說：「當時是我態度不好，講話不分場合，使他很為難。」則顯然是為掩飾他的受辱，自我安慰的說法。因為他在一九八三年獲得平反時，曾感慨地說：「如果毛澤東在建國後仍保持延安時期那種虛懷若谷的胸襟該多好。」

毛澤東既然說了對梁漱溟「不嚴厲批判不行」，就不會放過梁漱溟。一九五五年，中共藉批判胡適思想，點名梁漱溟亦為資產階級思想代表人物。梁的學生馮友蘭（知名哲學家）也是擴大「批胡」運動中列為批判對象之一，為求自保，不惜「大義滅親」，率先跳出來於五月十一日在《人民日報》發表《批梁漱溟先生的文化觀和「村治」理論》。於是，中共報刊開始了大規模批判梁漱溟思想，指責他的鄉村建設理論，麻醉農民，對抗中共領導的農村運動，反對共產主義。

梁漱溟記起教訓，對批判他的言論文章，僅表示過一次「擁護」外，不作任何反駁，也不自我檢討和批評。年底，批判也就結束了。

李洪林在所著《中國思想運動史》中，把梁漱溟列為中共治權下影響中國思想運動人物之一，就可知梁漱溟在一九五三年為農民爭權益的「九天九地」言論之重要性。李洪林又說：「在毛澤東就任中共主席以後，能夠唇槍舌劍和他爭辯的，大概只有梁漱溟一人。」

梁漱溟為農民權益發言，不是要搞民主運動，他也無此意。但是，他敢於在中共重大會議上，公然向毛澤東爭取發言權，不輕言退讓，實際是爭取「言論自由」的具體表現，符合了民主運動要件之一。毛澤東對他這種行為之不滿，不惜將他在九月那幾天批判梁的談話紀錄整理後，以〈批判梁漱溟的反動思想〉標題收入《毛澤東選集》第五卷中，就是要徹底否定梁漱溟的思想言論，消除他的影響力。正因為如此，反而把梁漱溟爭取言論權的事蹟傳播開來，對後來的大陸知識份子爭取言論自由，不無影響。

梁漱溟早年既因反獨裁、爭民主而活躍於在野政治圈中。中共建政後，滿懷憧憬，投向中共，初期頗受禮遇，以為毛澤東會尊重乃至接受他的建言，沒想到毛澤東的獨夫心態，已容不下任何異議。自此，梁漱溟看穿了毛澤東和中共政權，雖然毛澤東保留了他的政協委員身分，但他未再出席過政協會議，也終止與毛之間的友誼，在政治上保持緘默，反而因禍得福，逃過了一九五七年的反右鬥爭，沒被戴上右派帽子。

毛澤東的接班人林彪於一九七一年九月十三日因外逃失敗，墜機死亡後，毛發起「批林整風運動」，到一九七三年十月更擴大為「批林批孔運動」。

梁漱溟被分配到政協全國委員會的直屬學習組，參加「批林批孔」會議。他每會必與，但不發一言。一九七四年一月，毛妻江青在北京「批林批孔」動員大會上，點名梁漱溟，怒斥「梁漱溟何許人也」。梁決心反擊，從二月起，分兩次發言，共講了八小時。他說，在中國五千年攸久的文化歷史中，孔子正好生活在二千五百年前，是承先啟後的重要人物。他認為不能片面地批判孔子，而且中國古代沒有人能和孔子相比。他是文革中唯一為孔子辯護的人。

他的學生馮友蘭又怕被鬥，寫了〈對於孔子的批判和對於我過去的尊孔思想的自我檢討批判〉等兩篇文章，受到毛澤東的重視，還親筆為他修飾，刊登在《光明日報》上。梁漱溟不齒馮友蘭，去信批評。兩相比較，梁漱溟不愧為有骨氣的中國知識份子之代表人物。

因此，從三月到九月半年間，梁漱溟遭到開會猛烈批判，達百餘次之多，被扣的帽子是「孔老二的孝子賢孫」。他均不發言反駁，自稱「洗耳恭聽」。到了九月二十三日，主持人在批判梁漱溟告一段落後，再三問梁漱溟有何感想。他被逼得說了兩句震驚全場的話：「三軍可奪帥也，匹夫不可奪志！」

主持人要梁漱溟清楚解釋是何意思，他毫無畏懼的說：「我認為孔子本身不是宗教，也不要人信仰他，他只是要人相信自己的理性，而不輕易去相信別的甚麼。別的人可能對我有啟發，但也還只是啟發我的理性。歸根究底，我還是按我的理性而言而動。因為一定要我說話，再三問我，我才說了『三軍可以奪帥也，匹夫不可奪志』的老話。吐了出來，是受壓力的人說的話，不是在得勢的人說的話。『匹夫』就是獨人一個，無權無勢。他的最後一著只是堅信自己的『志』。甚麼都可以奪掉他，但這個『志』沒法奪掉，就是把他這個人消滅掉，也無法奪掉！」

李洪林說：「在那個『橫掃一切牛鬼蛇神』的年代，能夠在如此強大的圍攻中做到『匹夫不可奪志』的，只有梁漱溟一個人。」「在中國知識份子的士氣已被摧殘殆盡的時候，梁漱溟為人們樹立了一個最為難能可貴的楷模。」

梁漱溟在文革時期表現的知識份子風骨，強烈突顯他不畏死，敢於與暴政對抗的勇氣。他的一言一行，就如他所說，對大陸民主運動具有「啟發」作用。一九七八年九月，北京爆發的西單民主牆運動，正體現了大陸知識份子為爭取言論自由、爭民主，不畏強權的高風亮節。

一九八八年六月二十三日，梁漱溟病逝北京，享壽九十六歲。馮友蘭又跳出來了，撰寫輓聯：「鉤玄決疑，百年盡瘁，以發揚儒學為己任；廷爭面折，一代直聲，為同情農夫而執言。」一語中的，也算是向老師悔過了，但節操永不能與梁漱溟相提並論。

梁漱溟絕非民運人士，但他敢跟毛澤東針鋒相對，爭取言論自由，堅持理念，終身不渝，堪為知識份子典範。因此，他所作所為，實質上可視為中共建政以後，大陸民主運動的濫觴者。

03 爭取學創自由——整胡風毛澤東與文字獄

胡風 1902-1985

於一九五四年提出《三十萬言書》向毛澤東爭取創作自由、學術自由、思考自由，和作家保持獨立人格，被打為「胡風反革命集團」，是毛澤東建政後第一個文字獄。

胡風，本名張光人，一九〇二年生於湖北蘄春縣。幼窮牧牛拾柴，幫助家計。十一歲入村學，十八歲到武昌進中學，大學曾就讀過北大和清大。一九二二年加入共青團，二九年留學日本，並加入日共。一九三三年，在中國留學生中組織左翼文化團體，被日本驅逐出境。

回國後，參加上海中共「左翼作家聯盟」（簡稱「左聯」），先後出任宣傳部長和常務書記，與魯迅共事，並擔任中共中央與魯迅間的信息傳遞工作。一九三四年被人誣陷為國民黨的「內奸」，憤而退出「左聯」。但在一九三六年，胡風因支持並參與魯迅的「民族革命戰爭的大眾文學」，與周揚的「國防文學」之間的論戰，得罪了周揚，種下了中共奪得政權後被鬥的惡因。

一九四二年五月，毛澤東發表〈在延安文藝座談會上的講話〉，依據列寧所說：「文學事業應當成為無產階級總的事業的一部分，成為……社會民主主義機器的『齒輪和螺絲釘』。」提出「要使文藝很好的成為整個革命機器的一個組成部分，作為團結人民、教育人民、打擊敵人、消滅敵人的有力的武器，幫助人民同心同德地和敵人作鬥爭。」的要求。因此知識份子必須和工農「結合」，他並將「結合」的程度提高到革命與反革命的層次，其實就是知識份子必須服從黨的領導。毛的目的，說穿了就是取消「創作自由」，將文藝完全納入「黨文化」的一環，成為黨的政治鬥爭和政治宣傳的工具。

毛澤東的〈講話〉，傳達到重慶親共作家耳中後，對如何貫徹〈講話〉的精神，發生了分歧。胡風雖在政治上擁護中共，但不贊成毛澤東〈講話〉所強調的階級鬥爭，和為政治服務之文藝路線。因胡風人不在延安，中共的整風運動中也奈何不了他。

一九四五年一月，胡風在主編的《希望》雜誌上，連續發表舒蕪的〈論主觀〉和〈論中庸〉兩篇文章。其中〈論主觀〉一文是宣傳「主觀戰鬥精神」，呼籲個性解放。胡風亦撰寫〈置身在為民主的鬥爭裡面〉一文呼應。這兩篇文章與毛澤東在延安整風運動中所反對的「主觀主義」，和毛澤東文藝思想，背道而馳。中共南方局為此召開座談會批評胡風的思想傾向，不符合毛澤東〈講話〉精神。胡風雖然不服，也與左翼作家疏遠，但並未影響他親共心態。一九四九年，中共建政後，他撰寫長詩〈時間開始了〉，歌頌毛澤東是「中國第一個光榮的布爾什維克」，「挑起了這一部歷史」。不過這不能改變毛澤東對他的懷恨，周揚也虎視眈眈，伺機報復。

整肅胡風的機會，終於來了。從一九五一年起，一些過去對胡風不滿的作家寫信給《文藝報》，要求再次批判胡風文藝思想。一九五二年初，〈《文藝報》通訊員內部通報〉陸續刊登了這些來信。這一年剛好是毛澤東〈在延安文藝座談會上的講話〉發表十周年紀念，毛乘機決定對全國文藝界進行整風。

舒蕪，這位胡風的作家好友，因為害怕抗日期間所寫的〈論主觀〉等文章被鬥，急忙跳出來，寫了一篇〈從頭學習〈在延安文藝座談會上的講話）〉文章，選在〈講話〉十周年紀念的當（五）月，發表在《長江日報》上，檢討自己以往所堅持的胡風觀點的錯誤，並批判了胡風文藝思想。

中共喉舌《人民日報》於六月八日予以轉載，並加了胡喬木的〈編者按〉，對「以胡風為首的一個文藝小集團」的「錯誤性質」，批評為「片面地誇大主觀精神的作用，追求所謂生命力的擴張，而實際上否認了革命實踐和思想改造的意義。這是一種實際上屬於資產階級、小資產階級的個人主義的文藝思想。」正式展開了對胡風的整肅運動。

胡風拒絕檢討認錯，寫信給周恩來，要求開會討論他的文藝思想。中共中央宣傳部於是自九月到十二月，召開了四次「胡風文藝思想座談會」，胡風均受邀與會。胡風雖對某些個別問題有自我批評，但基本上對他的文藝思想不承認有錯誤。中宣部在給中共中央的總結報告，仍批判胡風的文藝思想「完全是反馬克思主義的文藝思想」，「為了清除胡風和胡風類似的這些思想的影響，決定由林默涵和何其芳兩同志寫文章進行公開的批評。」

於是林默涵（中宣部文藝處處長）寫了〈胡風的反馬克思主義文藝思想〉，何其芳（北京大學文學研究所副所長）寫了〈現實主義的路，還是反現實主義的路？〉等文章，批判胡風的文藝思想，分別刊登在一九五三年《文藝報》的第二、三期上。

胡風當然不服，並對中國文藝現狀感到焦慮，決定上書中共中央。他在支持他的作家朋友如路翎、徐放、謝韜、綠原等人協助下，於一九五四年三月至七月，以四個多月時間，寫成〈關於解放以來的文藝實踐情況的報告〉，全文約二十七萬字，後被稱為〈胡風對文藝問題的意見〉，簡稱〈意見書〉，或〈三十萬言書〉。

〈意見書〉共區分為四部分：第一部分為「幾年來的經過簡況」，陳述周揚等人自一九四九年以來對他的排斥、打擊情形，視他為文藝界「唯一的罪人或敵人」；第二部分為「關於幾個理論性問題的說明材料」，全面否定林默涵、何其芳對他的批判，並闡明他的觀點；第三部分為「事實舉例和關於黨性」，對幾年來涉及他的問題，如「小宗派集團」、舒蕪的問題、黨性問題，分別予以澄清；第四部分為「作為參考的建議」，批評了中共文藝政策對作家和藝術家發展的限制，主張創作自由、學術自由、思考自由，應當允許作家保持獨立人格等等。

周揚這時任中宣部副部長，二人芥蒂甚深，胡風特地繞過周揚，於七月二十二日當面透過國務院文教委員會主任習仲勳（現中共總書記習近平之父），轉呈中共中央和毛澤東。

這年十月到十二月，在毛澤東親自指示下，「文聯」和「作協」先後召開八次聯席會議，批判著名學者俞平伯的《〈紅樓夢〉研究》一書，和《文藝報》拒登兩位年輕學者批評「紅學」的文章（後在江青壓力下刊載）的錯誤。文聯與作協主席郭沫若、茅盾，和《文藝報》主編馮雪峰等人因而作了公開自我批評。胡風誤以為毛澤東對《文藝報》和文藝界領袖的自我批評，是接納他的〈意見書〉的建議所致，並認為中共文藝政策將有所調整，正是可以全面質疑、挑戰文藝界惡習的時機。於是胡風在兩次批判「胡適思想」會議上，作了不相干的冗長發言，抨擊《文藝報》壓制「小人物」，和文藝界的領導的種種不是。結果適得其反，會議轉而批評胡風。

胡風的敢言，為他帶來了被鬥厄運。一九五五年一月二十日，中宣部向毛澤東提出〈關於開展批判胡風思想的報告〉，指責「（胡風的文藝思想）反對和抵制黨的文藝思想和黨所領導的文藝運動，企圖按照他自己的面貌來改造社會和我們的國家，反對社會主義建設和社會主義改造。」建議要在批判俞平伯和胡適同時，對胡風進行徹底批判。

一月二十六日，毛澤東批准鬥爭胡風，並提升到「敵我矛盾」層次。他批示：「胡風披著馬克思主義的外衣，在長時期內進行著反黨反人民的活動，因此必須加以徹底批判。」毛澤東並決定將胡風的《意見書》印成專冊，隨《文藝報》附發，公開討論。於是，一場全國性質的批判胡風運動於焉展開。

胡風意識到事態嚴重，硬著頭皮，當面向周揚認錯，希望不要印發他的報告，或者允許他寫一分認錯聲明一併印發。他寫了〈我的自我批評〉和〈對〈關於幾個理論性問題〉的說明材料的檢查〉，否定自己，承認「對黨的領導表現了頑強的反對態度」。周揚寫了報告請示，但是毛澤東自一九四二年起，所累積對胡風反對他〈在延安文藝座談會上的講話〉等文藝政策的種種不滿，不可能錯失此次報復的機會，所以胡風再多的認錯，也無濟於事，他對胡風的兩點要求不但不同意，而且批示：「不要讓他逃到『小資產階級觀點』裡躲藏起來。」

自一九五五年一月起，直到五月十二日止，全國省級以上七十多種報刊，共發表批判胡風文藝思想文章達四百多篇。其中最主要的是四月一日《人民日報》刊登的文聯主席郭沫若所寫〈反社會主義的胡風綱領〉一文，對胡風的《三十萬言書》逐一批判。

舒蕪這時又再站出來，不惜賣友求「活」。交出胡風寫給他的百餘封私人信件，這些信件內容主要是胡風談及他對中國文藝創作與理論的是非曲直，和發泄他對中共一些文藝領導幹部的顢頇不滿。周揚如獲至寶，指示舒蕪整理成《關於胡風反黨集團的一些材料》。毛澤東親自審閱這些信件，認定胡風暨其支持者是一個「反黨集團」，親筆寫了「編者按」後，併同胡風前所寫的〈我的自我批評〉交《人民日報》於五月十三日刊出。以證明胡風檢討是假。毛在「編者按」中有一句話說：「假的就是假的，偽裝應當剝去」。從此，胡風「一夥」就被正式定性為「反黨集團」。

毛澤東並指示中宣部和公安部共同組成「胡風反革命集團專案小組」，在全國各地調查胡風「反黨集團」的歷史資料，勸導與胡風有往來的作家、藝術家，以及他的學生交出與胡風通信的信件、日記，未主動交出者，都遭到搜查與沒收。

五月十六日，公安部逮捕胡風，並搜查沒收其所有文字紀錄之文、稿件等。因胡風具有「人大」代表身分，依法須先獲得「人大」同意後才能抓人。但是胡風是在被捕關押兩天後的五月十八日才由「人大」常委會「批准」逮捕。從此胡風下落不明，其妻梅志長達十年不知胡風生死。

不過公開批判胡風思想的鬥爭，並未因胡風被捕而結束。五月廿四日，中共續發表《第二批材料》，針對胡風在私人信件中指責中共「輿論一律」，「絕大多數讀者都在某種組織生活中，那裡空氣都是強迫人的。」毛澤東審閱後在按語中說「輿論一律」就是「不許反革命份子發表反革命意見」；「強迫人」是「強迫反革命方面的人」，並將鬥爭的層次再升高一級，他在按語中加了一句：「反革命的胡風份子」。

第二天，五月二十五日，文聯與作協擴大聯席會議。郭沫若任主席，他聲色俱厲地說：「對於怙惡不悛、明知故犯的反革命份子必須加以鎮壓，而且鎮壓得必須比解放初期更加嚴厲。」有位作家呂熒站起來為胡風辯護，被轟下台，也被逮捕，成了「胡風份子」。

六月十日，中共又續發表《第三批材料》，栽贓胡風和胡風集團「很早以來就是蔣介石的忠實走狗，他們和帝國主義國民黨特務機關有密切聯繫，長期偽裝革命」，「這個反革命派別和地下王國，是以推翻中華人民共和國和恢復帝國主義國民黨的統治為任務的。」這麼嚴重的話，除了毛澤東，是沒有人敢下的。李洪林在《中國思想運動史》一書中說：「這種作法，很像延安整風時對待王實味一樣，從思想批判入手，最後從政治歷史上把他打倒。」

這三批材料公布後，毛澤東指示集結成冊，正式出版《關於胡風反革命集團的材料》，毛親自寫了近萬字的序言（後收在《毛澤東選集》中），人們才知道，批鬥胡風，自始至終都是毛澤東親自在抓。毛之所以如此重視胡風的「反革命」言行，是他感覺到胡風爭取的作家獨立思考空間，和創作自由，如果讓步或縱容不究，將對共產政權和他的獨裁地位，構成嚴重威脅，而且嚴懲胡風，有殺一儆百之效。所以毛澤東在序言中說：「只要廣大的革命人民從這個事件和材料中學得了一些東西……提高了辨別能力，各種暗藏的反革命份子就會被我們一步步地清查出來。」

中共官媒鋪天蓋地的批判胡風，文藝界人士紛紛急著「劃分界限」。如著名作家巴金就寫了一篇〈必須徹底打跨胡風反黨集團〉，刊登在《人民日報》上。文革結束後，巴金回憶說：「人們勸我寫表態的批判文章。我不想寫，也不會寫，實在寫不出來。有人來催稿，態度很不客氣」，於是只好寫了。有些人被迫寫文章批鬥胡風，因批判不夠深刻，辱罵不夠狠毒，也被指責：「實際效果是替胡風黑幫份子作掩護。」

但是，胡風在被圍剿期間，並不孤立，仍有不少文藝界人士敢於支持他，因而牽連甚廣。據中共在一九八〇年公布的數字，共清查「胡風反革命集團」份子兩千一百多人，逮捕九十二人，隔離審查六十二人，停職反省七十三人，許多都是知名的學者和作家。經逐一審查後，到一九五六年，正式定為「胡風份子」者七十八人（內共產黨員三十二人，全部開除黨籍），其中「骨幹份子」二十三人。這七十八人中有六十一人在一九五八年先後被撤職、勞教，或下放勞動。在勞教（動）中被迫害而死，或自殺身亡者多人。

正如同一九四二年「延安整風運動」，在整肅王實味之後，又發展為「審幹」和「搶救失足運動」一樣。毛澤東在鬥爭胡風之後，即於七月一日發出〈關於展開鬥爭肅清暗藏的反革命份子的指示〉，在全國開始了「肅反運動」，共審查一千二百萬人，十一萬八千人被定為反革命、叛徒或重大刑事犯罪份子。

然而在胡風被捕兩年後，毛澤東鼓吹「鳴放」時期，仍然有知識份子繼續為胡風鳴不平，認為胡風不是「反革命」，應該予以平反。如遼寧省瀋陽師範學院兩位青年張百生、黃振旅聯名在《瀋陽日報》發表文章，贊同胡風的「某些看法和建議，今天看來還是正確的。」結果兩人也成了人民公敵，打成「右派」。而最具代表性的是中國人民大學學生林希翎（本名程海果），她認同「胡風的意見書基本上是正確的」，而且「毛主席的話又不是金科玉律，為什麼不能反對呢？」「兩年還不公布胡風案件的下文，我看共產黨很為難，沒法下臺，知道錯了又不肯認錯。」林希翎為此付出代價最大，一生未被摘除「右派」帽子。

胡風於一九六五年十一月二十六日，被判刑十四年，剝得政治權利六年。這時胡風已被關了十年，剩餘的四年，監外執行，可以回家。一九六六年「文化大革命」爆發，胡風夫婦被下放四川蘆山一處茶場，監督勞動。次年再被收押服未完之刑期，一九七〇年胡風在獄中，因無紙可用，乃在報紙空隙寫詩，被以「在毛主席像上寫反動詩詞」之罪名，改判無期徒刑，直到一九七九年文革結束後，才獲釋放，冤獄長達二十四年，健康已被摧殘。

一九八〇年九月二十九日，中共給予「胡風反革命集團」部分平反。不平反部分是因為「胡風的文藝思想和主張有許多是錯誤的」，而且在二十年代擔任過「反動職務」，寫過「反共文章」，「進行反革命宣傳鼓動」等政治歷史問題，「予以保留」。

胡風於一九八五年逝世，其家人不服中共悼辭，和遲遲未給胡風徹底平反，曾有一段甚長時間拒絕為胡風下葬。直到一九八八年六月十八日，中共才同意予以徹底平反。

「胡風反革命集團」案是中共建政後第一個文字獄，這也是毛澤東取得政權後，再次為馴服知識份子，不惜直接插手批鬥，並親撰〈按語〉，編織罪名的政治案件，也一舉報復了胡風在一九五〇年代對他的不敬。尤其毛澤東利用舒蕪賣友求活，交出的胡風私人信件，掀起了知識份子「打小報告」，揭人隱私的歪風，中國傳統知識份子的良知、氣節，一夕崩潰。從此大陸上的知識份子噤若寒蟬，人人自危，人與人之間的互信，也徹底瓦解，彼此監視，相互檢舉，知識份子只求明哲保身，再也不敢對文藝問題提出任何異議，毛澤東確確實實控制了知識份子的口與筆。但是知識份子內心對中共的不滿情緒卻在暗中累積滋長，終於在文革結束後，爆發出來。

胡風不是民運份子，也無意在中共治權下，從事民主運動。他的《三十萬言書》，基本上是為自己的文藝理念辯護，並反對周揚的「宗派主義的軍閥統治」。事實上，周揚執行的就是毛澤東的文藝政策，所以在毛的眼中，胡風的自由思想，是故意與他做對，名為反周揚，實則是反他。從毛澤東在〈按語〉中說：「自從漢朝的吳王劉濞發明了請誅晁錯（漢景帝的主要謀劃人物）以清君側的著名策略以來，不少的野心家奉為至寶，胡風集團也繼承了這個衣缽。」可以證明毛此一心態。

但是，胡風要求允許文藝家有表現自己創作性才能的自由，未改他在一九五〇年代，反對毛澤東〈在延安文藝座談會上的講話〉的立場。胡風的《萬言書》，自來就獲得不少文藝界作家之支持，影響之遠，至今不止，特別是對文革結束後的中國民運份子，具有啟發作用。毛澤東在鼓吹「大鳴大放」期間，許多知識份子敢於鳴放，或多或少都受到了胡風的影響。

梁漱溟和胡風，一個爭言論自由，一個爭學術、創作和思想自由，都發生在一九五二至一九五五年之間，而且二人都是頂尖知識份子，著名人士，雖因言獲罪，但不畏權勢，敢於面對毛澤東的鴨霸，力爭思想言行之自由，所言所為，無不與民主運動訴求目標一致。毛澤東為馴服全國知識份子，拿梁、胡二人殺雞警猴，鋪天蓋地的深批狠鬥，天天見報，但透露梁、胡的言論內容，在有識之士眼中，正是宣傳民運思想，深具潛移默化之功，其影響力無遠弗屆，對爾後興起的民主運動不無關聯。

在批判「胡風文藝思想」的同時期，一九五四年二月至八月，毛澤東在黨內掀起建政後第一次權力鬥爭運動，批鬥了「高崗、饒漱石反黨集團」。高崗（國家計劃委員會主席，企圖在中共「八大」時，取代劉少奇地位，被毛認為有野心予以逮捕）不堪迫害，在獄中服毒自殺；饒漱石（中央組織部部長，因支持高崗奪權，一併被鬥）被判刑十四年，一九七五年三月病死。

毛澤東為了進一步消滅黨內外異議者，在一九五五年七月一日下達〈關於展開鬥爭肅清暗藏的反革命份子的指示〉，開啟了全國性的「肅清反革命運動」（簡稱「肅反運動」）。毛澤東又為了貫徹此一運動，他號召大家共同「揭發」反革命份子，任何「揭發」，不問真假，一律先捕後審。因此在「肅反」期間，製造的冤假錯案，數以百萬計。毛澤東到一九五六年年底，也承認「肅反」過頭，審查的對象多達四百多萬人，「搞出了十六萬嫌疑份子，查出了確實隱藏的只有三萬八千人是反革命份子」，「那三萬多人，一個不殺，大約百分之一勞改。」

照毛澤東說法，應該只有三、四百人送去勞改。但顯然非事實，一九五五年五月十七日，毛在十五省市委書記會上就定了指標：「反革命五年抓一百五十萬，每年三十萬」。為了達標，如中共財政部黨委在肅反開始時，就先定了個「百分之五」的指標，將部內百分之五的作為反革命抓起來「審查」。所以許多被關押、鬥爭者並不是反革命，而是表現較差，剛好排名在「百分之五」內，或者是得罪了人，遭到公報私仇。

據丁抒所著《陽謀》一書說：光「廣西省

上林縣，抓了一百五十名『反革命份子和壞份子』，其中中小學教師占了六十名。一百五十人中，不是毛所說的『大約百分之一勞改』，而是三分之一被逮捕判刑，三分之一送勞動教養，三分之一被開除公職或管制勞動，僅四人未予處分。」「遼寧省長海縣，是個海島，人口僅五萬一千。肅反中有三十三人被定為反革命份子和其他壞份子，其中：判刑十四人，依法管制五人，開除公職勞動教養九人，監督勞動改造五人。」僅兩個小小的縣，判刑、勞教、開除公職之比率，幾乎近百分之百，證實毛澤東的「百分之一」是謊言。

一九五六年，共產國際世界發生了三件大事，影響了毛澤東的決策。

第一件事是：「全面否定史達林」事件。

二月蘇聯共產黨第二十次代表大會，赫魯雪夫作了《關於個人崇拜及其後果》的祕密報告，批判史達林：「心胸狹窄、殘忍、濫用職權」，「懷有病態猜疑」，「在他看來簡直到處是敵人、叛徒、間諜」，「史達林認為有必要逮捕某個人時，總是讓人們相信這個人是『人民的敵人』。」被史達林屠殺之蘇共黨員多達七十多萬人，平民百姓更不計其數。第一屆蘇維埃政府十五名人民委員，僅二人存活，而這二人是列寧和史達林；蘇共一三九名中央委員和後補委員中，有九十八人被槍決；五個元帥，三人處死；海空軍司令全槍決；海軍艦隊司令員僅一人倖存。史達林生前是共產國際共主，被捧為當代最偉大的馬克思主義者。但經赫魯雪夫揭批後，形象頓時崩解。

毛澤東原說「肅反」運動要搞五年，現在只推動了一年，就碰到赫魯雪夫抨擊史達林的個人崇拜，也威脅到同樣搞「個人崇拜」的他。毛澤東突生恐懼，害怕中國也出現一個「赫魯雪夫」，因此決定提前結束「肅反運動」，以防杜中國的「赫魯雪夫」，也在他百年後對他不利。胡喬木說：「毛主席在很長的時間裡認為，他就是中國的史達林。」「『二十大』批判了史達林，這對於毛主席的刺激是非常深的」，並形成了一個「毛澤東的赫魯雪夫情節」。毛澤東從此就陷入恐懼夢魘，他說：「中共中央也出了赫魯雪夫，怎麼辦？」被他指為「赫魯雪夫」的，就是劉少奇，註定了劉少奇要被鬥爭，要被置之死地的厄運。

第二件事是：「波蘭事件」。

蘇共在二月份鞭屍史達林後，東歐各附庸國家的人民隨之覺醒。六月二十八日，在波蘭波茲南即有十萬名工人，舉行大規模示威遊行，要求「麵包和自由」，要求蘇聯軍隊撤出波蘭，並派代表前往首都華沙陳情，但全被波共當局逮捕。於是示威迅即轉變為暴動，放火燒毀祕密警察總部。波共出動軍隊和坦克鎮壓，千餘人死傷，暴動才告平息。

七、八兩月，波共與政府兩次召開會議，承認錯誤，允諾改善人民生活，推動民主。並恢復一九四九年被蘇共撤換之前第一書記哥穆爾卡的黨籍，重任黨的領導人。同時要求兼任波蘭國防部長的蘇聯元帥羅科索夫斯基離職返蘇。赫魯雪夫聞知震怒，認為波蘭企圖擺脫蘇聯控制、脫離社會主義陣營、投入西方陣營。他指示波共領導赴蘇磋商，遭到婉拒。

十月十九日，波共召開全會，赫魯雪夫突率團飛抵華沙，要求與會，駐波蘇軍也以坦克包圍華沙。波共堅持只同意兩黨會談，波蘭人民也以示威遊行，表達支持。經過緊張對峙和談判後，波共保證不會脫離華沙公約組織，赫魯雪夫才作出讓步，同意哥穆爾卡回任波共第一書記，並調回羅科索夫斯基。

波蘭事件讓毛澤東看穿赫魯雪夫的軟弱，他在一九五七年十一月訪蘇，參加紀念「十月革命」慶典時，兩次當著各社會主義國家和各共黨領袖前，特意在赫魯雪夫面前擺出高姿態，暗示他才是共產世界領袖；一九五九年十月，赫魯雪夫率團參加中共建政十周年慶，毛澤東亦不惜與赫魯雪夫公開翻臉決裂。

第三件事是：「匈牙利事件」。

二月，在蘇共全面否定史達林後，匈牙利人民覺醒，爆發強烈反蘇示威遊行。蘇聯為穩定匈牙利局勢，同意撤換匈共第一書記拉科西，由格羅接任。十月二十三日，匈牙利人民為聲援波蘭人民反蘇行動，首都布達佩斯的大學生一萬多人舉行示威遊行，高呼「是匈牙利人就站到我們這邊來」、「俄國佬滾出去」等口號，沿途不斷有群眾加入，人數最後高達二十餘萬人，許多軍人也加入示威行列。

晚上，匈共書記格羅透過廣播，斥責示威群眾為「匈牙利人民的敵人」，反駁「匈蘇關係不平等」為「卑鄙的謊言，懷有敵意的杜撰」。因而激怒了群眾，推倒史達林銅像，攻擊廣播電臺，遭到匈牙利祕密警察武力鎮壓，打死上百人。於是，示威演變成暴動，並獲得工人支持，圍攻警察總部。

匈共眼看局勢失控，連夜召開緊急會議，決定由年前被蘇聯罷黜的納吉回任部長會議主席。納吉在次（二十四）日向匈牙利人民承諾：全力實現國家在各方面的徹底民主化，「走符合我們民族特點的建設社會主義的匈牙利道路」。

蘇軍當天下午入侵匈國，進行軍事干預。匈牙利人民群起抗蘇，軍隊也倒戈投向人民。二十五日，蘇共同意撤換匈共第一書記格羅，由卡德爾繼任。兩天後，納吉宣布「這是一場民族民主運動」，止息了動亂，蘇軍亦於二十九日撤軍。

但是，赫魯雪夫在中共唆使下，態度突變強硬，堅持這是一場反蘇、反社會主義的暴亂，於三十一日再次揮軍入侵匈牙利。十一月一日，納吉宣布匈牙利為中立國，退出華沙公約組織，實行多黨制，準備自由選舉。四日晨，蘇軍十七個師進入布達佩斯，迅速控制了匈國全境，重組共黨政府（一九五八年六月十六日，納吉被判處死刑執行。直到一九八九年，蘇聯瓦解後，納吉才獲平反）。

毛澤東對「匈牙利事件」深以為戒，不但堅

決支持蘇聯鎮壓匈牙利「反革命事件」，而且贈予新成立的匈共政府價值三千萬盧布的物質和現金。毛澤東說：「那是一場西方反動勢力挑起的『反革命事件』，因赫魯雪夫不知所措，猶豫不決，是中共曉以利害，極力促成，蘇聯才進行軍事鎮壓，平息了這一起『反革命暴亂』」。

一九五六年在共產國家發生的這三件大事，嚴重影響了毛澤東的鬥爭策略。「波、匈事件」對他的啟示是：中國人民特別是知識份子的不滿情緒，亦可能起來反對他。在「匈牙利事件」結束後，南斯拉夫共黨主席鐵托曾說：「是有人把史達林主義的傾向，強加在波蘭、匈牙利的頭上。」「問題不僅僅是個人崇拜，問題是個人崇拜產生的制度。」這句話正說中了中共現況，毛澤東感覺到赫魯雪夫反對個人崇拜的思想，不只影響到東歐共黨各國，也威脅到他在中國的獨裁地位。

因此，如何掌控知識份子不滿情緒，和如何徹底消滅這一股「逆流」，便橫亙毛澤東心中，急謀除去。十一月，中共召開八屆二中全會，毛澤東在十五日會議總結時說：「波蘭也好，匈牙利也好，既然有火，總是要燃燒的……紙是包不住火的，現在燒起來了，燒起來就好了。匈牙利有那麼多反革命，這一下暴露出來了……也教育了我們中國的同志。」「東歐一些國家的基本問題就是階級鬥爭沒有搞好，那麼多反革命沒有搞掉，沒有在階級鬥爭中訓練無產階級，分清敵我，分清是非，分清唯心論和唯物論。現在呢？自食其果，燒到自己頭上來了。」毛澤東還特別批評匈共領袖拉科西說：「不要甚麼事情總是捂著，人家一發怪議論，一罷工，一請願，你就把他一棍子打回去……你不許罷工，不許請願，不許講壞話，橫直是壓，壓到一個時候就要變拉科西。」

毛澤東並無意給知識份子一個發洩情緒管道，但不想在「波、匈事件」後的當下，因繼續箝制言論，在中國爆發類似事件。毛澤東更深層的想法是：藉放寬言論自由，讓國內反革命份子暴露出來，便於鎮壓。於是，大鳴大放的「雙百方針」，和隨後的「引蛇出洞」的「陽謀」，以及「反右鬥爭」等一連串鬥爭策略，相繼出籠。

一九五六年中國大陸內部也不平靜。毛澤東在一九五七年一月十八日說：「去年這一年是多事之秋，國際上是赫魯雪夫、哥穆爾卡鬧風潮的一年，國內是社會主義改造（指：農業合作化、私營工商業朝公有制的改造）很激烈的一年。現在還是多事之秋，各種思想還要繼續暴露出來。」

這一年，發生的學生罷課和請願事件有三十多件，參加的學生有一萬多人。學生甚至張貼大字報和漫畫，並召開記者會，呼籲「把官僚主義者趕出學校」。甘肅省還出現了解放軍鎮壓學生事件，誣衊學生行為是「反革命」性質，犯了「反黨、反人民、反革命」罪行；在高等院校也普遍存在著知識份子對中共黨組織的抵制心態，以北京農業大學為例，就因遺傳是否與「基因」有關，發生爭論。校長兼黨委書記樂天宇只因史達林否定「基因」說，就批判了小麥育種栽培學者蔡旭以科學實驗證實的基因改造，培育出來的新品種（可防止小麥銹病，增加產量）為唯心主義產品，禁止推廣。引起多數教師不滿，在學校裡形成了教師與黨的對立局面。

毛澤東在一月十八日說了重話：「石家莊一個學校……少數反革命份子乘機進行煽動，組織示威遊行，說是要奪取石家莊廣播電臺，宣布來一個『匈牙利』。他們貼了好多標語，其中有這樣三個最突出的口號：『打倒法西斯！』『要戰爭不要和平！』『社會主義沒有優越性！』」「在一部分大學生中間，哥穆爾卡（波蘭）很吃得開，鐵托（南斯拉夫）、卡德爾（匈牙利）也很吃得開。」「在一些教授中，也有各種怪議論，不要共產黨呀，共產黨領導不了他呀，社會主義不好呀，如此等等。他們有這麼一些思想，過去沒有講，百家爭鳴，讓他們講，這些話就出來了。」「匈牙利事件有一個好處，就是把我們中國的這些螞蟻引出了洞。」

這年（一九五六），工人罷工事件有二十九起，一萬多工人參與罷工。據中共總工會向中共中央報告說：「在工人罷工事件中，有共產黨員和青年團員帶頭參加，有工會基層主席參加。」「在許多事件中，群眾情緒十分激動，包圍行政領導，喊出『鬥爭一定要堅持到底』、『不獲全勝不收兵』、『鬥完小的鬥大的』等口號。還有的工人說：『看來，我們不學習匈牙利是不行了！』」

在學生罷課、工人罷工同時，各省農村也發生了農民要求退出「農業合作社」（當時尚未成立「人民公社」）問題。據中共中央農村工作部報告說：「退社戶，一般占社員戶的百分之一，多的達百分之五；思想動蕩想退社的戶，所占的比例更大一點（約占百分之二十左右）。」有許多合作社，因退社戶多而瓦解。有些地方還有「鬧社」情事。「鬧社」的情形，各地不一，如：禁止本社生產的糧食、蔬果上繳或外調；搶分糧食、種子、飼料、農具等；罷耕停產；群集到鄉到縣請願；打罵幹部，自行改選幹部和人民代表等等；新疆甚至還發生農民「叛亂」的情況。

國內發生的這些情況，事實上，與「波匈事件」的爆發有相同因素。毛澤東警覺到問題的嚴重，知道黨員幹部的官僚習氣、濫權瀆職、欺壓百姓，都是造成社會不安的因素。所以他在一九五六年八屆二中全會中說：「準備明年開展整風運動。整頓三風：一整主觀主義，二整宗派主義，三整官僚主義。」一九五七年一月二十七日又說：「要防止在中國發生『波、匈事件』，就要採取中國式的『小民主』的辦法，開展整風運動。」毛澤東說：「颱風一刮，動搖份子擋不住，就要搖擺，這是規律。」「在國內，無非出全國性的大亂子，出『匈牙利事件』，有幾百萬人起來反對我們，占領幾百個縣，而且打到北京來。我們無非再到延安去，我們就是從那個地方來的。」「社會上的歪風一定要打下去，無論黨內也好，民主人士中間也好，青年學生中間也好。」

自延安整風以來，知識份子已被排擠到工農階級的對立面，頭上戴著「資產階級」或者「封建買辦」等等的帽子，處處遭受歧視與嘲諷，社會地位低落。特別是「胡風事件」，造成席捲全國的鬥爭風暴，知識份子無不膽戰心驚，噤若寒蟬。毛澤東也查覺到知識份子不敢講話的嚴重性，而中共預定一九五七年起實施第二個五年計劃（簡稱二五計劃），還是需要知識份子貢獻智力。為了解決這個難題，中共曾在一九五六年一月召開會議，設法安撫知識份子，周恩來說：「經過建國以來的六年，絕大部分知識份子已經是工人階級的一部分，要信任他們。」毛澤東也說：「現在叫技術革命，文化革命。革愚蠢無知的命，沒有知識份子是不行的，單靠老粗是不行的。」

但是，隨著二月份赫魯雪夫批判史達林，毛澤東擔心國內有人效尤，危及他的地位。毛澤東決定不與這股潮流對抗，反而要乘勢利用。他在一九五六年四月二十五日政治局會議上說：要向外國學習，「一切國家的長處都要學」，「一切真正好的東西都要學」。又說：「不要抹殺個人利益、不要把農民搞得很苦（這不就是梁漱溟所要求的嗎？）；要團結民主人士，讓他們發表意見，也讓他們罵共產黨」。

四月二十八日，毛澤東宣布：「『百花齊放、百家爭鳴』，我看這應該成為我們的方針。藝術問題上百花齊放，學術問題上百家爭鳴。」數日後，毛澤東正式定名為「雙百方針」。五月二十六日中宣部長陸定一向知識份子發表〈百花齊放、百家爭鳴〉的講話：「提倡在文學藝術工作和科學研究工作中有獨立思考的自由，有辯論的自由，有創作和批評的自由，有發表自己的意見、堅持自己的意見和保留自己的意見的自由。」陸定一所提出給予知識份子的「四大自由」，正是胡風《三十萬言書》所要爭取的方向，在一九五四年還是錯誤的反革命思想，不過兩年之隔，到了一九五六年中共的口中，就成了正確的言論。

儘管「雙百方針」似乎給知識界帶來一些新的氣息，但是知識份子對中共歷次整風改造運動記憶猶新，不敢輕信中共所言，自然也不敢任意發言，以免再度成為代罪羔羊，大多數知識份子仍保持緘默，明哲保身。毛澤東為引誘知識份子鳴放，抓出反社會主義的右派份子的策略，當然不會輕易放棄。

一九五六年九月，中共召開「八大」，劉少奇宣布「階級鬥爭基本結束」；周恩來未點名批判毛澤東的「急躁冒進」政策，表示要「堅持綜合平衡穩步前進的經濟建設方針。」；鄧小平則提出「反對個人崇拜」的敏感議題，並通過取消黨綱中的「毛澤東思想」的提法。彭真（北京市委書記、中央政治局常委）還在隨後的八屆一中全會上提議通過：「黨主席規定連任一屆；要限制領導人權力，加強對領導人的監督。」因毛澤東棄權不投票，決議又作廢。周恩來在晚年時對此事憤憤不平的說：「決議都給個人意志廢了。」

這三項「八大」的重要決議，在毛澤東的眼中，都是針對他而來，對他的領導地位和權威構成了嚴重威脅。毛澤東對「八大」的不滿，可在一九五七年六月「反右鬥爭」開展後不久，一次談話中證實。毛的祕書田家英有一天說：「『八大』對於矛盾的分析和方針任務的規定是不對的。」毛回應說：「確有問題。但『八大』的路線、方針是大家一致決定的，現在不宜提，等以後相繼提出。」

從一九五七年起到一九七六年毛澤東死亡之前，他先後發動的「反右鬥爭」和「文化大革命」，鬥爭的目標，先是指向整肅知識份子，再升高為鬥爭劉少奇的「資產階級司令部」，最終目的是推翻「八大」決議。所以，毛澤東才會把他的鳴放政策，從原先的「引蟻出洞」，提升到「引蛇出洞」。就是因為「蟻」只是知識份子，而「蛇」則是指向威脅其地位的黨政領導人。

一九五七年一月二十七日，毛澤東在各省市委自治區黨委書記會議上說：「有些現象在一個時期是不可避免的，等它放出來以後就有辦法了。」「對民主人士，我們要讓他們唱對臺戲，放手讓他們批評……他們有屁就讓他們放，放出來有利，讓大家聞一聞，是香的還是臭的，經過討論，爭取多數，使他們孤立起來。他們要鬧，就讓他們鬧夠，多行不義必自斃。他們講的話越錯越好，犯的錯誤越大越好，這樣他們就越孤立，就越能從反面教育人民。我們對待民主人士，要又團結又鬥爭，分別情況，有一些要主動採取措施，有一些要讓他們暴露，後發制人，不要先發制人。」毛的「放屁論」就是他的鳴放政策，「後發制人」就是後來的「反右鬥爭」。

毛澤東還明確的說：「雙百方針」是一個基本的、長期的方針，不是一個暫時性的方針。後來事實證明，「鳴放」只開放了一個多月，毛澤東就匆匆結束，進行「反右鬥爭」。

二月二十七日，毛澤東在國務會議上，發表〈關於正確處理人民內部矛盾的問題〉的長篇講話，把社會矛盾分為「敵我矛盾」和「人民內部矛盾」兩類。他說：「現在大多數知識份子，是從舊社會過來的……他們還是屬於資產階級知識份子。」「無產階級和資產階級的矛盾，用社會主義革命的方法去解決。」所謂「社會主義革命的方法」，就是「階級鬥爭」。並且把周恩來一年前所說「知識份子是工人階級的一部分」的話，完全推翻了。

在這篇講話中，毛澤東說：「資產階級、小資產階級，他們的思想意識是一定要反映出來的。一定要在政治問題和思想問題上，用各種辦法頑強地表現他們自己。要他們不反映不表現，是不可能的。我們不應當用壓制的辦法不讓他們表現，而應當讓他們表現，同時在他們表現的時候，和他們辯論，進行適當的批評。毫無疑問，我們應當批評各種各樣的錯誤思想。不加批評，看著錯誤思想到處泛濫，任憑它們去占領市場，當然不行。有錯誤就得批判，有毒草就得進行鬥爭。」

毛澤東談到「波匈事件」時說：「有些人很

高興，來一下大民主嘛！」「有少數人是帶有敵對情緒的，他們希望用大民主把人民政府整那麼一下，學匈牙利那樣把共產黨整一下。」

三月間，中共中央召開全國宣傳工作會議。這本是黨內會議，毛澤東特意邀請了一百六十多位黨外人士參加，聽取他〈正確處理人民內部矛盾的問題〉的講話錄音。毛澤東說：為了防止「波匈事件」在中國發生，解決這個問題的方法，中共要進行整風。相應的理論，就是正確處理人民內部矛盾；具體措施，則是鼓勵民主人士大膽「放」，用「小民主」、「小小民主」幫助中共整風。

毛澤東又自我矛盾的宣布「疾風暴雨的階級鬥爭的時代已過去了」，即將展開的整風運動「不再是狂風大雨，也不是中雨，是小雨，是毛毛雨，下個不停的毛毛雨。」這是毛澤東的保證，誰也不知道毛笑裡藏刀的背後是「反右鬥爭」。

毛澤東在推「整風運動」時就已準備好「反右」，最有力的證據是他在三月十二日會議上說：「我國的知識份子大約有五百萬左右，其中有少數人對於社會主義制度不那麼歡迎，不那麼高興，甚至抱有一種敵對的情緒，認為社會主義沒有優越性，社會主義活不長會失敗。或者有那麼一些人，希望社會主義總有一天要恢復到資本主義。」「這種人在五百萬左右的人數中間，大約只占百分之一、二、三。」這個百分之一到三，算算就是五萬到十五萬人。

毛說：「這種人不喜歡我們這個無產階級專政的國家，他們留戀舊社會，一有機會，他們就會興風作浪，想要推翻共產黨，恢復舊中國。」照毛澤東「社會矛盾」敵我關係的區分，「這種人」就是敵人，而「敵我矛盾」的鬥爭，則往往是十分殘酷的。

全國宣傳會議後，毛澤東立即動身南巡，先後到過天津、濟南、南京、上海、杭卅等地，宣講「人民內部矛盾」、「雙百方計」和「整風運動」。他說：「因為階級鬥爭基本結束而顯露出來的各種東西、各種不滿意、許多錯誤的議論，我們應該採取什麼方針？我們應該採取『百花齊放、百家爭鳴』的方針。」還說：「對百家爭鳴沒有信心，對百花齊放怕放出毒來。我看完全不是這樣，若採取壓服的辦法，不讓百家爭鳴、百花齊放，那就會使我們的民族不活潑、簡單化、不講理。」「至於馬克思主義可不可以批評？人民政府可不可以批評？共產黨可不可以批評？老幹部可不可以批評？我看沒一樣不可以批評的。」

但是毛澤東在南巡路上，又對「階級鬥爭基本結束」做了一個解釋。他強辯說：「所謂基本結束，就是說還有階級鬥爭，特別是表現在意識型態這一方面。」「這個尾巴要吊很長時間，特別是意識型態這一方面的階級鬥爭，就是無產階級思想和資產階級思想的鬥爭。我們把它當作內部矛盾處理的。」毛澤東這一席話，事實上是完全否定了劉少奇的「階級鬥爭已基本結束」談話，而所謂「把它當作內部矛盾處理」，則是引「蟻」出洞的說辭。

在四天南巡行程中，毛澤東一路談話的重點，就是要開門整風，鼓勵鳴放。並談到和民主黨派要「長期共存、互相監督」，他說：「黨內黨外一起來好，這樣快，就把許多人推上政治鬥爭舞臺，不然兩三年也不得解決。」

四月十日，毛澤東親撰《人民日報》社論說：「現在的知識份子是『身在曹營心在漢』。他們的靈魂依舊在資產階級那方面。歷史上說曹操是奸雄，不要相信那些演義，其實曹操不壞，當時曹操是代表進步一方的，漢是沒落的。知識份子要解決這個『身在曹營』的問題，要在無產階級的皮上粘得很好，成為無產階級知識份子。」

迄今仍有學者說，沒有資料證明毛澤東一開始就有「引蛇出洞」的反右鬥爭準備。當時的統戰部長李維漢後來回憶也說：「毛澤東開頭並沒有說反右」。但是從前述毛澤東在一九五六年和一九五七年的多次講話內容，已足以說明，他的鳴放政策，就是要把右派份子揪出來鬥爭。正如文革初期，他要鬥爭劉少奇，也從來沒有明確表態，只說：「中央如果出了赫魯雪夫怎麼辦？」直到紅衛兵揪鬥了劉妻王光美，劉少奇才恍然大悟，毛鬥爭目標是他。

一九五七年四月二十七日，中共中央發出毛澤東定稿的〈關於整風運動的指示〉。鼓勵群眾給共產黨提意見，幫助黨整風。〈指示〉引述毛澤東的話說：「這次整風運動，應當是一次嚴肅認真又和風細雨的思想教育運動。」「應該放手鼓勵批評，堅決實行『知無不言，言無不盡，言者無罪，聞者足戒，有則改之，無則加勉』的原則。」「在整風運動中檢查出來犯了錯誤的人，不論錯誤大小，除嚴重違法亂紀者外，一概不給以組織上的處分，並且要給以積極的、耐心的幫助，這樣來達到『懲前毖後、治病救人』的目的。」

〈指示〉發出後，整風運動就緊鑼密鼓地開展了。毛澤東還特地於四月三十日邀集各民主黨派負責人和無黨派知名人士座談，說：「黨內外應改成平等關係，不是形式上的，而是真正的有職有權。」五月二日《人民日報》根據毛澤東指示發表的社論〈為甚麼要整風〉說：「使全體人民在社會主義社會中有充分的自由、平等和主人翁的感覺。」

儘管仍有不少知識份子，不相信毛澤東的保證，決定與中共保持距離，不跳火坑。但是，仍有許多原本不信任中共的知識份子，在毛澤東美麗包裝，循循善誘，和「不揪辮子、不打棍子、不扣帽子」的承諾下，終於鬆弛了警覺，站了出來，暢所欲言，大鳴大放，結果再次上了大當。

從五月三日起到六月八日止，在北京有兩場不同的座談會。一場是由統戰部長李維漢邀集各民主黨派負責人和著名無黨籍民主人士舉行的座談會共十三次，「請大家幫助我們進行整風，幫助我們改正缺點和錯誤。」有七十多位知名人士發表了意見；另一場是工商界人士座談會共二十五次，有一百零八人發言。發言內容，包括批評中共的言論，每日由新華社發布，在《人民日報》等各報刊出，引發了全國的響應，各地紛紛仿效，舉辦類似座談會。許多知識份子和學生，都被動員起來，大膽地批評時政。

最早對中共鳴放有所回應的是中央民族學院著名人類學教授費孝通，他早在三月二十四日就在《人民日報》發表一篇〈知識份子的早春天氣〉文章，說：「百家爭鳴實實在在打中了許多知識份子的心，太好了。他們對百家爭鳴是熱心的，嘴卻還很緊，最好是別人爭，自己聽。」「怕是個圈套，搜集些思想情況，等又來運動時可以好好整一整。」直接點出了毛澤東鳴放政策可能潛藏的陰謀。

接著費孝通又和其他七位教授聯合，對毛澤東四月三十日所講：「學校黨委制恐怕不適合」，「教授治校恐怕有道理」，認為還是黨委制好。「北京大學」校長馬寅初亦主張黨委治校。他們都怕如果贊同毛澤東的意見，有可能被扣「反共」帽子。但是未能與毛同調，又有了「反毛」嫌疑。對這些知識份子而言，實不知如何是好。

然而，北京的知識界和民主人士還真的有人相信了毛澤東的保證，開始大鳴大放。言論之大膽，已具有搞民主運動的型態。重要的言論如：反對「黨天下」、主張「輪流執政」、建議「取消馬列主義的指導思想」、成立「平反委員會」、搞「海德公園」（註：位於倫敦西區，為英國政治集會與群眾活動場所，群眾可自由發表不同政見）等等。而各地方也不遑多讓，出現指責中共「鎮反」和「肅反」製造太多的冤假錯案、「憲法已被徹底破壞」、「權力屬於人民」、「黨究竟應在國家之上，還是應在國家之中？」等許多反共和爭民主言論。更有一些激烈言論矛頭直接指向毛澤東個人，批評毛為屠夫。

鳴放帶來的民主人士、知識份子、學生直言無諱，遠超過毛澤東想像和容忍度。五月中旬，他說：「他們這樣搞，將來會整到他們自己頭上。」六月八日，毛澤東親擬〈組織力量反擊右派份子的猖狂進攻〉指示文件，並在《人民日報》發表社論文章〈這是為什麼？〉，開展了「反右鬥爭」。

05 民主人士被誘

講真話爭民主同儕互鬥

費孝通（一九一〇～二〇〇五）為知名社會學和人類學專家，也是「民盟」中央常委、人大代表。他是毛澤東於一九五七年三月十二日召開全國宣傳會議，鼓勵鳴放，幫助共產黨整風後，最早站出來回應的民主人士和知識份子之一，而這時「整風運動」還未正式開始。

他在三月二十四日《人民日報》發表了一篇文章〈知識份子的早春天氣〉：「去年一月，周總理關於知識份子問題的報告（指一九五六年一月十四日周恩來承認知識份子是工人階級的一部分）像春雷般起了驚蟄作用。……但是對一般老知識份子來說，好像現在還是早春天氣。……早春天氣，未免乍暖還寒，這原是最難將息的時節。逼近一看，問題還是不少的。」「百家爭鳴實實在在地打中了許多知識份子的心，太好了。……他們對百家爭鳴是熱心的；心裡熱，嘴卻還是很緊，最好是別人爭，自己聽。要自己出頭，那還得瞧瞧，等一等再說，不為天下先。依我接觸到的範圍來說，不肯敞開暴露思想的人還是占多數。究竟顧慮些什麼呢？對百家爭鳴方針不明白的人當然還有，怕是個圈套，搜集些思想情況，等又來個運動可以好好整一整。」「『明哲保身』、『不吃眼前虧』的思想還沒有全消的知識份子，想到了不鳴無妨，鳴了說不定會自討麻煩，結果何必開口。」

費孝通寫好這篇文章，還特地送請知識界朋友，如知名女作家謝冰心、民盟副主席羅隆基等人看過，修飾後才發表，所以文章內容實質上代表了知識界許多人的心聲。周恩來看了這篇文章後說：「把知識份子心靈深處的一些想法都說出來了。」毛澤東當然更看得出費孝通等著名知識份子內心的不信任感與猶豫，認為是反對他的「雙百方針」，企圖阻止知識份子和民主人士參與鳴放運動。所以「反右鬥爭」時，費孝通因這篇文章被打成「反黨反社會主義的右派」。

費孝通在寫〈早春天氣〉一文的時候，確實是在「響應」毛澤東的「鳴放」政策，而且相信毛澤東的承諾，不會追究責任。他的想法，應該是先把北京知識份子內心的顧忌點出來，提供中共瞭解，能保證在這些文人「鳴放」後，不會秋後算賬。所以到了六月份，毛澤東還是決定要秋後算帳，發起「反右鬥爭」時，費孝通說：「氣氛突然改變，我不知道這一變化背後是什麼？但是我發覺自己落入陷阱。」這說明他是撰文「響應」鳴放，而非企圖阻擾或反對鳴放。

不願落入毛澤東陷阱的知識份子的確不少，如「民建」副主任胡子昂提出質疑「雙百方針」是「放」、「鳴」、「整」三步曲。有學者解釋：「三部曲：一放；二收；三整。誘敵深入，聚而殲之。」人民大學教授李景漢說：「他們一向是整人的、改造別人的人，這無論從三反、五反和肅反運動看，都是這樣。但是現在忽然要來一個運動，要從從前的改造者、執政者來接受被整人的人意見，接受批評，這實在是反常的事。」；重慶一位老教授說：「主人翁『感』萬萬『感』不得，天下無不是父母，只有『聽說聽教』罷了！」另位教授說：「要多學薛寶釵，乃至王熙鳳；那林妹妹的性格，千萬不能學。」河南一位黨員幹部更直率的說：「言者有罪，聞者不戒。」「共產黨是聞到批評，面紅耳赤，居高臨下、棍帽齊來，泰山壓頂，藉端報復。」

毛澤東在四月三十日在「國務會議」上，當面批評北大校長馬寅初「講話不徹底（指黨委與教授間），矛盾仍在，敷衍過去不能解決。」並指示鄧小平邀集相關知識界和民主黨派人士，就毛所提「學校黨委制恐怕不適合」、「教授治校恐怕有道理」議題進行討論。「民盟」副主席章伯鈞、羅隆基二人於是聯合費孝通等八名著名教授，於五月中旬提出〈我們對於高等學校領導制度的建議〉，表達不宜「教授治校」，仍建議「加強黨在高等學校內的思想政治領導」，「在黨的領導下實行民主辦校」。馬寅初隨後表態完全支持「學校黨委制」。

這些北京最著名的知識份子和民主人士，在過去國民政府時期，無不是攻訐國民黨的先鋒。而今面對毛澤東提出「教授治校」意見，就無人敢講真話。突顯了這些知識份子兼所謂民主人士對中共翻臉無情，動輒得咎的恐懼心理。道理很簡單：如果反對「學校黨委制」，就可能被扣上「反共」、「反毛」的罪名，並且懷疑毛澤東提出「教授治校」，根本是在試探他們的政治立場。在必須表態又無從選擇的情形下，寧要「黨委制」，也不跳陷阱。但是與毛澤東唱「反調」，後果仍然很嚴重。因此章伯鈞等提出的〈建議〉，後被打為「反黨綱領」，馬寅初也成了「反黨反社會主義的右派份子」。

在中共歷次政治鬥爭中，人與人之間的情誼道義，早已被抹殺殆盡。知識份子的良知和氣節，也在中共摧殘下，蕩然無存。「反右鬥爭」開始後，中國科學院院長郭沫若在鬥爭會上，批評費孝通的文章說：「這些文章充分表明了主張『恢復』社會學的真正用意（註：中共建政後撤銷了各大學社會學系），這種主張和章、羅聯盟的整個政治陰謀完全合拍。正如大家所知道的，費孝通所提出的這些問題正是資產階級右派這個時期中反共、反社會主義的主要題目。」馬寅初也繳出一篇〈我控訴費孝通〉的書面發言稿。

費孝通也真能屈能伸。七月十三日，他在人大會議上，以〈向人民服罪〉為題發言自我揭批：「我的罪行已達到了最高峰，我已站在章、羅聯盟向黨進攻的最前線。我犯下了彌天大罪，叛國的大罪。如果不是黨及時一棒子把我打醒，我不知道還會做出什麼罪大惡極的事來，黨拯救了我。」「為什麼我會犯下這樣的大罪？主要是我自己沒有放棄資產階級的反動立場，抗拒黨的教育，沒有進行應有的改造，以致跌入資產階級右派的泥坑，參加章、羅聯盟的陰謀活動。」費孝通的自我撻伐，並不能免除被扣上「右派」的帽子。在他成了著名的「右派」後，從此不能從事教學和研究工作。文革時，被紅衛兵揪鬥、抄家，送去勞動改造，打掃廁所，後來又進了「五七幹校」勞教。

所謂「章、羅聯盟」指的是章伯鈞和羅隆基，二人同任「民盟」副主席。章還兼農工民主黨主席、中共交通部長；羅隆基則是中共森林工業部長。章、羅二人除提出的〈我們對於高等學校領導制度的建議〉被指為「反黨綱領」外，章伯鈞提議成立「政治設計院」，羅隆基建議設立「平反委員會」，均被毛澤東指責要推翻共產黨的領導，被劃為「反黨反人民反社會主義的資產階級右派份子」。

章伯鈞在鳴放期間言論，引起毛澤東不滿的主要有三部分。這三部分實際就是向毛爭人權、爭民主：

一是他說：「過去選拔留學生、學校留助教，都是首先考察政治條件，有些有能力、有專長的人，常被認為歷史複雜而不能入選，非黨人士出國留學的機會不多，非黨幹部要得到提拔很困難，黨員提升得快，好像只有黨員才有能力、有辦法。」「現在，在非黨人士擔任領導的地方，實際上是黨組決定一切，都要黨組負責。」

二是提出的「政治設計院」構想。他說：「如果（共產黨）在工作進行之初，就多聽聽人大常委會、政協、民主黨派的意見，就可以少走彎路。」「如果黨一決定，就那麼幹下去，是不能達到預期目的的。」「現在工業方面有許多設計院，可是政治上的許多設施，就沒有一個設計院。我看政協、人大、民主黨派、人民團體，應該是政治上的四個設計院，應該多發揮這些設計院的作用。一些政治上的基本建設，要事先交他們討論，三個臭皮匠，合成一個諸葛亮。現在大學裡對黨委制很不滿，應該展開廣泛的討論。」

三是「現在許多人都說資本主義不好，事實上資本主義還有活力。為什麼還有活力？就因為有多黨制度，有民主制度，有眾議院和參議院，有在朝黨和在野黨。光緒皇帝為什麼完蛋？就因為沒有民主。資本主義為什麼還沒有完蛋？就因為有民主。資本主義的國家辦法是：你不行，我來；我不行，你來。在朝的罵在野的，在野的罵在朝的，這就是活力。」民盟北京市委吳晗（文革前因寫「海瑞罷官」文章被鬥）批評章伯鈞（章也承認）「主張中國搞兩院制，把政協變成參議院，把人大變成眾議院，政協有監督權和否決權，人大有選舉權和立法權。」

羅隆基的爭平等、爭人權的發言，給他帶來嚴重後果的有：

一是建議〈加強黨和非黨知識份子的團結〉，這是羅隆基在三月十九日的一篇演講，成了他被打為「右派」的主要依據。他說話的重點有：

（一）「當前，在知識份子方面，還存在些什麼問題呢？在安排和使用方面，還有某些需要進一步調整的情況：學哲學的人在圖書館編書目；學法律的人在機關裡作會計；學染料化學的人在中學教語文；學機械工程的人在中學教歷史；學社會科學，特別是學政法、財經的高級知識份子，在學校掛名領薪，而沒有開課的人還是不少。甚至散居在社會上的高級知識份子中，還有英國留學生拉板車，美國留學生擺烟攤的情形。」「周恩來總理提出對知識份子政策的時候，重點放在高級知識份子，對一般普通知識份子問題，準備逐步地來解決。現在中、下層知識份子又起來呼籲了，……我們聽到這樣的呼籲：『救救六千三百萬小學兒童的老師吧！』某些幹部過分地歧視和輕視小學教師，的確是一種偏差。」

（二）「今天的關鍵問題，仍然是怎樣消除黨與非黨的隔膜。」「改善高級知識份子的待遇，採用評級制，少數教授埋怨評級不公平，重政治不重學術，黨員等級高，黨外人等級低。擴大知識份子進修培養機會，少數教授埋怨選拔不公平，選青年不選老年，黨團員機會多，黨外人機會少。」

（三）「一年來在學術思想方面，『百花齊放』，放者不多；『百家爭鳴』，鳴者太少。」「原因還在一般高級知識份子顧慮太多，猜疑太重，以致花不敢放，家不敢鳴。」「這就使一般舊知識份子更加思想混亂，無所適從，更加退縮不前，逡巡不進，更加瞻前顧後，栗栗危懼，而對領導幹部和一些進步人士就更加『畏而遠之』了！」

（四）「在團結、教育和改造舊知識份子的時候，掌握了馬列主義以外，也還應該讀讀《資治通鑑》這類中國的史籍。這樣就能熟悉中國社會的歷史背景和文化傳統，明白了從中國士大夫階層中成長起來的高級知識份子的特性。」「中國舊社會中的『士』有這樣一套傳統觀念：『以國士待我，我必以國士報之；以眾人待我者，我必以眾人報之』；合則，『士為知己者死』，不合，則『士可殺不可辱』。中國的幾千年封建社會，對這類自高自大的『士』，亦確有一套領導的藝術，即所謂『禮賢下士』、『三顧茅廬』等等。」

二是提出共產黨與民主黨派之間的關係不平等，他說：「自從毛主席提出『長期共存、互相監督』的方針後，理論、宣傳還沒有跟上去。」「過去很多重大的政策問題，往往都是在領導黨（指共黨）內討論以後才拿出來協商。因此，希望今後這類問題要在黨內討論的同時，也交民主黨派去討論。」「黨決定的很多事情，都不通過行政而從黨的系統向下布置，只能使擔任行政工作的民主黨派成員感到有職無權。」「黨同民主黨派之間的平等、獨立、自由，應該是相對的……現在有些制度、規章有礙於平等、獨立、自由的實行和民主黨派使用的發揮。」

三是提出成立「平反委員會」建議。他說：

「由人民代表大會和政治協商委員會成立一個委員會，不但要檢查過去三反、五反、肅反運動中的偏差，它還將公開聲明，鼓勵大家有什麼委曲都來申訴。這個委員會包括領導黨，也包括民主黨派和各方面人士。我以為這樣作有二個好處：一、可以鼓勵大家提意見，各地知識份子就不會顧慮有話無處說，而是條條大路通北京了；二、過去的三反、五反、肅反……使人不敢講話。有人擔心在這次的『放』和『鳴』以後，會有『收』和『整』。在過去運動中受了委曲的，要給他們平反。」他並建議各地方也應相應成立這樣的委員會，使之成為一個系統。

這就是毛澤東所說「章、羅聯盟」的由來。事實上，章伯鈞、羅隆基二人彼此不合，互無好感。羅隆基在發言之後，已有不祥之兆，他在六月二日曾對親信說：「鳴放要注意，不要過火，共產黨政策隨時都在變。」

果不其然，《人民日報》七月一日社論，指責「民盟」和「農工民主黨」：「在百家爭鳴過程和整風過程中所起的作用特別惡劣。」是「有組織、有計劃、有綱領、有路線的，都是自外於人民，是反共反社會主義的。」而右派份子的猖狂進攻，「其源蓋出於章、羅同盟（後改稱為聯盟）」。

章伯鈞看報後大驚說：「上了大當。」並仔細分析該社論全文，肯定出自毛澤東親撰。他說：「老毛是要借我的頭，來解國家的困難了。」

羅隆基怒氣沖沖去質問章伯鈞：「憑什麼說我倆搞聯盟？」「我告訴你，從前，我沒有和你聯盟！現在，我沒有和你聯盟！今後，也永遠不會和你聯盟！」並以杖擊地，折成三段，丟在章伯鈞面前，拂袖而去。

但是，毛澤東要整人，不會管你有無聯盟事實，也不可能給與申辯餘地。章、羅二人被毛澤東欽點批判後，被攻擊的體無完膚，精神幾乎崩潰。最可悲的是與章、羅同為高級知識份子的朋友、同事、同黨同志，對他們二人的揭發控訴，激烈的程度，有如仇家，人人急於「劃清界限」。如：民盟北京市委、明史專家吳晗在人大會議上，一馬當先，發言〈控訴章伯鈞、羅隆基的罪惡活動〉；章伯鈞的知己老友陳其瑗在《人民日報》發表文章揭露章伯鈞的「老底」和「歷史老賬」；曾與羅隆基即是戀人又是朋友的浦熙修（民盟北京市委常委、文匯報駐京主任），被迫揭發羅隆基；羅隆基親信、密友、小學同學，民盟中央常委潘大逵，主動揭發羅隆基「十大罪狀」，其中最嚴重的一條是「在反蘇、反黨、反社會主義的共同立場上，把過去視若敵人的章伯鈞勾結成為親密戰友。章、羅聯盟因此而成。」儘管這些急於揭批章、羅的知識份子，並不能免於難，最後仍多被劃為「章、羅聯盟」成員，打為右派份子。

諸如此類的情形，不勝枚舉，讓人不知何謂友情道義？在眾口鑠金，千夫所指情況下，二人唯一能做的就是認罪認錯。七月十五日，他們在一屆人大四次會議上作了自我揭批。

章伯鈞作了題為〈向人民低頭認罪〉發言：「我今天是一個在政治上犯有嚴重錯誤的罪人……承認錯誤，低頭認罪，下最大的決心努力改造自己的態度。」「各位代表對我所進行的譴責和揭發，將我的醜惡的荒謬言行紛紛暴露出來，我表示衷心的接受和感謝。……帝國主義者、臺灣蔣幫份子和潛藏在國內的少數反革命份子都在興高采烈地利用我們這幫右派份子反動言行當作宣傳工具，企圖破壞我們偉大祖國的威信，這使我感到萬分悲痛，覺得自己的罪行更加嚴重起來。」章伯鈞也不得不照著毛澤東所誣陷罪名，承認有「章、羅聯盟」存在，並且「彼此互為利用，相得益彰」。「我的政治思想蛻化到了這樣可恥可惡而又這樣可怕的地步，我得意忘形，利令智昏，個人政治野心與日俱增起來。」「我恨自己的醜惡，要把舊的、反動的我徹底打垮，不再讓他還魂。」

但是，對章伯鈞的批判，和揭發，仍如同排山倒海一般，洶湧而來，無窮無止。甚至逼得他的兒子章師明、胞妹等親人都必須公開與他劃清界限。

羅隆基則在會議上矢口否認有「章、羅聯盟」的存在，但承認了「章、羅合作」，因為二人都是「思想落後的人」，「思想既然有了聯繫，許多錯誤的言論和行為，就可以不約而同了。」他在〈我的初步交代〉中說：「（我）對最近全國各地右派份子，其至反動份子和反革命份子猖狂進攻的造亂行為，有了挑撥和點火的責任。……成為敵人的代言人，為敵人張目。」「（我）提出了共產黨和民主黨派在知識份子中發展的矛盾……這是擺脫共產黨的領導，反黨反社會主義的言論。」「一年多來，同章伯鈞合作，把民盟指向了右的方向……成了右派份子反黨、反社會主義的工具。」「（由於章、羅合作）竟把『鳴』、『放』做成惡意地攻擊黨、反擊共產黨領導的工具。」「我在民盟中央爭奪權位，是為了個人爭權力。這種目的是卑劣的、可恥的。」「我驕傲自滿，甘心思想落後，從不認真學習，努力改造，是『言足以飾非，智足以文過』的人。」「我的政治歷史是骯髒的。」

在反右鬥爭中與章、羅齊名的「第三號大右派」，民主黨派中央機關報紙《光明日報》總編輯儲安平，在歷次統戰部所辦鳴放座談會中，一直都逃避發言。一九五七年五月三十一日，統戰部一位處長級高幹打電話給儲安平，很誠摯請他務必在次日座談會上發言。儲安平深受感動，認真地做了準備，並寫好講稿，題為〈向毛主席和周總理提些意見〉。

儲安平的〈意見〉，最是一針見血，點出中共獨裁政權的要害。他說：「（黨群關係不好）關鍵在『黨天下』的這個思想問題上。我認為黨領導國家並不等於這個國家即為黨所有；大家擁護黨，但並沒有忘記自己也還是國家的主人。」「在全國範圍內，不論大小單位，甚至一個科一個組，都要安排一個黨員做頭兒，事無巨細，都看黨員的眼色行事，都要黨員點了頭才算數。」「黨為什麼要把不相稱的黨員安置在各種崗位上？黨這樣做，是不是『莫非王土』那樣的思想，從而形成了現在這樣一個『黨一家天下』的清一色局面。我認為，這個『黨天下』的思想問題是一切宗派主義現象的最終根源，是黨與非黨之間矛盾的基本所在。」

儲安平還把中共的基層和地方幹部黨員，形容為「小和尚」；把毛澤東、周恩來等中共高層領導，稱作「老和尚」。他並指出：在一九四九年以前，毛澤東曾表示將和黨外人士組織聯合政府。中共建政初期，人民政府副主席和副總理中確曾有黨外人士，還像個聯合政府的樣子。可是中共政府改組後，非黨的副主席都搬到人大常委會去了，國務院副總理也無一人是非黨人士。因此，他呼籲中共要「以德治人」，尊重黨外人士的「主人翁地位」。

北大校長馬寅初聽完儲安平發言後，興奮地手拍椅背，連聲用英文說：「很好！很好！」。

這時，毛澤東在黨內已決心要鬥爭右派了，不過他覺得時機還不夠成熟。他說：「現在右派進攻還沒有達到頂點，他們正在興高采烈。我們還要讓他們猖狂一個時期，讓他們走到頂點。」

後來，毛澤東把章伯鈞的「政治設計院」、羅隆基的「平反委員會」和儲安平的「黨天下」，併列為右派份子的「三大政治理論」。毛說：「帝國主義、蔣介石跟右派也是通氣的。比如臺灣、香港的反動派，對儲安平的『黨天下』、章伯鈞的『政治設計院』、羅隆基的『平反委員會』是很擁護的。」毛澤東的說法，表示這些右派言論已不是「人民內部矛盾」可以和平解決，而將是殘酷的「敵我矛盾」的階級鬥爭了。

儲安平發言不過五天，六月六日即由國務院祕書長習仲勛邀請黨外人士舉行座談會，批評儲安平的「黨天下」言論：「是對歷史和現實的事實的重大歪曲」，「代表資產階級要和共產黨爭天下」。八日，儲安平被迫辭去只做了六十八天的《光明日報》總編輯職務，中共很怕他利用報紙為他的「反動言論」辯護。

此後，對儲安平的批判、謾罵、揭發接踵而來，並把他與章、羅結合在一起。指控儲安平寫「黨天下」前，曾與羅隆基商量，並把稿件給羅看過；章伯鈞、儲安平利用《光明日報》（章兼社長）發表反黨反社會主義的言論。更令人痛心的是儲安平長子儲望英在六月二十九日《文匯報》發表〈儲安平長子儲望英反對儲安平反動言行〉一信說：「在報紙上已揭發了他許多反黨、反社會主義的事實，充分證明他這種惡毒思想是長期存在的、有政治野心的，企圖借用光明日報作基地，向社會主義進攻。」「我要給儲安平先生一句忠言：希望你及時懸崖勒馬，好好的傾聽人民的意見，挖掘自己反社會主義思想根源，徹底交代自己的問題，以免自絕於人民。」

儲安平承受不了這種無窮無盡，排山倒海的精神虐待，他比章、羅早兩天，與費孝通同於七月十三日在人大會議上，作了〈向人民投降〉自我批判報告。他說：「通過大會向全國人民真誠地承認我的錯誤，向人民請罪，向人民投降。我要向自己開刀，剝去我資產階級右派份子的皮。」「我的關於『黨天下』的發言是絕對錯誤的。首先，我說今天是黨一家天下的清一色局面，和事實完全不符。解放後，人民在黨的領導下翻身作了主人。」「正如工人同志批判我的，是睜著眼睛說瞎話，是混淆是非，模糊一部分人民的認識，挑撥黨和人民關係。」「這充分暴露了我的真正目的是要直接對黨進行攻擊，從而削弱黨的威信，削弱黨的領導，但是我這種反動的言論經不起駁斥，一經人民揭發，就完全暴露了我這資產階級右派份子反黨反社會主義的醜惡面目。」「我所犯的錯誤，實質上又為以『章、羅聯盟』為核心的資產階級右派份子的反黨活動而服務。」「『章、羅聯盟』是一個陰險的政治勾結，他們的目的是想通過擴大自己的力量，和黨分庭抗禮，逐步篡奪領導。我的『黨天下』的謬論實質上成為替他們的反黨陰謀搖旗吶喊。」

知識份子這種極端作賤自己，自我羞辱，並且同時誣攀同儕的作法，中國自古以來，未曾有之。也只有在毛澤東極權獨裁的高壓統治下，徹底摧毀了知識份子自尊、良知，喪失了羞恥之心，才會發生如此難以置信的事實。特別是毛澤東為了鬥臭鬥爛異己，歷來無不唆使被害者的親人、朋友、同志進行揭發批鬥，劃清界限，使之陷於絕對孤立，精神瀕於（甚至）崩潰，只得任其擺布宰割。中國五千年歷史所建立起來的五倫關係，自此被徹底毀滅。文革後，中共雖力圖恢復中國傳統文化，但從毛以後歷次政治鬥爭的實情看，中共仍然擺脫不了毛澤東的陰影。

清華大學署名「一個清華人」的大字報，就一針見血的說：「他（指毛澤東）要殺你時，還不用自己動手，還可動員你的妻子、你的骨肉孩子翻臉不認你，親手殺死你！這是理性社會乎？這就是毛澤東式的階級鬥爭啊！這就是我們時代的精神面貌啊！」

但是，北京民主黨派人士和知識份子，並不知禍之將至，仍然繼續大鳴大放。不乏可稱之謂民主運動的言論。主要有這些：

一、社會主義企業不如資本主義企業。

國府時期，因反政府而被稱為（救國會）「七君子」之一的「民建」（民主建國會）副主任章乃器，因將中共「八大」劉少奇「政治報告」中「改變生產資料私有制為公有制這個極其複雜和困難的歷史任務，現在在我國已經基本上完成了。」這句話，延伸為：「民族資產階級政治上和經濟上的兩面性也已經基本消滅了。」而被毛澤東冠上「否認民族資產階級兩面性」的帽子，打為「右派頭子」。

章乃器認為資本家的階級特性並不是與生俱來，現在資本家已交出財產，不再是剝削者了；合營企業的職工，也不是剝削的對象。因此資本家交出生產資料（即私有企業）後，從政府收到的「定息」（中共自一九五六年起年發給已繳公的私方股金百分之五的定息，作為補償，共發十年，至一九六六年止），「不應該把定息說成剝削，而應說成是不勞而獲的收入。」他說：「在資本主義當中，我們還可以取其精華，去其糟粕，找出一些在生產、經營上有益的經驗和知識，為社會主義服務；而官僚主義則是一無是處的糟粕。這就是為什麼一個社會主義企業加上官僚主義效率，反而不如資本主義企業的理由。」

二、以黨代法的人治主義，政協應有「彈劾權」。

同為「七君子」之一的王造時（一九七一年死於獄中，二子一女均被逼瘋）所提出。他說：「黨固不可以黨代政，也不可以黨代法。」「機關幹部輕視法律的規定，甚至一些司法工作者也有時犯了有法不依的過失——這都是人治主義的表現。」「大家必須按照法律辦事，全國人民在法律前面是平等的。」「中國古代的御史制度享有獨立的和公開的彈劾權，在歷史上曾經起過作用，也許我們可以考慮把政治協商委員會已有的視察工作擴大為類似御史的彈劾權。」

三、中共黨政不分，國家不是共產黨所有的。

民主人士如邵力子、千家駒等多人提出：「中共黨政不分，以黨代政。」黃藥眠說：「國家是共產黨領導的，但不是共產黨所有的，我們應當對人民負責。」機械科學研究院副院長雷天覺質疑：「黨究竟應在國家之上，還是應在國家之中？」

四、權力屬於人民，還是屬於共產黨？

民盟山東青島市成員曲北韋說：「我十分懷疑，中華人民共和國的一切權力屬於人民呢？還是中華人民共和國的一切權力屬於共產黨？共產黨是為人民服務的呢？還是人民為共產黨服務呢？共產黨是人民的勤務員呢？還是人民的統治者？人民是國家的主人呢？還是奴隸？」

五、中共憲法被徹底破壞，有名無實。

九三學社顧執中教授說：「憲法自一九五四年通過以後，有的被徹底破壞，有的有名無實。」「第八十九條規定人身自由不受侵犯，非經法院決定或檢察院批准不受逮捕，而肅反時的行動證明這條文全被破壞了。第八十七條規定的言論、出版、集會、結社的自由，事實都沒有得到保證。」「集會、結社的自由更少，許多人民團體幾乎都是官方包辦。可不可以再有新的民主黨派？憲法沒說不行，但事實卻沒有人敢大膽的做。」「大家都把憲法當作一張紙，通過後也就算了……現在從劉委員長（人大委員長劉少奇）到一般公民誰也不提保護憲法了。這樣下去，把憲法當成了手紙，亂關人、亂捕人、拆（檢查）信等等，都可以為所欲為，將來何堪設想？」

除了這些主要可以歸結為民主運動言論外，事實上還有一些投共的原國府軍政要員，雖在鳴放期間也有發言，惟均避免涉及與民主有關的問題，很明顯害怕觸怒中共。但是，在反右運動時，仍逃不過被鬥惡運，而且要算過去反共「老帳」，揭歷史「劣跡」。這是因為毛澤東在七月九日親自起草的〈中央關於增加點名批判的右派骨幹份子人數的通知〉中，指示要抓「最好還有歷史劣跡，素來不大得人心」的右派份子批鬥，實際是要把「老帳」、「新帳」一併清算。

前國府陸軍上將陳銘樞被毛澤東打為「極右份子」，罪名為「污蔑毛主席的反動言行」，還被整出一個「陳銘樞反共小集團」，把隨陳投共的部屬一併納入鬥爭。一九三三年與陳銘樞一起發動「閩變」反蔣的李濟深怕受牽連，急忙跳出來批判陳銘樞罪行「罄竹難書」，是「右派巨魁」。前雲南省主席龍雲發言批評蘇聯，被冠上「反蘇崇美」的右派罪名，指他過去統治雲南是「龍家天下」，「明知道（汪精衛要投日）而不加阻止」。

前廣西軍閥黃紹竑被打為「極右份子」，李濟深批評黃為「反共反人民的劊子手」。前國府與中共和談代表張治中（黃亦為和談代表之一）亦站出來批評黃「放出反黨、反社會主義的毒箭」。

這些一九四九年投共的國府軍政要員，過去都有豐富的反蔣經驗，但是遇到毛澤東，全都矮了半截。即使在毛澤東允許鳴放時，發言也不敢逾越分寸，但仍難逃被鬥惡運。反右鬥爭開始後，這些投共人員為求自保，寧棄尊嚴，低頭認錯，自我批判，並且不惜互揭瘡疤，賣友求「活」。事實上，毛澤東就是要藉由鬥爭，摧毀他們自尊，俯首稱臣，不敢有二心。

中共所謂「民主黨派」和「民主人士」，指的是在國府時期的在野黨派和人士，他們因反國府而與中共相呼應，抗戰勝利後積極配合中共武裝奪權，在國統區製造輿論，瓦解民心，曾是協助中共建立政權的重大功臣。但在毛澤東眼裡，「民主人士」或「民主黨派」既能反國民黨，將來也能反共產黨，絕不可寄予信任和重用。因此，毛澤東發明了「政協」組織，將所有民主黨派、人士和國府投共政客暨降將，均納入「政協」，創造出「中國共產黨領導下的政黨合作制」，嚴密控制這些尾巴黨派和人士。即使如此，毛澤東仍無法釋懷，雖然整肅梁漱溟和胡風兩事件，馴服一部分民主人士。然而仍然不少民主人士，桀驁不馴，天生反骨，如不能治服，勢必後患無窮。

毛澤東在一九五七年二月二十七日講〈如何處理人民內部矛盾〉時，提出與民主黨派「長期共存、相互監督」的統一戰線口號，還說提出這個口號「就是承認社會上各種不同的矛盾」。但只過了半年，他就容不下與民主黨派間「社會矛盾」的存在，發動反右鬥爭，把大部分民主黨派人士，特別是著名的民主人士，包括投共的國府軍政要員打為右派份子進行鬥爭。

毛澤東早在一九四五年中共「七大」上，就已透露要整肅民主人士，他在所作〈政治報告〉中提出：「開國以後掌握了政權，我們的鬥爭對象就是民主人士了。」所以「鳴放」的核心陰謀，就是引誘「民主人士」出洞，「反右鬥爭」則是打蛇的「七寸」要害之武器。毛澤東說與民主黨派的「共存」關係，實際是「鬥爭者」與「被鬥者」不對等的階級。而毛澤東之所以還能允許民主黨派的繼續存在，是因為不想自我破壞他所建立的「政治協調制度」之民主假象，也不能讓「政協」這個最大的「統一戰線」組織瓦解。他曾批評史達林所提出蘇聯已消滅了剝削階級，所以除共產黨外，就沒有其他政黨存在必要的說法。他認為在這種情形下，仍應該允許「民主黨派」存在，實行在「中國共產黨領導下的多黨合作制」。

而「相互監督」，從這一次整風運動中，民主黨派人士受鼓勵站出來講了一些話，竟然成了「反黨、反社會主義」的右派份子，被無情批鬥，變成了共產黨「單向監督」民主黨派。這種情況，迄今數十年，未曾改變。而且，章、羅二人的右派帽子，即使在毛澤東死後，鄧小平奪得政權，大量平反過去的冤假錯案，也拒絕給予二人平反摘帽。事實證明「相互監督」有名無實，不過是中共政權假民主的裝飾花瓶而已。

左　費孝通，「鳴放」時寫了一篇《知識份子的早春天氣》文章，懷疑「百家爭鳴」、「怕是個圈套」，被打為右派份子。

中　羅隆基，鳴放時提議成立「平反委員會」，與章伯鈞被打為「章羅聯盟」極右份子。

右　儲安平，任《光明日報》總編輯，被誘騙發言《提些意見》，批評中共「黨天下」，被打為與章、羅齊名的「第三個大右派」。

▲章伯鈞，鳴放時期，提議成立「政治設計院」，並說「資本主義有活力，有多黨制度，有民主制度」，被打為大右派，上圖為章在批鬥大會上被鬥情形。

06 鳴放政策誘發

五・一九學生民主運動

一九五六年二月，赫魯曉夫在蘇共二十大會議上鞭屍史達林的祕密報告，中共雖然極儘可能設法保密，不讓大陸人民知悉。但是，當時在北京各大學留學的蘇聯和東歐的學生，已獲得祕密報告的內容，並告知了中國同學。而且北大「合法」訂閱的英國《工人日報》英文報紙也刊登了這篇祕密報告的內容，經由北京大學兩位年輕助教任大熊、陶懋頎和一位學生陳奉孝合作，翻譯成中文，祕密傳閱，引起學生極大震撼。

「鳴放運動」開始，中共中央統戰部連續召集民主黨派舉行座談會，鼓勵民主人士和知識份子協助共產黨「整風」鳴放，中共各媒體亦詳細報導座談會發言內容。北京各大學相繼分別召開類似座談會，學生受到民主人士發言激勵，也開始跳出來發言。

一九五七年五月，中共召開「中國新民主主義青年團第三次代表大會」。北京大學歷史系學生質疑北大代表的產生方式，寫了一張大字報，於五月十九日張貼在北大的大飯廳前牆壁上，質問學校「團委」：「北大有無代表與會？如有，這些代表如何產生的？」學生爭相閱讀，產生共鳴。哲學系學生隨後貼出第二張大字報，標題〈一個大膽的建議〉，提倡開闢「民主牆」。導發了中共建政後的第一個學運：「五・一九學生民主運動」。

學生群情激動，紛紛將平日對中共和學校不滿情緒，化為大字報，在次（二十）日，大量張貼在前兩張大字報周邊，數量多達一百六十二張。而且，為了吸引同學注意，一些大字報甚至用有色紙張書寫。果然，「民主牆」引起全校轟動，學生蜂擁而至，爭相閱讀，或者忙著抄寫。晚餐後，學生即席在飯廳內進行討論，各抒己見，將學生的熱情迅速激盪高漲。

中文系學生沈澤宜、張元勳寫了一首詩歌〈是時候了〉，最具代表性。詩歌說：「是時候了，年輕人，放開嗓子唱！把我們的痛苦和愛情，一齊都寫在紙上！不要背地裡不平，背地裡憂傷。心中的酸甜苦辣，都抖出來，見一見天光。」「我的詩，是一支火炬，燒毀一切人世的藩籬，它的光芒無法遮攔，因為它的火種，來自——『五四』！」

張元勳貼出大字報後，遭到猛烈抨擊，北大中文系才女林昭站出來，公開表態支持張元勳：「他有什麼地方值得你們一鬥？我們不是號召黨外人士提意見嗎？人家不提，還要一次一次的動員人家提。人家提了，怎麼又勃然大怒了呢？」沒過多久，兩人都被打為右派份子，開除學籍。反右鬥爭時，北大被「揪」出的右派份子共八百人，占當時北大學生總人數的十分之一強。

林昭（一九三二～一九六八）本名彭令昭，被打為右派後，於一九六〇年因參與地下刊物《星火》活動，被中共以「陰謀推翻人民民主專政」和「反革命」罪名逮捕，關押在上海提籃橋監獄。在獄中，林昭堅持不放棄民主信念，因而被剝奪使用紙筆權力。她就用竹籤、髮夾等尖銳物品，戳破指頭，或割破皮肉，用鮮血在牆壁、襯衫和床單上，書寫了二十餘萬字的血書、日記和詩歌，控訴中共奴役、剝削人民自由，以及殘酷鬥爭。她在獄中寫道：「一息沿存，此生寧坐穿牢底，決不稍負初願，稍改初志。」被中共指為「死不悔改」的反革命份子。

林昭不愧為巾幗英雄、民主鬥士，她的血書寫道：「每當我沉痛悲憤地想到……（人們）怎樣的受難，想到這荒謬的情況的延續，是如何斷送著民族的正氣和增長著人類的不安，更如何玷污著祖國的名字，而加劇著時代的動盪，這個年輕人，還能不急躁嗎？」正因為她的頑抗，在獄中受到慘絕人寰的對待：「光是鐐銬一事……一副反銬，兩副反銬，時而平行，時而交叉，最最慘無人道，酷無人性的是：無論在我絕食中，在我胃炎發病痛得死去活來時，乃至在婦女生理特殊情況下，不僅從來未為我解除過鐐銬，甚至從來沒有減輕，比如兩副鐐銬中暫除掉一副。」她在抗議中寫道：「人血不是水，淘淘流成河。」

林昭的母親許憲民，早年即參加中共地下黨，曾任國府國大代表，並利用此身分，資助和掩護中共建立地下特工電臺；舅舅為二〇年代中共江蘇省負責人，一九二七年被捕處決。中共建政後，林昭參加「土改」，曾殘酷鬥爭地主，還謳稱為「冷酷的痛快」，甚至親自揭發母親的「罪行」。後來，她徹底覺醒，寫信向母親懺悔：「今後寧可到河裡、井裡去死，決不再說違心話！」她父親彭國彥曾留學英國，國府中央銀行專員，被打為「歷史反革命份子」，聞愛女入獄，悲憤自殺。

一九六八年四月二十九日，林昭被中共祕密槍決於上海龍華機場，時年僅三十六歲。死後，中共還向林昭母親索取子彈費人民幣五分錢。不久，林母瘋了，七年後死在上海外灘街頭。

一九五七年五月二十日晚上，北大召開「全校師生員工大會」，校黨委第一書記江隆基發言，讚揚學生思想活潑，富有民主氣息，支持學生以大字報鳴放方式，表達意見，協助黨整風，除去「三害」。江隆基真有這種開明的民主作風嗎？事實並非如此，因為在前一日，他的副書記還表示「大字報不是最好形式，我們不提倡也不反對。」意思就是不支持大字報，曾引起學生極度不滿批駁。更關鍵的是在前幾天，也就是五月十五日，毛澤東親擬了一篇《事情正在變化》的黨內傳達的機密文件。毛寫道：「最近這個時期，在民主黨派和高等學校中，右派表現得最堅決最猖狂。」「他們越猖狂，對我們越有利。人們說：怕釣魚，或者說：誘敵深入，聚而殲之。現在大批的魚自己浮到水面上來了，並不要釣。」江隆基如果不是已看到這份文件，就是請示過中共中央，得到指示鼓勵學生「繼續猖狂」，浮出水面，以利一網「捕」盡。

學生並不知此一內幕，以為受到黨的支持鼓勵，興奮不已，大字報大量出籠，張貼的範圍，擴展到學生宿舍區和教學區。學生會還特別開闢兩間教室，專供學生於每日下午五時到晚上十時之間辯論之用。同時在大飯廳前廣場搭建講臺，安裝擴音器，讓更多學生參與。甚至有學生天真的建議：「停課搞民運」。

北大學生確實非常重視這一次的民主運動。物理系四年級學生譚天榮所寫的大字報充分的表明了此點，他說：「北大的學生運動，不過是一次世界規模的民主運動的序曲而已。全世界注視著中國，中國注視著青年學生，青年學生注視著我們北京大學，所以我們沒有權利放鬆自己的戰鬥。在我看來，現在有三種社會力量已經形成了一支可怕的百萬大軍：（一）認識了歷史必然性的戰士們；（二）那些像樹葉一樣被蹂躪的人們；（三）反社會主義反革命反人民的魔鬼們。這支大軍在為自己開闢道路，誰要阻撓，就是毀滅，一絲一毫也不差的毀滅。我們青年學生應該是第一種人，我們有責任把這次運動引向破壞性最小的道路。要知道，工人和農民不見得會採取寫大字報的形式，讓我們行動起來吧。」結尾，他連寫五個帶有諷刺性的「萬歲」：「中國共產黨萬歲！毛主席萬歲！社會主義民主萬歲！馬克思主義萬歲！自由、民主、理性、人權萬歲！」

結果，譚天榮被毛澤東欽定為右派份子，「開除學籍，留校監督勞動」。學生張錫錕的〈衛道者「邏輯」大綱〉，簡明扼要的訴說中共的錯誤：

一、黨的錯誤是個別情況，對它批評就是反對全黨。

二、民主自由是黨的恩賜，再要索取就是煽動鬧事。

三、歌頌逢迎是一等品德，揭發錯誤就是否定一切。

四、萬事保密是警惕性高，揭露神話就是毀謗造謠。

五、盲目服從是思想單純，若加思考就是立場不穩。

六、政治必修是制度原則，若加考慮就是反對馬列。

七、國家制度是早已完善，再加指導就是陰謀造反。

八、政治等級是統治槓杆，取消等級就是製造混亂。

九、蘇聯一切是盡管搬用，誰說教條就是挑撥蘇中。

十、三害思想是也合人情，誰若過敏就是別有用心。

北大學生民主運動開展後，認為光張貼大字報，仍難滿足他們的需求，因此有了油印小報，再接著出現了刊物《廣場》，和鬆散的學生民運組織「百花學社」。北大學生並派人到其他各大學進行聯絡宣傳，在很短時間內就獲得全國各大學的響應，其至有各校學生跑到北大看大字報，或參加辯論。其影響所及甚至擴展到社會，報紙如《文匯報》等也開始報導學生民主運動的實況，《人民日報》則出內參，提供中共中央高幹參閱。

五月二十三日，北大學生舉辦「關於胡風問題」的辯論會，北京人民大學法律系學生林希翎因受北大同學邀請，來校看大字報，順便到會場旁聽。會場主持人請林希翎談談她的觀點，林希翎於是上臺從法律角度分析，指責中共辦「胡風反革命集團」證據不足。

她還一併批評了蘇聯和中共均未建立「真正的社會主義」。她說：「真正的社會主義是很民主的，但我們這裡是不民主的，我把這個社會叫做在封建主義基礎上產生的社會主義。我們要為一個真正的社會主義而鬥爭。」「中國沒有新聞自由」。她說中共是由一大批「混蛋」，和一批思想僵化而不起作用的人，以及極少數真正的布爾什維克組成。她認為：對「混蛋」應該清洗出去，對不起作用的黨員，應該動員他們退黨。

林希翎先後在北京大學和人民大學作了六次演講、答辯。她對中共的批評，十分尖銳，她說：「共產黨的民主也有局限性，在革命大風暴中和人民在一起；當革命勝利了就要鎮壓人民，採取愚民政策，這是最笨的辦法。」又說：她去（一九五六）年從北京到玉門，曾親眼看到沿途工人罷工，玉門油礦運輸處還爆發了「小匈牙利事件」，因此，應該鼓勵人民對現狀要有所不滿。林希翎演講時並大量引述赫魯雪夫的〈祕密報告〉，事後又公開在校內傳閱，這也是她後來不能平反罪證之一。人民大學在一九七九年拒絕為林希翎平反的〈復查結論〉中說：「（她）公開煽動要從根本上改變我國社會制度。」

劉少奇從《人民日報》的〈內參〉上看到林希翎發言內容，批示：「極右份子，請公安部門注意。」終於，在反右鬥爭時，林希翎被打為「極右派份子」，後來更成為「六大右派」份子之一。這「六大右派」份子至今均未獲平反，另五人是：章伯鈞、羅隆基、儲安平、陳仁炳（民盟上海市副主委）、彭文應（上海市民盟副主委、法學家）。

林希翎（一九三五～二〇〇九）本名程海果，就讀人民大學法律系期間，曾被時任共青團中央書記的胡耀邦譽為「最勇敢、最有才華的女青年」。反右鬥爭時，林希翎遭到全面批判，成為「學生大右派」、「反黨急先鋒」，被毛澤東欽定：「開除學籍，留校監督勞動改造，當反面教員」。受牽連的人數多達一百七十多人。一九五八年七月林希翎被冠上「反革命罪」祕密逮捕，判刑十五年，囚禁於北京草嵐子監獄，上腳鐐手銬長達半年。一九六九年押送浙江金華勞改農場服刑。一九七三年五月，林希翎刑期只剩下兩個多月時，毛澤東突然心血來潮，親自指示：「立即釋放」，林希翎就莫名其妙被提前獲釋。

自一九七五年起，林希翎曾兩次上訪、申訴，要求平反。當時鄧小平已復出，擔任中共中央副主席（兼副總理），因反右鬥爭是毛澤東指示鄧小平主持，所以他堅持反右有其「正確性」和「必要性」，並且在平反絕大多數右派份子後，仍必須留下一些「樣板」，以證明反右的正確性。林希翎雀屏中選，一九七九年中共對她作出複查結論是：「不改正、不平反」，而成為「六大右派」之一，和學生右派典型。

一九八三年六月，林希翎獲准出境，定居法國，仍不改其反抗權威和爭取民主自由個性，一度曾參與海外「中國之春」民主運動。二〇〇九年九月十九日，病逝巴黎。

四川大學生物系四年級女學生馮元春，是另外一個在鳴放期間，敢說敢當的民主烈士。馮元春四川灌縣人，約一九三五年生，出身紅五類之一的農民家庭，被槍殺時還不到三十歲。

一般人印象，內陸大學學生對政治熱度，不若北京市的大學生激烈。但是，四川大學學生的直言無忌，鳴放言論，事實上不亞於北京大學，對中共執政以來各次政治運動，如「鎮反」、「肅反」、「三反」、「五反」，以及「中蘇友好」，和「農業合作社」等問題，都提出了尖銳的質疑和批判。有張大字報這樣說：「我們要自由，要民主，要人權，大學生要有講話的權利，過問國家命運的權利，我們決不再盲從！我們有自己的頭腦，自己的思想，自己的愛憎，用不著強行要我們這樣和那樣。」

一九五七年六月二日，馮元春在校內舉辦「鳴放辯論會」，主題是：「毛澤東是偽馬列主義者，共產黨是最殘酷的集團」。她說：「在馬克思的著作裡根本沒有『無產階級專政』這一詞，全是毛澤東的杜撰和引申。所謂無產階級專政就是用暴力奪取政權後的統治階級組成的政府，借用軍隊、警察、監獄去鎮壓老百姓，他們不給人民任何民主自由的權力，也不遵循法律去依法辦事，全國人民代表大會所製定通過的『憲法』僅是一紙空文，毛澤東要想怎麼幹就怎麼幹，想打倒誰就打倒誰，想關誰就關誰，這決不是馬列主義者，是徹頭徹尾的獨裁！」

她對「高饒事件」批評說：「高饒罪名是反對黨中央、反對毛主席。我們請問：黨中央和毛主席有缺點難道就不能反對嗎？這不是出於個人崇拜是什麼？」

對「工農問題」，她說：「我們再來看看共產黨，這個集團對工人、農民的剝削是巧妙的，殘酷是空前的。工人加班不給加班工資，美其名曰『奉獻』；農民辛辛苦苦種出的糧食自己不能支配，大部分被國家統購去再無存糧，今後要是發生一點災害便會餓死人。」

反右鬥爭時，馮元春被打為「右派份子」，被捕後以「現行反革命罪」，判處有期徒刑二十年，關進四川第二（南充）監獄。馮元春不服，一再上訴，均遭駁回。文革初起，她在獄中呼口號：「打倒獨裁暴君毛澤東」，被四川省委第一書記李井泉下令殺害。

「五・一九學生民主運動」誘發的學生熱情，無論投書報紙、書寫大字報，或者辯論、演講，學生普遍表達出對中共建政以來暴政的不滿，言論遠較民主黨派人士鳴放激烈，而且入木三分。甚至有教授參與學生民運活動，並表達意見。綜觀學校內鳴放之意見，重要的有：

一、釋放胡風，胡風不是反革命。

一位物理系學生劉奇弟在五月二十一日貼出大字報〈胡風絕不是反革命〉，他說：「《關於胡風反革命集團的材料》完全是一本斷章取義，牽強附會，毫無法律根據的書。反把閒人聊天、侯寶林說相聲的邏輯和推理搬進了法庭……推演成反革命。請問，這能當作控告嗎？」因此「胡風不是反革命，我要求釋放胡風。」

清華大學署名「一個清華人」的一位學生，自稱出生在解放區，當過共軍，作過戰，具有中共黨員身分，他寫了一份〈我控訴、我抗議〉的大字報，矛頭直指毛澤東：「胡風那一條構成了反革命份子的罪狀呢？還不是由你將『莫須有』的罪名加在善良人們的身上！」

林希翎在北大辯論會發言說：「胡風的意見書基本上是正確的。黨現在提出的百花齊放、百家爭鳴，同胡風所提的基本一致。」「毛主席的話又不是金科玉律，為什麼不能反對呢？」「為什麼向黨中央提意見就是反革命呢？這是史達林的方法。」「兩年還不公布胡風案件的下文，我看共產黨很為難，沒法下臺，知道錯了又不肯認錯。」

馮元春質疑：「毛主席經常說：『言者無罪，聞者足戒』。為什麼胡風先生公開向共產黨中央上書三十萬言就成了罪人呢？而且還把別人朋友之間的來信公布出來，說是反革命罪證。這不是毛澤東公然破壞法律，自己打自己的嘴巴？毛澤東主席的特權思想，和歷史上一切統治者的特權一模一樣，毛澤東是中國再次出現的劉邦。」

瀋陽師範學院學生張百生、黃振旅二人也在《瀋陽日報》發表文章，為胡風抱不平。

二、質疑「鎮反」、「肅反」的合法性，違背中國傳統思想。

北大西語系學生於五月二十五日舉行控訴會，把毛澤東的肅反運動聯繫到史達林的肅反擴大化，認為中共在肅反中所犯的錯誤不能用改良主義的方法解決，而應學習匈牙利人民直接示威行動，爭取平反。

張百生、黃振旅二人投書說：「鎮反和肅反都是企圖用暴力維護革命果實。這同我國著名的『愛民如子』、『以德立國』、『以法治國』的傳統思想是背道而馳的。」

復旦大學法律系教授楊兆龍說：「希望檢查一下歷次運動的合法性，尤其是肅反運動。」他批評中共不能將法律定義為「階級鎮壓的工具」，因為「中國今天鎮壓物件只有百分之幾，百分之九十幾的人民要不要法律？」

林希翎提出「南京肅反時，一個晚上把逮捕證發給各單位，一下子就逮捕二千多人，連某禮堂都住滿了犯人。」她還舉例：北大學生「梁質華事件」以證明「肅反」擴大化。她說：「梁質華在解放前反蔣反美，曾被國民黨逮捕了十次，解放後反而遭到政府陷害。法院把梁放在獄中的死刑房內，逼他自殺，往鼻子裡灌辣椒水，最後因為他沒有罪名，無法判刑，硬說他有精神病而送進精神病院電療。這是很殘害人的，這件事一直到現在還未處理好，梁質華還在德勝門外精神病院裡。」她說在「肅反運動」中搞錯了七十二萬人。

三、批評共黨獨裁，諂媚蘇聯，應該由人民來管理自己的國家。

北大署名「天水心」的大字報說：「黨獨攬一切，專斷一切，黨即人民全體，黨即國家，黨即法律。所謂『民主』實際上已被黨主所代換。」

上海第二醫學院一篇寫在黑板上的大字報《中國人的呼聲》說：「已解放八年了，中國人民應該站起來了。應該由中國人民來管理自己的國家！遺憾的很，現在哪一個地方沒有蘇聯專家和顧問！……中國專家被排擠得透不過氣來，發表與蘇聯專家相反的意見，就要大禍臨頭，一連串『反蘇』、『反共』、『反動』等大帽子暴雨般的打下來。」

北京大學王書瑤的大字報〈從史達林的錯誤中應得到的教訓〉一文說：史達林的錯誤「是由於共產黨對國家政權的絕對控制，國家權力的高度集中。……才使史達林的後期可以膽大妄為，犯出一切錯誤。」「什麼『共產黨是自己的解放者』，什麼『毛主席是中國人民的大救星』，什麼『永遠跟著共產黨走』。於是一切功績都是共產黨賜給的，解放是，民主自由是，大鳴大放也是。但是，不，決不是這樣，人民群眾才是自己的解放者。」「當全國人民的命運掌握在一個小集團手中的時候……一旦小集團不能代表人民而只能代表他自己的時候，人民就要毫不留情地拋棄它，正如拉科西—格羅集團被匈牙利人民拋棄一樣。人民一定要自己掌握政權。」「六億人民的生活決不應該掌握在少數人手。……人民！我所愛的六億人民，如果不願歷史重演，無數先烈的血不致白流，世界共產主義不受毀滅的威脅，就應該及早起來，結束這種權力高度集中的局面，真正的自己當家作主，真正自己決定自己的命運。」

四、馬克思主義還停留在一八九五年，取消馬列主義指導。

南開大學雷海宗教授認為：馬克思、恩格斯經常修改他們的學說，恩格斯於一八九五年死後，人們就以為他們已解決了一切社會問題，社會科學不能再有發展了。事實「馬克思、恩格斯是掌握六十二年前的材料做出的結論，如果他們掌握了今天的材料，就會另做結論。」

清華大學徐璋本教授說：「以馬列主義作為指導思想，一定要產生教條主義；因為任何學說都是在一定的歷史條件下產生的，都有其局限性。」「任何一個學者一個學說都不能把一切好的東西都包括進去。」因此應該「取消用馬列主義作為我們的指導思想」。

五、各政黨輪流執政。

天津第三女中教師黃心平說：「既然允許民主黨派存在，為甚麼不可以實行各政黨輪流執政的辦法呢？一黨執政有害處。」「如果不要共產黨一黨執政，而要共產黨和各黨派提出不同的政綱來，由群眾自由的選擇，這樣可以刺激共產黨和各民主黨派不得不努力克服缺點來博得選民的選票，為人民服務。」「這是一個觸及共產黨利益的意見，問題是共產黨肯不肯放棄政權。」

六、中共搞不好，群眾就要推翻共產黨。

人民大學工業經濟系講師葛佩奇（一九三五年「一二九學運」北京大學學生領袖之一，中共地下黨員，曾滲透國府東北保安司令部工作）說：「（中共）搞得好，可以；不好，群眾可以打倒你們，殺共產黨人，推翻你們，這不能說不愛國，因為共產黨人不為人民服務，共產黨亡了，中國不會亡。因為不要共產黨領導，大家也不會賣國……群眾要推翻共產黨，殺共產黨人，若你們不改，不爭口氣，腐化下去，那必走這條路，總有那麼一天。」

這些大學生和教授們，絕沒有想到，在「五・一九民主運動」之前，毛澤東在五月十四日就親筆起草一份內部指示：「特別對右傾份子的言論，目前不要反駁，以便使他們暢所欲言。」「使群眾明了他們的面目。」但是，不過一日之隔，毛澤東十五日又親筆寫下〈事情正在起變化〉一份祕密文件傳達，下定決心反擊右派份子。

「五・一九學生民主運動」言論之激烈深度，不遜於後來的「西單民主牆」和「八九民運」。遺憾的是當時的學生和學者僅止於言論的發表，僅有少量的地下刊物，思想傳播未若「西單民主牆」有大量的「民刊」發行，能夠廣泛散播；而且「五・一九民運」亦止於個人言論的表現，缺乏核心訴求，又未能產生民運領袖，因此無法發展為組織性的行動，舉辦龐大的遊行示威、要求對話、爭取社會支持等活動。當然，這與當時時空因素有關，「五・一九民運」是毛澤東鳴放政策下所誘發，學生和知識份子以為只要「鳴放」提出建言，毛澤東就會聽到，並「虛心」接納改進。這些學生和知識份子絕未想到這是毛澤東「引蛇出洞」的陰謀（毛稱為「陽謀」），還沉醉在「為黨建言」迷思之際，大禍已經臨頭，被打為「右派份子」，慘遭鬥爭，要想有所反擊，為時已晚。

但是「五・一九民主運動」無可諱言在全國各大學學生和學者之間，植入了民主基因，而在「八九民運」時充分表現出來，時隔三十二年。

左　林昭，一九五七年被打為右派。一九六〇年參加地下民刊活動被捕，在獄中堅持民主信念，飽受酷刑，寫下二十餘萬字血書、日記，控訴中共，表示「寧坐穿牢底」，決不「稍改初志」，一九六八年四月二十九日被害。

中　馮元春，四川大學生物系女學生，「鳴放」時批評毛澤東是「偽馬列主義者，共產黨是最殘酷的集團」，只會鎮壓人民，不給予人民民主自由權力，被打為右派，以「現行反革命罪」逮捕，文革開始時被殺，尚未滿三十歲。

右　林希翎，本名程海果，在鳴放期間批評中國沒有新聞自由，沒有民主，被打為極右份子，成為「六大右派」之一，終生未獲平反。

07 鳴放成爭民主

毛驚恐倉促掀反右鬥爭

一九五六年九月，中共在赫魯雪夫鞭屍史達林後，召開第八次全國代表大會（簡稱「八大」），鄧小平提出反對「個人崇拜」這個對毛澤東最為敏感的議題，並修改黨綱，取消了「毛澤東思想」的提法。對毛澤東家長式的獨裁領導作風，構成嚴重威脅，毛澤東因此耿耿於懷，想方設法要恢復對其個人的崇拜。

周恩來在晚年回憶時曾說：「中共八屆全會（即八大）後第一次政治局會議上，通過二項決議：黨主席規定連任一屆；要限制領導人權力，加強對領導人的監督，黨內要體現民主集中制。……十七名政治局委員，十五名贊成，惟有二人（毛澤東、林彪）棄權。決議都給個人（指毛）意志廢了。」

「八大」在劉少奇、鄧小平之主導下，通過的「中國進行社會主義建設應遵循的科學社會主義路線」十項政策中，有三項是針對毛澤東而來。除第十項「關於反對個人崇拜的問題」外，其中第一項「關於資產階級與無產階級的矛盾已經解決」，是毛澤東無法接受的，在他的思想中，階級鬥爭「就是歷史，這就是幾千年的文明史。」

為了推翻此一決議，毛澤東在次（一九五七）年二月二十七日，發表的〈關於正確處理人民內部矛盾的問題〉談話中，就說：「資產階級和從舊社會來的知識份子的影響還要在我國長期存在，作為階級的意識型態，還要在我國長期存在。」三月十二日的「全國宣傳會議」上，又說：「資產階級和小資產階級的思想，反馬克思的思想，還會長期存在。」毛澤東的目的，就是要否定「階級的矛盾已經解決」的說法。他曾說：「與天鬥，其樂無窮；與地鬥，其樂無窮；與人鬥，其樂無窮。」他怎麼可能放棄階級鬥爭。

另外第二項「關於反對急躁冒進，堅持綜合平衡穩步前進的經濟建設方針」，是周恩來提出，批判毛澤東一九五五年〈關於農業合作化的問題〉激進政策。在劉少奇指示下，《人民日報》在一九五六年六月二十日的社論中，就把毛澤東的「又多、又快、又好、又省」的「急躁冒進」問題，與「右傾保守思想」掛了鉤，認為兩者「對我們的事業是有害的，所以兩種傾向都要加以反對。」毛澤東一生最怕把他與右傾思想聯結在一起，這就不難說明他為何要發動「反右鬥爭」，以及後來的「大躍進」（三面紅旗）的左傾冒進政策，和「反右傾機會主義」的原因了。

毛澤東深為痛惡中共「八大」通過的這三項決議，所以在此後十三年間，毛澤東不間斷的發動各種政治運動，就是要扭轉「八大」的決議，最終發動「文化大革命」，鬥倒劉小奇、鄧小平的「資產階級司令部」。毛澤東到一九六九年四月，終於達成目的後，才允許召開「九大」會議。

「八大」結束後，東歐接著在十、十一月間，爆發抗暴事件，衝擊到中共政權的安定。毛澤東在十一月十五日，中共八屆二中全會總結講話時，特別針對「波、匈事件」說：「既然有火，總是要燃燒的。……現在燒起來了，燒起來就好了。匈牙利有那麼多反革命，這一下暴露出來了。匈牙利事件教育了匈牙利人民……也教育了我們中國的同志。」「東歐一些國家的基本問題就是階級鬥爭沒有搞好，那麼多反革命沒有搞掉……現在呢，自食其果，燒到自己頭上來了。」

毛澤東還說了一句話，證明他這時已有殘酷鬥爭右派的心態。他說：「我們看到了來年『反右派鬥爭』的殺機。」所謂「來年」即一九五七年。又說：「我們準備在明（一九五七）年開展整風運動」。

一九五七年一月十八日，毛澤東在「一月會議」上，總結一九五六年國內外局勢時說：「去年這一年是多事之秋」，「國內是社會主義改造很激烈的一年。現在還是多事之秋，各種思想還要繼續暴露出來。希望同志們注意。」

毛澤東所說「國內是社會主義改造很激烈的一年」，指的是一九五六年發生的：農民退社（農業合作社）、工人罷工、學生罷課、知識份子與中共對立的情緒等等。這些問題，讓毛澤東警覺到，除了中共中央有人對他不服外，國內也不是那麼太平。他的恐懼在談話中暴露無遺：「在國內，無非是出全國性的大亂子，出『匈牙利事件』，有幾百萬人起來反對我們，占領幾百個縣，而且打到北京來。我們無非再到延安去，我們就是從那個地方來的。」

但是，毛澤東豈甘失去政權，所以他在會上又說：「社會上的歪風一定要打下去。無論黨內也好，民主人士中間也好，青年學生也好。凡是歪風，就是說，不是個別人的錯誤，而是形成的一種風的，一定要打下去。」「地主、富農、資產階級、民主黨派……他們老於世故，許多人現在隱藏著。」「反革命的言論當然不讓放，但是它不用反革命的面貌出現，那就只好讓他放，這樣才有利於對它進行鑒別和鬥爭。」「在一些教授中，也有怪議論，不要共產黨呀，共產黨領導不了他呀，社會主義不好呀，如此等等。他們有這麼一些思想，過去沒有講，百家爭鳴，讓他們講，這些話就出來了。」「匈牙利事件的一個好處，就是把我們中國的這些螞蟻引出了洞。」「螞蟻出洞了，烏龜王八都出來了」。

這次會議，毛澤東的講話，等於表態，決心拿知識份子開刀，藉口協助中共整風，鼓勵這些知識份子大鳴大放，暴露他們的思想。這時他還只是「引蟻出洞」，把這些知識份子、學生，視為螻蟻，任意踐踏。毛澤東對大學生、知識份子和民主黨派之憎恨，從他在一月二十七日省市委自治區黨委書記會議上，再次飆髒話就可感覺。他說：「這些烏龜王八的萬般惡劣、可惡的『階級本性』一有機會就要發作。」

於是，毛澤東提出了他的「陽謀」。他說：「有些現象在一個時期是不可避免的，等它放出來以後就有辦法了。比如，過去把劇目控制得很死，不准演這樣演那樣。現在一放，什麼《烏盆記》、《天雷報》，什麼牛鬼蛇神都跑到戲臺上來了。……然後，對這些戲加以批判、改造，或者禁止。」「對民主人士，我們要讓他們唱對臺戲，放手讓他們批評……他們有屁就讓他們放，放出來有利，讓大家聞一聞，是香的還是臭的。」「他們要鬧，就讓他們鬧夠，多行不義必自斃。他們講的話越錯越好，犯的錯誤越大越好，這樣他們就越孤立，就越能從反面教育人民。我們對待民主人士，要又團結又鬥爭，……讓他們暴露，後發制人，不要先發制人。」

毛澤東善於鬥爭，歷來在發動政治運動前，都會先建立一套鬥爭理論，以掌握先機。為了鬆弛知識份子的警覺心，順利「引蛇出洞」，所以毛澤東在這年二月二十七日，就發表了〈如何處理人民內部的矛盾〉講話，作為整風鬥爭的理論。他把矛盾區分為「敵我矛盾」和「人民內部矛盾」，他說：「應該首先弄清楚什麼是人民，什麼是敵人……一切贊成、擁護和參加社會主義建設事業的階級、階層和社會集團，都屬於人民的範圍；一切反抗社會主義革命和敵視、破壞社會主義建設的社會勢力和社會集團，都是人民的敵人。」

他強調「敵我矛盾」是「對抗性的矛盾」；「人民內部矛盾」是「非對抗性的矛盾」。但是「有些矛盾是由原來還非對抗性的，而發展成為對抗性的。」而且「社會主義國家內部的反動派同帝國主義者互相勾結，利用人民內部的矛盾，挑撥離間，興風作浪，企圖實現他們的陰謀。匈牙利事件的這種教訓，值得大家注意。」

毛澤東在講話前預擬提綱中，有兩項與鳴放運動有關：一是第五提綱：「知識份子和青年學生」。他說：「他們中間也有不正確的思想，也有歪風，有那麼一些波動。匈牙利事件出來之後，也有一些怪論，討厭馬克思主義。」其次是第八提綱：「百花齊放，百家爭鳴，長期共存，互相監督」。他在談到與「民主黨派」的關係時，說了這四句話，還說：「就是承認社會上各種不同的矛盾」。

毛澤東這篇講話，固然是要否定「八大」的「階級的矛盾已經解決」決議。但他談到這兩個提綱的內容，本身就充滿矛盾：他一方面表達對「知識份子和青年學生」思想的疑慮，而另一方面又表示能夠容忍「民主黨派」的思想言論。事實上，「民主黨派」主要成員就是知識份子。毛澤東之所以把「民主黨派」與「知識份子」區隔，是為了緩和梁漱溟和胡風事件後，民主黨派對中共不信任的態度，表示不會視民主黨派人士為敵人，彼此的矛盾，是屬於「人民內部矛盾」。但是，毛澤東軟硬兼施，恐嚇民主黨派如與中共關係發展「成為對抗性的」，仍將是「敵我矛盾」，表明了「順我者昌，逆我者亡」。

三月十二日，毛澤東召開「全國宣傳會議」，特地邀請了一百六十多位民主黨派的高級知識份子參加，先聽取毛澤東的〈如何處理人民內部的矛盾〉講話錄音。毛澤東在會上談到知識份子問題，充滿敵意。他說：「我國的知識份子大約有五百萬左右。其中有不少人對於社會主義制度不那麼歡迎，不那麼高興，甚至抱有一種敵對的情緒。認為社會主義沒有優越性，社會主義活不長，會失敗。或者有那麼一些人，希望社會主義總有一天要恢復到資本主義。」毛澤東還特別強調「階級鬥爭也要講」。不知是這些民主黨派的知識份子沒人聽懂，還是裝作不懂毛澤東弦外之音，反而表現出深受感動，頻頻報以熱烈掌聲。後來在大鳴大放時，都掉進陷阱，就不足為奇了。

對於「整風」問題，毛澤東說：「準備今（一九五七）年就開始，先搞實驗，明年比較普遍地進行。黨外人士自願參加。」「整風不用大民主，用小民主，在小組會上用小小民主。」這種「不用大民主，用小民主，用小小民主」，其實是暗示了小議小論可以容忍，如是反共反社會主義的言論，則無法接受。

毛澤東又說：「我們黨現在準備整風。我們要爭取知識份子，要爭取黨外人士，先要做一件事情，就是先把自己的作風整頓一下。今年準備，明年一年，後年一年，下點毛毛雨，吹點微微風。把我們的官僚主義、主觀主義、宗派主義這些東西吹掉。」也就是說整風運動預備進行三年才結束。

三月十九日，毛澤東開始南巡（毛在每次大鬥爭前都會南巡），沿途宣傳他的整風運動和鼓吹「鳴放」政策。他在南巡談話中，毛澤東提出希望在大約三個五年計劃中爭取五百萬知識份子中的三分之一，即一百五十萬人真心接受馬克思主義。表面上似乎他對知識份子不相信共產主義，並不是那麼著急介意，而願意以十五年時間，進行說服爭取。然而，這種說法，實際透露了他對知識份子的疑慮之深與不信任感。

他再次談到對「民主黨派」的「雙百」方針，和「長期共存，互相監督」，究竟是要「放還是收？說還是壓？要善於說服，要學會以理服人。會不會亂？會不會被批倒？毒素怎麼辦？」要「如何解決矛盾，人民鬧事如何處理？」他的辦法是「要展開討論、整風，團結、批評、團結公式。」「誰怕批評？阿Q」

「團結－批評－團結」此一公式，即毛澤東「以鬥爭促團結」的手段，其中「批評」兩字，實即「鬥爭」。毛澤東原想以三年的時間，藉「整風」和「鳴放」，整肅民主黨派和知識份子，甚至表示願意以十五年的時間轉變部分知識份子的思想信仰。其實他只容忍了一個多月的「鳴放」，就展開了反右鬥爭，所有他的承諾、保證，全都食言而肥，煙消雲散。

四月二十七日，毛澤東發出第一份〈關於整風運動的指示〉，提出「從團結的願望出發，經過批評和自我批評，在新的基礎上達到新的團結。」「以毛澤東同志今年二月……和三月……

的兩個報告為指導思想，把正確處理人民內部矛盾的問題作為當前整風的主題。」「放手鼓勵批評，堅決實行『知無不言，言無不盡；言者無罪，聞者足戒；有則改之，無則加勉』的原則，不應該肯定自己的一切，拒絕別人的批評。」這份指示稍後於五月一日刊載在《人民日報》上。

統戰部長李維漢也在四月份第七次統戰工作會議上明確說：「貫徹『放』的方針，鼓勵黨外人士『唱對臺戲』。」

毛澤東還在四月三十日，邀請各民主黨派主要領導人到天安門城樓上，親自接見說：「今天請各位來，是要請各位幫助我黨整風」。他宣布：「革命時期的大規模的急風暴雨式的群眾階級鬥爭已基本結束。」但是「有人講民主黨派沒有什麼了不起，只不過是一根頭髮罷了，……其實這大錯特錯。民主黨派和民主人士是聯繫著資產階級、小資產階級的，不是一根頭髮，是一把頭髮，後邊還連著一大片頭皮呢，不可藐視哩！」毛澤東這句話，實已透露他對民主黨派這些知識份子的恐懼，而「一大片頭皮」，正暗示著要牽連一大片無辜的知識份子。

五月四日，毛澤東親擬第二份整風文件〈關於組織黨外人士繼續對黨的缺點錯誤展開批評的指示〉，露骨的說：「即使是錯誤的批評，也暴露了一部份人的面貌，利於我們在將來幫助他們進行思想改造。」「只要我黨整風成功，我黨就會取得完全的主動，那時就可以推動社會各界整風了。」

從五月八日起，中共中央統戰部開始邀集各民主黨派人士舉行座談會，彭勵民主人士大膽鳴放，正式展開「整風」運動。此後的六天中，統戰部共召開了五次各民主黨派負責人和民主人士鳴放座談會。同時，也在大學裡召開老教授座談會。

在此期間，毛澤東多次聽取統戰部長李維漢匯報座談會的情形，並詳閱北京和各省市主要報紙報導的各地民主黨派鳴放，和各校教師（授）、學生座談會內容。毛澤東警覺到，各民主黨派和知識份子不但提出國家非中共所有，要求各黨派與共產黨之間的平等競爭，與中共「輪流坐莊」，而且提倡政治制度改革，甚至表示中共做不好，就會被人民推翻。他覺得這些言論和思想，已遠超過他的容忍度，嚴重威脅中共執政地位，不能再縱容發展下去。

統戰部第五次座談會結束次日，即五月十四日，毛澤東鼓吹的「大鳴大放」才不過一星期，他已難容忍下去，親自起草他對整風運動的第三份指示，醞釀「反右」：〈關於報導黨外人士對黨政各方面工作的批評的指示〉。他說：「最近各地黨外人士正在展開對黨、政各方面的批評，這是很好的現象，……而且可以在群眾中暴露右傾份子的面貌。我們對於黨外人士的錯誤的批評，特別是對右傾份子的言論，目前不要反駁，以便使他們暢所欲言。我們各地的報紙應該繼續充分報導黨外人士的言論，特別是對右傾份子、反共份子的言論，必須原樣地、不加粉飾地報導出來，使群眾明了他們的面目。」

李維漢在後來回憶時，否認有「引蛇出洞」的「陽謀」。他說：「在民主黨派、無黨派人士座談會開始時，毛澤東並沒有提出要反右，我也不是為了反右而開這個會，不是『引蛇出洞』。」但是，李維漢承認他在「五月中旬，匯報第三次或第四次（座談會內客）時，已經放出一些不好的東西，什麼『輪流坐莊』、『海德公園』等謬論都出來了。毛澤東同志警覺性很高，說他們這樣搞，將來會整到他們自己頭上，……並且指示：要硬著頭皮聽，不要反駁，讓他們放。在這次匯報之後，我才開始有反右的思想準備。那時，蔣南翔同志（教育部長）對北大、清華有人主張『海德公園』受不住，毛澤東同志要彭真同志（北京市長、中央政治局常委）給蔣南翔打招呼，要他硬著頭皮聽。當我匯報有位高級民主人士說黨外有些人對共產黨的尖銳批評是『姑嫂吵架』時，毛澤東同志說：『不對，這不是姑嫂，是敵我。』」

毛澤東的「硬著頭皮聽，不要反駁。」「將

來會整到他們自己頭上」，不就是「引蛇出洞」的策略嗎？李維漢說他在五月中旬就有了「反右的思想準備」，至少在此時，他已瞭解了毛澤東的意圖，並配合著毛澤東策略，積極推動「引蛇出洞」。

李維漢也透露五月十日前後，他向毛澤東匯報：「羅隆基說現在馬列主義的小知識份子領導小資產階級的大知識份子、外行領導內行之後，就在五月十五日寫出了〈事情正在起變化〉的文章，……表明毛澤東同志已經下定反擊右派的決心。」羅隆基是民盟中央副主席，在鳴放時提出成立「平反委員會」，清查「三反」、「五反」、「肅反」的冤假錯案。

一九五五年毛澤東所發起的「肅反」運動，因第二年的「波匈事件」禍源是知識份子，和中共「八大」會議，削弱了毛澤東的威信，使他警覺到黨內、黨外都有很大的反毛力量，他害怕「肅反」運動會引發抗爭，爆發類似「波匈事件」，而匆匆結束此一運動。但是，毛澤東思想一向是逆風而上，「波匈事件」讓他決定整肅知識份子；「八大」使他受辱，決心恢復階級鬥爭。

如何從知識份子中找出階級敵人，是毛澤東考慮的重要因素。過去的歷次政治鬥爭，清查階級敵人，多是在黨內或機關單位中，自行清理。但這種方式不適用於黨外，因此毛澤東改弦易轍，想出誘敵自暴身分的辦法。

毛澤東也知道，在過去歷次政治鬥爭運動中，動輒以「敵我矛盾」，殘酷對待異己手段，難以誘敵出洞。於是提出一個新而較溫和的「人民內部矛盾」誘餌，以麻痺知識份子，再鼓吹彼等鳴放。即使在知識份子紛紛跳出來鳴放後，毛澤東也不稱呼他們為「反革命份子」或「階級敵人」，而冠上「右傾份子」帽子，稍後又改稱為「右派份子」。

五月十五日，毛澤東親撰〈事情正在起變化〉一文，限定高層幹部傳閱，他指示：「不登報紙，不讓記者知道，不給黨內不可靠的人。」文章寫道：「現在右派的進攻還沒有達到頂點，他們正在興高彩烈。黨內黨外的右派都不懂辯證法：物極必反。我們還要讓他們猖狂一個時期，讓他們走到頂點。他們越猖狂，對於我們越有利益。人們說：怕釣魚，或者說：誘敵深入，聚而殲之。現在大批的魚自己浮到水面上來了，並不要釣，這種魚不是普通的魚，大概是鯊魚吧！」「他們又知道許多大學生屬於地主、富農、資產階級的兒女，認為這些又是可以被右派號召起來的群眾。有一部分有右傾思想的學生，有此可能。」

這篇文章說明了為什麼在「反右鬥爭」的對象中，也包括了學生。

同日，李維漢繼續召開第六次民主黨派負責人和無黨派民主人士座談會，並主持第一次工商界人士座談會，出席者包括有各省市工商聯負責人。不論黨外人士，或工商業人士仍踴躍響應毛澤東號召，紛紛鳴放，而不知大禍即將臨頭。

毛澤東一談到鬥爭，情緒就高昂起來。五月十六日，他續親擬整風運動第四份文件，以中共中央文件發出（即〈五．一六指示〉），再次強調：「放手讓他們發表，並且暫時（幾個星期內）不要批駁，使右翼份子在人民面前暴露其反動面目，過一個時期再研究反駁的問題。」

當天，統戰部召開第七次民主黨派負責人和民主人士座談會，以及第二次工商界座談會。第二天（十七日），第三次工商界座談會，還有人說工商界鳴放的不夠：「小手小腳，似鳴似放」。但也質疑鳴放「是什麼名堂？是不是誘敵深入，聚而殲之呢？」

五月十九日，北京大學學生發起「五．一九民主運動」，迅速蔓衍全國大、中學校，學生和教授的言論更趨激烈，其至主張「人民一定要自己掌握政權」。

黨外人士鳴放的程度，和學生發起的民主運動，讓毛澤東膽戰心驚，但他仍認為這些暴露的還不夠。五月二十日，距上次文件發出不過四天，毛澤東又親筆撰寫了第五份〈關於加強對當前運動的領導的指示〉：「在上海、北京等運動已經展開的地方，右翼份子言論頗為猖狂，但有些人的反動面目還沒有暴露或暴露的不夠。」「為了好好掌握形勢，設法團結多數中間力量，逐步孤立右派，爭取勝利。」毛澤東對各地黨委加強對整風運動領導的作法，有六點具體指示，其中有三點表明他已進一步準備反擊，進行「反右鬥爭」了。這三點的要點為：

一、各地黨報的報導方針，應該繼續登載右翼份子的反動言論，最好是登那些充分暴露他們反動面目的言論，越反動越好。但右翼份子言論在報上所占比重應逐步縮小；中間份子批評右翼份子反動言論或錯誤觀點的言論，應逐步增多，占到報紙的主要篇幅；逐漸增加一些左翼份子的言論，暫時不宜過多；在一個短期內，黨員仍以暫不發言為好，但各省市黨委立即著手分類研究右翼的反動言論和其它資產階級論點，準備在適當時機，予以反駁和批判。

二、不要到處點火，特別不要同時在工廠和學校中發動工人和學生的批評運動，因為工人和學生一經發動起來，就會提出許多具體要求，沒有很大精力是處理不了的。因此，報紙不要登載工人、學生、農民鬧事的消息，不要登載對經濟政策、工資政策的爭論。如果發生了工人、學生鬧事的事件，應該迅速處理下去。

三、大專學校應該結合當前黨外知識份子的批評運動進行整風；中等學校和小學校的整風運動，暫不宜同時展開，等大專學校告一段落後再進行；工廠的整風，目前就可逐步開始，也不要一下子展開，可以放長整風時間，並且分段進行。

民盟副主席章伯鈞的「政治設計院」，是在毛澤東發文指示準備「反右鬥爭」後的次（二十一）日，第八次座談會上提出；羅隆基的「平反委員會」，是在二十二日第九次座談會上提出；光明日報總編輯儲安平的「黨天下」，是在六月一日第十二次座談會上提出，而且是統戰部請他務必發言建言的。這三人的言論，後被毛澤東批評為右派的「三大理論」，並且跟國際上的階級敵人和臺灣的國民黨蔣介石掛了鉤。這三人就是毛澤東引出的三條大蛇。

五月二十三日，林希翎在北大演說，抨擊中共的封建社會主義；三十日，葛佩琦提「殺共產黨人」。也都是毛澤東準備「反右」後，引誘出來的言論。

六月三日，統戰部召開第十三次，也是最後一次民主黨派負責人和無黨派民主人士座談會。李維漢總結講話，表示中共中央十分重視「朋友們」的批評和意見，正進行整理。有許多批評和意見有助於中共整風，但是「有相當一部分是錯誤的，還需要進一步加以研究和分析。」

李維漢回憶說：「六月三日，我在民主黨派座談會上的講話，還沒有說要『反右』。我問毛主席、少奇和恩來同志要不要表示反擊？……毛澤東同志審閱我的發言稿時，加了一句話，說座談會上提出的批評意見『有相當一部分是錯誤的』。」這是毛澤東允許對黨外首次透露的「反右」微癥，但是又有誰聽得出來，隨之而來的是「鬥爭」。

六月五日，毛澤東再也忍耐不住，當晚他約談黨外兩位主要領導人，一位是民建中央主任委員黃炎培，一位是全國工商聯主委陳叔通。毛澤東說章伯鈞和羅隆基「勾結了」，為鬥爭「章羅聯盟」定了調。毛澤東此一作法，是透過黨外重量級人物打招呼的方式，表明「反右鬥爭」已箭在弦上。

次（六）日，毛澤東就親擬發出第六份文件〈關於加緊進行整風運動的指示〉。他說：「這是一場大規模的思想戰爭和政治戰爭，我們必須打勝仗，也完全有條件打勝仗。」「北京的情況表明，各民主黨派、高等學校和許多機關中暴露出一大批反動思想和錯誤思想，反動的份子不過百分之一，百分之九十幾是中間派和左派。請你們注意將你們的單位人數，在運動中按左中右標準，排一下隊，使自己心中有數。」「暑假將屆，京滬及各地大學生將回家，其中一些人將到處活動，你們應爭取主動，準備適當應付。」

毛澤東為什麼會選在這一天，發出他的「反右鬥爭」動員令，有兩個原因：

一是因為這天他看到分別由北大哲學系一年級學生葉子望，和物理系三年級學生潘家威所寫的兩篇文章，都捕風捉影的說：「有人想逼毛主席下臺」。

二是六月六日這天上午，章伯鈞邀了六位教授（均係民盟成員）座談，談論當前大學學生問題，有學者說學生問題很多，一觸即發，如果上街，與市民結合起來，事情就大了。還說中國知識份子鬧事是有傳統的，從漢朝的太學生到五四都是學生鬧起來的。中共稱民盟這次座談為「六六六會議」。

「逼毛主席下臺」，等於觸犯「天威」。毛澤東懷疑章伯鈞召開座談會目的不單純，他在七月一日《人民日報》社論寫道：「他們是反動的社會集團，……到處點火可以煽動工農，學生的大字報便於接管學校，大鳴大放，一觸即發，天下頃刻大亂，共產黨馬上完蛋。這就是六月六日章伯鈞向北京六教授所作目前形勢的估計。」毛澤東當即決定不再拖延，下達反擊動員令。

工商界座談會共舉行了十九次，於六月八日結束。在毛澤東約談陳叔通之後的兩次工商界座談會中，開始出現有人點名批判「右派」的言論。陳叔通也批評他的副主委章乃器的「定息不是剝削」的論調是「在爭鳴的掩飾下，販運資本主義思想的突出的典型。」李維漢在總結時，已不再隱藏掀起「反右」的企圖，直接批判「其中一部分錯誤的性質是嚴重的」，「實際上就是社會主義和資本主義之間的兩條道路的鬥爭」。

民主黨派負責人和無黨派民主人士座談會，以及工商界座談會的結束，代表「反右鬥爭」的開始。

就在同一日，《人民日報》發表社論〈這是為什麼？〉。這篇社論，毛澤東完全推翻了他的「言者無罪」保證，揭開「反右鬥爭」序幕。文章說：「少數右派份子正在向共產黨和工人階級的領導挑戰，甚至公然叫囂共產黨『下臺』，他們企圖乘此時機把共產黨和工人階級打翻，把社會主義的偉大事業打翻，拉著歷史向後倒退，退到資產階級專政，實際是退到革命勝利以前的半殖民地地位，把中國人民重新放在帝國主義及其走狗的反動統治下。」「那些威脅辱罵，只是提醒我們，在我們的國家裡，階級鬥爭還在進行著，我們還必須用階級鬥爭的觀點來觀察當前的種種現象，並且得出正確的結論。」

在這一天，毛澤東親擬了他的第七份整風文件：〈關於組織力量準備反擊右派份子進攻的指示〉。他說：「大鳴大放的時間，大約十五天左右即足。」「反動份子人數不過百分之幾，最積極瘋狂份子不過百分之一，故不足怕。」「（反右）整個過程，做得好，有一個月左右就夠了，然後轉入和風細雨的黨內整風。」「這是一個偉大的政治鬥爭和思想鬥爭。……總之，這是一場大戰（戰場即在黨內，又在黨外），不打勝這一仗，社會主義是建不成的，並且有出『匈牙利事件』的某些危險。現在我們主動整風，將可能的『匈牙利事件』主動引出來，使之分割在各個機關各個學校去演習，去處理，分割為許多小『匈牙利』，而且黨政基本上不潰亂。」

就在這一天開始，《人民日報》和全國各種報紙完全變調，鋪天蓋地的揭批右派。

六月十日，毛澤東草擬第八份文件：〈關於反擊右派份子鬥爭的步驟策略問題的指示〉。他用詞刻薄：「無論民主黨派、大學教授、大學生，均有一部分右派份子和反動份子，在此次運動中鬧得最凶的就是他們，他們歷史複雜，或是叛徒，或是在過去三反肅反中被整的人，或是地富資本家子弟，或是有家屬親戚被鎮壓的。但他們人數不多，一時可以把空氣鬧得天翻地暗，日月無光，但是急風暴雨，不崇朝而息。」「各黨派中……民盟、農工最壞。章伯鈞、羅隆基拼命做顛覆活動，野心很大，……說半年或一年天下就將大亂。毛澤東混不下去了，所以想辭職。共產黨內部分裂，不久將被推翻。他們野心極大。完全是資本主義路線，承認社會主義是假的。」「他們的臭屁越放得多，對我們越有利。……在這次運動中，一定要使反動份子在公眾面前掃臉出醜。我們一定要團結大多數孤立極少數，給掃臉的更是極少數。」

這份文件發出後，「反右鬥爭」隨即在各民主黨派和高等院校中展開。毛澤東原是請民主黨派協助中共整風，現在卻變成了各民主黨派在中共監督下進行自我整風。

七月一日，毛澤東寫了一篇〈文匯報的資產階級方向應該批判〉社論，刊在《人民日報》，他除藉批判《文匯報》抨擊「章羅同盟」外，並否認他是搞「陰謀」，而是「陽謀」。他說：「本報和一切黨報，在五月八日至六月七日這個期間，執行了中共中央的指示，正是這樣做的。其目的是讓魑魅魍魎，牛鬼蛇神『大鳴大放』，讓毒草大長特長……以便動手殲滅這些醜類。」「有人說這是陰謀。我們說，這是陽謀。因為事先告訴了敵人。牛鬼蛇神只有讓他們出籠，才好殲滅它們；毒草只有讓它們出土，才便於鏟掉。」

後來，毛澤東又公開反駁說：「我說這不是陰謀，而是陽謀！為的是引蛇出洞。」「有人罵我們是秦始皇。秦始皇算什麼？他只坑了四百六十個儒，我們坑了四萬六千個儒。我們鎮反，還沒有殺掉一些反革命的知識份子吧？我和民主人士辯論過，你罵我們是秦始皇，不對，我們超過秦始皇一百倍！罵我們是秦始皇，是獨裁者，我們一概承認。可惜是你們說得不夠，往往需要我們加以補充。」

毛澤東曾經解釋「陽謀」的真意：「蛇不讓它出來怎麼能捉它？我們要讓那些王八蛋出臺唱戲，在報紙上放屁。」然後「一鬥一捉，城裡捉，鄉裡鬥，好辦事。」

毛澤東學歷不高，但知識豐富，可能是年輕時，在北大圖書館擔任管理員期間，受過知識份子的氣，對知識份子缺乏好感。七月八日，他在上海發表講話說：「我歷來講，知識份子是最無知識的。這是講得透底。知識份子把尾巴一翹，比孫行者的尾巴還長。……知識份子翹起尾巴來可不得了呀！『老子就是不算天下第一，也算天下第二。』」

「反右鬥爭」，毛澤東原說「有一個月左右就夠了」。但是，毛澤東鬥得興起，直到一九五八年六月底，足足搞了一年一個月才基本結束。這是因為他有一個更激進的左傾冒進運動「三面紅旗」（人民公社、大煉鋼、大躍進）構想，正蓄勢待發，不得不停止對右派的清查鬥爭。

毛澤東在六月時，估計全國右派份子大約四千人；十天後，重新估計翻了一番；到九月時，全國被劃為右派的份子，已達六萬三千人；同月，再估計全國大約有右派份子十五萬人。但據中共一九八〇年公布的統計數字，被打為「右派份子」的人數為五十五萬二千九百七十三人，除了少數政壇人物外，幾乎全是知識份子。事實上，據解密的中共中央檔案透露，被劃為「右派份子」的人數，實際為三百一十七萬八千四百七十人，為中共公開承認的人數的五到六倍。

當時，在中共中央負責反右鬥爭的是總書記鄧小平，由他統一規定〈劃分右派份子的標準〉。

李洪林在所著《中國思想運動史》一書中說：「反右鬥爭是一次摧殘人的良知和氣節的運動。『打斷他們的脊樑骨，使他們跪倒塵埃』，這種殺氣騰騰的『指示』，正是發動群眾暴力強迫『右派』屈服的形象寫照。在這種強大的壓力下，違心地承認自己所有的『罪行』，乖乖地聽候黨的處置，是每個『右派份子』的唯一的出路。」「只剩下屈打成招免受更多折磨的苟且偷生之念了。在這種運動中，真正實現了斯文掃地。中國傳統的『士可殺不可辱』的氣節，已經被摧毀了。」

徐賁在〈五十年後的『反右』創傷記憶〉一文中說：「『反右』不是中國歷史上屢有發生的殘害讀書人事件（『焚書坑儒』或『文字獄』）的再演，而是自成一類的『思想整肅』。『反右』之所以特別邪惡，是因為它結合了現代專制國家的政治欺騙（『陰謀』）和制度暴力（流放、勞改、『戴帽』等懲罰），以恐怖和殘害的手段公然剝奪民眾的憲法權力（自由言論）。」

毛澤東成功地馴服了中國大陸的知識份子，也讓他推翻「八大」的決議之一，恢復了「階級鬥爭」。但是，卻使大部份知識份子成了牆頭草，隨風倒的雙重人格；即使是還存有少許文人氣節的知識份子，也自此噤若寒蟬，一語不發了。

文革結束後，一九七八年北京爆發「西單民主牆」民主運動，並蔓衍全國。鄧小平原先表態支持。但在一九七九年二月十六日，鄧小平在理論工作務虛會議上，提出〈堅持四項基本原則〉，即所謂必須堅持「社會主義道路」、「無產階級專政」、「共產黨的領導」和「馬列主義、毛澤東思想」。實際就是堅持一黨獨裁，而且不能放棄毛澤東這面神祖牌。所以隨著「西單牆」的民主呼聲日益高漲，一如毛澤東反右鬥爭，鄧小平同樣容不下異議存在，於一九七九年十二月下令禁止。

此所以，中共中央在一九八〇年六月十一月發出〈批轉中央統戰部《關於愛國人士中的右派復查問題的請示報告》的通知〉時，雖然對一九五七年的「反右」鬥爭，承認「把一大批人錯劃為右派份子，誤傷了許多同志和朋友，其中不少是有才能的知識份子。打擊面寬了，打擊的分量也太重，大批的人處理得不適當。」但是，仍堅持反右的正確性，認為：「一九五七年確有一股反黨反社會主義思潮，確有極少數資產階級右派份子向黨和社會主義制度猖狂進攻，對這種思潮進行批判，對這種進攻進行反擊是完全必要的。」箭頭實際是指向「西單民主牆」，將適時予以禁止，和鎮壓的企圖。

也因此，對「反右鬥爭」中，被打為「右派」的份子，不能給予「平反」，只能「摘帽」（摘掉右派帽子）和「改正」，便成了「摘帽右派」，在政治上仍挺不起腰來。而且也不能全部予以「改正」，必須留下一些樣板，以利鎮壓「西單牆」的民主人士。

在這種情形下，中共對反右時的民主黨派中的「愛國人士」，給予摘帽、不予改正的有五名，即：章伯鈞、羅隆基、儲安平、彭文應和陳仁炳等五人。彭、陳二人因被視為「章羅同盟」在上海的「首要份子」，其中彭文應（民盟上海市副主委）至死不認錯，並在一九六二年給毛澤東寫了一封《萬言書》，建議「在全國範圍內結束反右鬥爭，摘去全部右派份子帽子。」；而陳仁炳（民盟上海市副主委、復旦大學教授）於一九五七年七月，被毛澤東欽點與彭文應等四人同列為「右派份子」，並批評與「章羅同盟」走同樣的「那種反革命路線」。

中共不予改正之民主黨派五人，這時除陳仁炳外，其餘均已離世，有冤也難伸，獨留下陳仁炳一人，可能代表反右正確。陳在一九九〇年抑鬱而終。

學生中唯一不給予改正的就是林希翎。

一九八一年六月二十七日，鄧小平主持中共中央第十一屆六中全會，通過〈關於建國以來黨的若干歷史問題的決議〉，再次為「反右鬥爭」的正確性辯護說：「在整風運動過程中，極少數資產階級右派份子乘機鼓吹所謂『大鳴大放』，向黨和新生的社會主義制度放肆地發動進攻，妄圖取代共產黨的領導，對這種進攻進行堅決的反擊是完全正確和必要的。」

毛澤東藉口請黨外民主人士和知識份子協助中共「整風」，提出了一個「雙百」方針，鼓吹「大鳴大放」，並保證「知無不言、言無不盡」和「言者無罪」。他原預定「鳴放」和「整風」要搞三年，但是鳴放的言論，反而傾向爭民主自由和爭人權平等，學生並發起「五・一九民主運動」，嚴重危及中共政權和毛澤東個人地位。毛澤東顧不得他所說的：「讓他們唱對臺戲，放手讓他們批評」，勉強忍耐聽了「鳴放」一個月，就緊急煞車，黨內「整風」也戛然而止，迅即轉入「反右鬥爭」。這是毛澤東奪取政權以來，首次感覺到在野和民間知識份子爭民主力量之滂渤，迅速予以鎮壓。此所以，毛澤東直到過世，不敢再搞「鳴放」，且在文革期間，任何個人爭民主言論，無不迅速殘酷鎮壓。周恩來死後爆發的「四五天安門民主運動」，更不惜血腥鎮壓。

左　馬寅初，北大校長，因反對毛澤東的「人多是好事」之人口政策，主張節制生育，被毛批評為「茅坑裡的石頭，又臭又硬」，展開全國大批判，馬寅初被迫辭去北大校長，遭到軟禁。

右　李達，武漢大學校長，中共創黨元老，負責籌辦中共「一大」，一九五八年當面質問毛澤東：大躍進的「密植深耕」的錯誤，不歡而散，文革時被鬥死，死後開除黨籍，還被抄家。

「反右鬥爭」基本結束後，毛澤東在一九五八年三月提出「極左」的激進路線：「鼓足幹勁，力爭上游，多快好省地建設社會主義的總路線。」全面展開「土法煉鋼」，和「密植深耕」的工農業「大躍進」；以及把「工農商學兵」合在一起的「人民公社」兩項運動。這兩項運動連同「總路線」，合稱「三面紅旗」，並且要「五年超過英國，十五年趕上美國」。

毛澤東在這個時候拋出極左冒進路線，有兩個原因：

一是針對一九五六年九月「八大」會議通過的「反對急躁冒進，堅持綜合平衡穩步前進的經濟建設方針」決議。一九五三年，中共在毛澤東「多、快、好、省」的「過渡時期總路線」主導下，進行社會主義「三大改造」，將農業、手工業、工商業的生產資料的私有制，改造成社會主義的集體所有制或公私合營，因而出現了急躁冒進現象，「造成財政上的困難和人力、物力的浪費」（周恩來語）。周恩來乃在一九五六年上半年提出「反冒進」的議題，並提報「八大」通過。毛澤東認為矛頭係指向他，除利用「反右鬥爭」中，恢復了階級鬥爭，否定「八大」決議的「階級矛盾已經解決」一案後，意圖再藉「三面紅旗」的急進政策，推翻「八大」的「反冒進」決議。

二是毛澤東在史達林逝世，被赫魯雪夫鞭屍後，他認為他更具有繼承史達林，出任共產國際領袖的資格。但是毛澤東深知中國經濟力量薄弱，科技落後，不足以支撐他成為共產國際的共主。他在一九五七年十一月，前往莫斯科參加蘇聯「十月革命」四十周年慶時，赫魯雪夫曾告訴他：「十五年後，蘇聯可以超過美國。」毛回應：「我也可以講，十五年後我們可能趕上或超過英國。」毛澤東回到北京後，為了實現他領袖共產國際野心，他必須以更冒進的手段，在十五年內「超英趕美」，並勝過蘇聯。

為了推動「三面紅旗」的激進路線，周恩來被迫在一九五八年五月「八大」二次會議上自我檢討，否定了他在「八大」反冒進的提案。因此，沒有人敢試圖阻擋「三面紅旗」的躁進路線。但是「三面紅旗」在五八年下半年就出現了嚴重問題，毛澤東開始還稍微承認一些錯誤，甚至說：「毛澤東啊毛澤東，腦子發熱，決定一切啊！」不過只要有人想挑戰其權威，他又鬥志昂然，只承認是「十個指頭中九個指頭和一個指頭的關係」。而且「一個指頭」的錯誤是運動中不可避免，也沒有他的份。

儘管如此，當「三面紅旗」把全國搞的一塌糊塗，民怨沸騰，嚴重損害人民的切身利益時，仍然會有人站出來為民講話。只是有膽識為民請命的，不過寥寥數人，而且是在中共體制內，較具地位，才敢如此擔當。他們既非爭民主，亦非反共，更不敢反毛。不過，他們敢於當面對毛澤東，力陳「三面紅旗」和中共人口政策的錯誤，為民申訴，影響頗遠，可視為另類民主運動，故而納入本書，為他們留下一頁青史。

第一位人物是：武漢大學校長李達（一八九〇～一九六六）。

李達，湖南零陵人，早年留學日本，一九二〇年回國，與陳獨秀等人共同發起建立中共早期組織，並任代理書記和《共產黨》月刊主編。一九二一年七月，負責籌辦中共第一次全國代表大會（即創黨大會，簡稱「一大」），與「一大」代表之一的毛澤東熟稔。一九二二年底，應毛澤東之邀出任湖南自修大學校長。一九二三年與陳獨秀在第一次國共合作問題上發生分歧，自行脫黨。一九二七年九月起，藉在大學任教，宣傳共產思想，成為「國統區」的著名「紅色教授」，被毛澤東譽為「理論界的魯迅」。一九四九年策動湖南省主席程潛投共，同年重新加入中共。

一九五八年九月中旬，毛澤東在武漢約見李達。李達一見面即質問毛澤東對大躍進「密植深耕」的農業政策口號：「人有多大膽，地有多高產」這句話通不通？毛澤東舉紅軍「長征」為例，說人的主觀能動性可以克服有時候看起來不可能克服的困難。如人想飛又敢飛，於是發明了飛機；人想日行千里，於是有了火車。

李達反駁說：「肯定這個口號，就是認為人的主觀能動性是無限大，就是錯誤。人的主觀能動性的發揮，離不開一定的條件。一個人要拼命，以一當十可以，最後總有個限度，終有寡不敵眾的時候。一夫當關，萬夫莫闖，要有一定的地形條件，人的主觀能動性是不能無限大的。現在人們的膽子太大了。」他勸毛澤東：「你不要火上加油，否則可能是一場災難。」

毛澤東保證不把李達劃為右派，允許他繼續說。李達說：「你腦子發熱，達到三十九度高燒，下面就會發燒到四十度、四十一度、四十二度，這樣中國人民就要遭受大災大難了！」李達果然睿智，一語中的。大躍進，最後餓死了中國人民二千萬人。《毛澤東全傳》作者辛子陵說：「這是在大躍進中，毛澤東聽到的唯一的幾句忠言。」

但是忠言逆耳，毛澤東並不接受。他說：「你說我發燒，我看你也有些發燒了，也有華氏百把度的。」這是指責李達不應該批評他，雙方不歡而散。

李達雖未被劃為右派，但最終仍難逃被鬥命運。一九六六年初，中共掀起文化領域大批判運動，中共中央中南局指示武漢大學整理了一份李達的「黑材料」，指李為「反動學術權威」。但因李達為中共創黨人之一，毛澤東尚有顧忌，直到「文化大革命」爆發後，才指示：「既然群眾有要求，在校內批判一下也是可以的。」「不要把李達整死，要照顧一下。」

六月十三日，李達被栽贓為「三家村」黑幫（三月底，毛澤東曾怒批北京市和中宣部包庇吳晗、鄧拓、廖沫沙三人合著的《三家村札記》是反黨反社會主義的著作，「惡毒攻擊總路線、大躍進、人民公社。」），受到武漢大學紅衛兵批判，有數十萬群眾湧入校園「聲援」武大師生的「革命」行動，地方報紙長篇累牘地發表「揭批」李達文章。

三十日，批鬥升級，李達罪加一條，成了「反動資產階級代理人」。七月，變成殘酷鬥爭。李達承受不了肉體和精神的雙重折磨，於七月十九日寫信給毛澤東：「主席：我有難，請救我一命！」毛澤東於八月十日看到信，批示：「酌處」發回。文到達武漢時，李達已陷入昏迷，於二十四日冤死。死後被開除黨籍，罪名為：「混進黨內資產階級代表人物和資產階級的反動學術權威」，並被抄家，李達的書籍、手稿被抄一空。

如果李達死前，曾回想一生，他是中共創黨元老，結果死在徒子徒孫手下，能不後悔？毛澤東死後兩年，文革結束，中共才於一九七八年為李達平反。

第二位人物是：國防部長彭德懷（一八九八～一九七四）。

彭德懷，湖南湘潭人，湘省陸軍講武堂畢業，在湘軍中曾任團長。一九二八年七月發動「平江起義」（暴動），率部上井岡山，與毛澤東、朱德會師，任紅三軍團總指揮。「長征」途中，曾為防止張國燾殺害毛澤東、周恩來，在緊要關頭，迅速派兵祕密護送毛、周北上，脫離險境。第二次國共合作期間，任八路軍副總指揮。一九四五年，升任中共中央軍委副主席兼總參謀長。中共建政後，出任西北大區軍政委員會主席，續任「抗美援朝志願軍」司令員。毛澤東的兒子毛岸英因隨同彭德懷赴朝鮮作戰，於一九五〇年十月二十五日被美軍機投擲汽油彈燒死。一九五三年韓戰結束，彭德懷出任國防部長，直到被鬥下臺。

一九五九年初，「三面紅旗」出現嚴重的問題。三月底，中共召開政治局擴大會議。彭德懷忍不往，在會上放炮：「『大躍進』的政策從根本上來講是不是錯了呢？我看是錯了！」「若不採取措施改正過來，其後果不光是影響到軍隊無法落實戰備訓練，更嚴重的是影響到國家的命運和前途。到那時候，恐怕人民就不會相信你共產主義了。」

毛澤東急忙阻止彭德懷講下去說：「你總是管軍隊的嘛，不應該干涉那麼多。」「我看僅僅是枝節問題，僅僅是下面同志貫徹不力的問題。」

毛澤東最忌諱有人置喙他的政策，反而激起他堅持「大躍進」政策的正確。但是，大陸人民對「三面紅旗」造成的民不聊生，餓殍遍野，已達民怨沸騰地步，紛紛批評毛澤東：「十個指頭爛掉了，還說九個指頭是好的。」

終於，毛澤東也感到事態的嚴重性，決定七月在廬山召開中央政治局擴大會議，解決問題。彭德懷原不想參加這次會議並已請了假，但毛澤東堅持要他出席，只得與會。他不改耿直本性，在分組討論時，七次批評「三面紅旗」。他說：「人民公社辦早了。」「搞了個『左』的東西：『全民煉鋼鐵』，這個口號究竟對不對？」

毛澤東瞭解彭德懷對「大躍進」的不滿，他之所以堅持要彭德懷上山開會，事實上是他的另一次局限性的「引蛇出洞」陰謀。彭德懷秉直個性，一上山就跌進了陷阱。但是，毛澤東未能抓到足以鬥爭彭德懷的把柄。

於是，毛澤東設下第二步陷阱。他於七月十一日晚上，約談湖南省委第一書記周小舟、湖南省委書記處書記周惠、水電部副部長李銳等三個湖南人。毛刻意表現的坦誠而親切，他說：「我們來開個同鄉會」，自承「大躍進」的錯誤，「誰知道搞鋼鐵這麼複雜，要各種原材料，要有客觀基礎，不能憑手氣。去年計劃搞亂了。『國亂思良將，家貧思賢妻』。」「許多事情我都要負責，……記者問我：『公社好不好？』我說：『好！』誰知就登上報成了：『人民公社好』。」

三人如沐春風，不知是毛澤東的陰謀，紛紛講了真話。周小舟說：「上有所好，下必甚焉。」「哪裡有什麼萬斤畝」；李銳問毛怎麼會相信有「萬斤畝」？又說「『以鋼為綱』、『三大元帥』（毛澤東提出的：「一為糧、二為鋼、加上機器，叫三大元帥。三大元帥升帳，就有勝利的希望。」）等口號不科學。」毛說：「以後可以不提這些口號了。」周惠說：「許多問題應當攤開來談，互相交鋒，才有好處。」

「同鄉會」賓主「盡歡而散」，三人對毛澤東「虛心」認錯，並有改正「大躍進」錯誤的「誠意」，雀躍不已。次日，周小舟將毛澤東召見和談話內容，告訴了同是湖南老鄉的彭德懷，並且「希望彭總能去找主席談談，更能引起主席的重視。」彭德懷說：「怕談不好，有些意見還不成熟。」但表示他「想寫一封信」。

毛澤東找周小舟三人無拘無束談話，就是利用同鄉情誼，讓周小舟等人傳話彭德懷，釣出鯊魚。所以毛澤東後來在批鬥彭德懷時說：「你講我陰謀就是陰謀，大魚、小魚一起釣，特別釣吃人鯊魚。」周小舟也是一條大魚，後來被打為「彭德懷反黨集團」成員鬥倒。

彭德懷於是寫了一封〈致主席信〉，後稱為〈萬言書〉。內容分成兩部份：

第一部分是「一九五八年大躍進的成績是肯定無疑的」。基本上認為大躍進的「多快好省的總路線是正確的」，但是其中一段文字出了問題。文說：「雖然付出了一筆學費（貼補二十餘億），即在這一方面也是『有失有得』的。」彭德懷原文寫的是「有得有失」，打字員誤植為「有失有得」，被毛澤東抓到語病，狠批了彭德懷。

第二部分是「如何總結工作中的經驗教訓」。指出「現時我們在建設工作中所面臨的突出矛盾，是由於比例失調而引起各方面的緊張。」「已影響到工農之間、城市各階層之間和農民各階層之間的關係。」「暴露出不少值得注意的問題」，主要是：

（一）浮誇風氣較普遍地滋長起來。「對糧食的產量估計過大，造成了一種假象。」「在對發展鋼鐵的認識上，有嚴重的片面性，沒有認真地研究煉鋼、軋鋼……等等。」總之「犯了不夠實事求是的毛病」，「一些不可置信的奇蹟也見之於報刊，確使黨的威信蒙受重大損失。」

（二）小資產階級狂熱性，使我們容易犯左的錯誤。「我和其他同志一樣，為大躍進的成績和群眾運動的熱情所迷惑，一些左的傾向有了相當程度的發展，總想一步跨進共產主義，搶先思想一度佔了上風，把黨長期以來所形成的群眾路線和實事求是作風置諸腦後了。」「糾正這些『左』的現象，要比反對右傾保守思想還要困難些，這是我們黨的歷史經驗所證明了的。」

這封〈致主席的信〉於七月十四日下午，送達毛澤東處。毛澤東看到鯊魚果然上鉤了，他細心閱讀兩遍後，提筆加了一個標題：〈彭德懷同志的意見書〉，交大會祕書處，印發全體與會代表，並延長會期，準備批鬥彭德懷。

同時，毛澤東召見各與會的地方諸侯「打招呼」，並通知未出席會議的林彪、彭真、黃克誠、薄一波、安子文等多人立即上山。毛澤東在林彪到會後，與他作了兩次長談。林彪果然不負毛澤東厚望，在大會上強烈抨擊彭德懷；薄、安二人則是過去曾經批評過彭德懷的要角，上山來再次充當打手；彭真到會後，也全力批評彭德懷；黃克誠被召，是因為他是總參謀長，毛澤東怕他支持彭德懷搞軍變，所以誘騙上山，準備一併鬥倒。黃克誠在會上也批評了「大躍進」，掉進毛澤東的陷阱。

中共外交部副部長張聞天也被「釣」上鉤，他在七月二十一日華東組討論會上，發表長達三小時講話，支持彭德懷的意見，被毛澤東抓住把柄，一併鬥爭了。

一九三五年元月，中共紅軍在長途逃竄途中，毛澤東聯合張聞天（化名洛甫，留蘇派，時任中央政治局委員）、王稼祥（紅軍總政治部主任）等人在遵義會議上，鬥倒了總書記秦邦憲（化名博古，留蘇派）和蘇聯所派德籍軍事顧問李德，毛澤東才得以從「冷凍」中復出，再度進入政治局，擔任周恩來的「軍事指揮上的幫助者」，張聞天稍後出任總書記。

其後，毛澤東在路途中先奪取軍權，抵達陝北後又奪得了黨政權力。如果沒有張聞天，可能就沒有爾後的毛澤東。但是毛澤東眼中只有個人權位，在黨內地位凡曾高過他的，沒有一人逃過他的鬥爭，即使周恩來亦然，只差未被打倒。

彭德懷意識到毛澤東已伸出魔掌，因此要求收回這封信，為毛拒絕。七月二十三日起，毛澤東親自上陣，批鬥彭德懷：「據我觀察，有一部分同志是動搖的。他們也說大躍進、總路線、人民公社都是正確的，但要看講話的思想方向站在哪一邊，向哪一方面講。」「有書一封，講大煉鋼有『失』有『得』，他是把『得』字放在最後頭的，急於發難，趁我黨處在國內外夾攻的困難時候，向黨進攻，企圖篡黨，成立他的機會主義的黨。」

毛澤東為表示他鬥爭彭德懷的決心，還特別強調說：「人不犯我，我不犯人；人若犯我，我必犯人；人先犯我，我後犯人。這個原則，現在也不放棄。」

到七月二十七日，彭德懷、黃克誠、張聞天、周小舟正式被打為「反黨集團」，全面展開批鬥。彭德懷被迫在八月十三日會上，作了自我批評，承認「反對總路線、反對黨中央和毛主席」，並且自請處分：「人民解放軍是黨的有力工具，由我這樣的人來掌握，是非常危險的，我萬分誠懇地提議，撤銷我國防部長和軍委委員職務。」

黃克誠在次（十四）日作了檢討，並揭發彭德懷「一貫反對毛澤東同志的正確路線」；周小舟很有骨氣，拒絕揭發彭德懷，反而說：「彭總從心底敬佩毛主席」。

八月十六日，在毛澤東主導下，中共八屆八中全會通過〈關於以彭德懷為首的反黨集團的錯誤的決議〉，並肯定「三面紅旗」政策的正確。劉少奇更帶頭重新提倡要搞對毛澤東的「個人崇拜」。從此，中共完全陷入毛澤東個人無法無天的空想社會主義的死胡同，帶給全國人民水深火熱的極左災難。

廬山會議的結果，毛澤東成功地推翻了「八大」的「反對急躁冒進，堅持綜合平衡穩步前進的經濟建設方針」，和「關於反對個人崇拜的問題」兩項決議，也否定了「八大」的「包工包產」和「允許個體戶存在」兩政策。

彭德懷請辭國防部長時，毛澤東曾說：「還是你幹！」但是，會後仍然被免去了國防部長一職，由林彪接任。其他三人也都撤銷現職。

毛澤東為鬥爭劉少奇，陰謀策劃發動「文化大革命」，經他指示並親自八次修飾定稿，由姚文元署名的〈評新編歷史劇《海瑞罷官》〉一文，於一九六五年十一月先後在《文匯報》、《人民日報》發表後，毛澤東準備再次鬥爭彭德懷。

海瑞是明朝嘉靖皇帝大臣，因上書直諫嘉靖不應迷信道教，怠忽朝政被囚。半年後嘉靖死，海瑞在獄中聞訊慟哭。新帝隆慶赦免海瑞，出任應天巡撫。海瑞令官僚「退田」，造福貧苦農民，被譽為「海青天」。毛澤東認為《海瑞罷官》這個劇本是為彭德懷翻案，因為「嘉靖皇帝罷了海瑞的官，一九五九年我們罷了彭德懷的官，彭德懷也是海瑞。」毛澤東未說出來的是，劇本根本在罵他是昏君嘉靖。不過這次鬥爭對象，是中宣部和北京市，只是掃到了彭德懷。

到一九六一年底，「三面紅旗」帶來的嚴重災禍，已餓死了千萬人，飢民流離失所，流竄各地，天怒人怨，達到極致。毛澤東被形勢所逼，也只得同意劉少奇提議，於一九六二年一月召開全國五級（中央、中央局、省、地、縣）幹部會議，與會共七千人，故稱「七千人大會」。批評矛頭全指向毛澤東，毛被迫承認錯誤，但仍堅持「三面紅旗」的正確。這就是毛澤東後來在「文革」時，發動「武鬥」，任由紅衛兵任意揪鬥各級幹部的原因，輕而一舉報了他在「七千人大會」上所受全國幹部批評指責之仇。

劉少奇在「七千人大會」上，也不顧毛澤東的不悅，重提彭德懷在廬山會議〈致主席的信〉：「所說的一些具體事情，不少是符合事實的。一個政治局委員向中央主席寫一封信，即使信中有些意見是不對的，也不算犯錯誤。」但劉少奇還是認為鬥爭彭德懷是完全必要的，又批評了彭德懷的「陰謀篡黨」。

彭德懷不甘再被批判，於這年六月，給毛澤東寫了一封〈八萬言書〉（後來稱為〈彭德懷自述〉），辯護自己在黨內沒有小集團，沒有裡通外國，請中央審查，還他清白。

毛澤東認為彭德懷不服被罷官，要翻廬山會議的案。他在六月下旬召開的八屆十中全會上，大批「翻案風」，再次批判彭德懷。毛澤東說：「彭德懷不能平反」，更無限上綱，在彭德懷原有的反黨、裡通外國等罪名外，再加「反華」和中共黨內修正主義的代表人物等新罪。

毛澤東的鬥爭哲學，是不鬥則已，鬥必鬥到對象永世不得翻身，非置之死地絕不罷休。他在一九六四年二月，甚至對北韓總書記金日成說：「（彭德懷）是我們的敵人，也是你們的敵人。」

一九六六年五月「文革」爆發。自十二月起，彭德懷被紅衛兵揪出鬥爭，先後有一百多場。每場鬥爭，彭德懷脖子上被掛上沉重的鐵牌子，頭戴鐵帽子，上寫「三反份子彭德懷」，名字上再劃上大大的紅叉，低頭彎腰數小時，任由紅衛兵批鬥，並押解在北京市遊鬥。彭德懷肋骨被打斷兩根，得了嚴重內傷，數度昏死過去。一九七〇年十一月三日，被宣判「撤銷黨內外一切職務，永遠開除黨籍，判處無期徒刑，終身剝奪公民權利。」

一九七四年十一月病危時，彭德懷已被逼瘋。他拔掉「點滴」針頭，說：「我不用毛澤東的藥！」又把給他的食物推倒，說：「我不吃毛澤東的飯！」十一月二十九日，彭德懷病逝。骨灰罐上不得寫上本名，而用了「王川」之名。中共一代建政功臣，落此悽慘下場，真的死不瞑目。

直到毛澤東死後，文革結束。中共才在一九七八年十二月二十四日，為彭德懷平反。

第三個人物是：北京大學校長馬寅初（一八八二～一九八二）。

馬寅初，浙江紹興人，清末官費留學美國，獲耶魯大學經濟學碩士、哥倫比亞大學經濟學博士。一九一六年任北大經濟系教授，再任教務長。抗日戰爭期間，他在重慶拒絕出任財政部長和中央銀行總裁，並且強烈抨擊政府。抗戰勝利後，甚至主張推翻政府。中共建政後，出任政務院（國務院前身）財經委員會副主任，人大常委，一九五一年出任北京大學校長。

中共建政後，馬寅初向中共建議進行全國人口普查，掌握人口數量，有助於解決生產和生活兩大問題。中共接納他的意見，於一九五三年上半年進行了第一次人口普查，截至當年六月三十日止，大陸人口約為六億零二百萬人，人口增長率為百分之二十，估計每年將增加一千二百萬餘人。這次人口普查係採取抽樣調查方式，將出生率滅去死亡率，餘數作為增殖率。

馬寅初認為這種調查方式，不夠正確，難窺全貌。就他個人研究，僅上海一地的人口年增長率就達百分之三十九。因此，為精確瞭解中國人口的增長速度，他親率團隊，自行進行調研，經過兩年的努力，發現中國人口的增殖率為每年百分之二十二以上，有些地方甚至達到百分之三十。如不節制，五十年後，中國人口將達二十六億之眾。屆時，中國有限的土地，將養不活這樣龐大的人口。

一九五五年七月，中共召開一屆「人大」二次會議。馬寅初將他的研究報告〈控制人口與科學研究〉一文，直接提交「人大」代表浙江小組討論徵求意見（未提報大會）。遭到康生（中共特務頭子）、陳伯達（毛澤東文膽）等極左派的圍剿，批判他的研究是：「馬爾薩斯的一套」（英國經濟學家，一七九八年發表人口論，謂人口增加率大於物料增加率），因為「人不但有一張嘴，還有一雙手，可以創造世界。沒有人還搞什麼革命？還搞什麼共產主義？」

馬寅初被批判後，決定暫時收回研究報告，視時機成熟再正式提報大會，但表示：「我既然發現和認識了這個問題的極端重要性，就一定要堅持到底，直到最後勝利。」否則「就沒有盡到自己對國家和人民應盡的責任。」

康生、陳伯達之所以批判馬寅初，是因為毛澤東在一九四九年九月十六日所寫的《唯心歷史觀的破產》一文中說：「中國人口眾多是一件極大的好事，再增加多少倍人口也完全有辦法，這辦法就是生產。西方資產階級經濟學家如像馬爾薩斯者流，所謂食物增加趕不上人口增加的一套謬論，不但被馬克思主義者早已從理論上駁斥得乾乾淨淨，而且已被革命後的蘇聯和中國解放區的事實所完全駁倒。」

其實，還有兩個人不支持毛澤東不怕人口多主張的：一位是劉少奇，他曾在中共人口普查後，召集有關人士開會，發表〈提倡節育〉的重要講話。馬寅初也出席會議，大聲疾呼：「人口問題，千萬千萬大意不得！現在不努力，將來後悔莫及。」；另一位是周恩來，他在一九五六年九月「八大」時，曾說：「為了保護婦女和兒童，很好地教育後代，以利民族的健康和繁榮，我們贊成在生育方面加以適當的節制。」

馬寅初受到劉、周言論之激勵，在一九五七年二月國務會議上，當面向毛澤東提出人口問題，直言不諱的說：「人口太多是我們的致命傷。……不控制人口，不實行計劃生育，後果不堪設想。」這時正值毛澤東鼓吹大鳴大放期間，他當然不會當場反駁，而且為了「引蛇出洞」，他反而大大誇獎：「馬老講得很好，我跟他是同志，以前他的意見，百花齊放沒有放出來，準備放，就是人家反對，就是不要他講，今天算是暢所欲言了。」還說：「人口是不是可以搞成有計劃的生產，可以進行研究和試驗嘛。言人之未言，試人之未試嘛！」

康生、陳伯達與毛澤東接近，所以毛澤東早已知道，馬寅初在一屆人大二次會議分組討論時，所提出的節制人口建議，違背了他的主張。馬寅初不知政治的黑暗，竟以為毛澤東支持他的想法，興奮之餘，於四月二十七日在北大對師生發表人口問題演講。他說：「近幾年人口增長率已達到百分之三十，可能還要高，照這樣發展下去，五十年後中國就是二十六億人口，相當於現在世界總人口的總和。由於人多地少的矛盾，恐怕中國要侵略人家了。要和平共處，做到我不侵略人家，也不要人家侵略我，就非控制人口不可。」

演講內容很快就被毛澤東知道，毛澤東很嚴肅地指責馬寅初：「不要再說這句話了。」馬寅初於是寫了一張大字報，並張貼在北大校園裡，自我批評。

因為毛澤東並未說不要再講人口問題，所以

馬寅初重新寫出〈新人口論〉一文，作為提案，提交六月二十五日的一屆人大四次會議。《人民日報》於七月五日用整版篇幅全文刊登。馬寅初為避免再次被批評他的主張還是「馬爾薩斯的一套」，他在〈新人口論〉中，特別批判了馬爾薩斯的人口理論的「錯誤及其破產」，強調他的人口理論在「立場上和馬爾薩斯是不同的」。

這時正是毛澤東發動「反右鬥爭」的高潮期間，中共將馬寅初的〈新人口論〉刊登在《人民日報》上，已是不祥之兆。果然，文章上報後，受到了報紙不點名的批判。次（一九五八）年三月，毛澤東提出「大躍進」極左政策，為了要在十五年內「超英趕美」，人力便成了毛澤東發展「密植深耕」農業和「大煉鋼」工業的重要資源。於是，馬寅初的節制人口增長主張，成了「大躍進」推動的障礙，必須除去。

四月，北京大學中共黨委首先發動師生，以大字報、辯論會等方式，展開對馬寅初人口論的批判。五月四日，陳伯達在北大六十周年校慶大會上，當著全校師生，點名馬寅初說：「馬老要為〈新人口論〉做檢查。」同月，劉少奇在中共「八大」二次會議上，也不點名批判了馬寅初。

六月一日，毛澤東親自披掛上陣，他在中共理論刊物《紅旗》雜誌的創刊號上，發表文章，重申他一九四九年觀點：「人多是好事」。他說：「人多議論多，熱氣高，幹勁大。」

自此，一個批判「馬寅初的反動思想」的運動，從北大校園迅速擴展到全國，馬寅初成了眾矢之的，他要求見毛澤東、劉少奇、周恩來或其中任何一人澄清，均被拒之門外。毛澤東放話說：「馬寅初先生不服輸，不投降，可以繼續寫文章，向我們作戰嘛！」毛澤東這句話，表明這已經不是「人民內部矛盾」，而是「敵我矛盾」了。

這一次，馬寅初表現出了書生傲骨，他說：「為了國家和真理，我不怕孤立，不怕批鬥，不怕冷水澆，不怕油鍋炸，不怕撤職坐牢，更不怕死。……無論在什麼情況下，我都要堅持我的人口理論。」

一九五九年夏，廬山會議批鬥彭德懷後，周恩來代表毛澤東找馬寅初談話，以友人身分勸馬：「你就應我一個請求，寫一份深刻的檢討。檢討了，你好，我好，大家好，也算是過了社會主義這一關，如何？」朋友們也勸他：「認一個錯了事」，但均不能撼動他對〈新人口論〉的堅持。他對周恩來說：「吾愛吾友，吾更愛真理。為了國家和真理，應該檢討的不是我馬寅初！」

與周恩來這次談話後，馬寅初再重新審查他的〈新人口論〉，仍確定沒有錯誤。於是他蒐集報章上，各種批判他的文章，針對主要批判他的觀點，寫成五萬餘字的〈我的哲學思想和經濟理論〉一文，送《新建設》雜誌，請予發表。他在這篇文章附帶聲明〈重申我的請求〉中說：「我雖年近八十，明知寡不敵眾，自當單身匹馬，出來迎戰，直至戰死為止，決不向專以力壓服而不以理說服的那種批判者投降。」

《新建設》不敢發表，請示中共中央理論小組。康生正是中央理論小組長，他見蛇已出洞，得意地說：「原來我擔心他會把辮子藏起來，改變觀點。現在看，全部未變，他的觀點暴露出來了，有辮子。」

毛澤東看了〈重申我的請求〉後說：「馬寅初向我們下戰表，堪稱孤膽英雄，獨樹一幟，也可以說是茅坑裡的石頭，又臭又硬。馬爾薩斯姓馬，他也姓馬，有人要捍衛他的外國祖先到底，有什麼辦法？看來，馬寅初不願自己下馬，我們只好採取組織措施，請他下馬了。理論批判從嚴，生活給予出路，此事不可手軟。」

康生指示《新建設》於十一月間將全文刊登，隨即開始進行對馬寅初的「大批判」。北京大學更掀起了圍剿馬寅初的高潮，上萬張大字報貼滿北大校園，和馬的校長宿舍內外牆，包括書房和臥房。

十二月十五日，康生召見北大黨委書記宣布：「一定要從政治上把馬寅初批臭。馬寅初已不能再做北京大學的校長，把他徹底批臭之後，將他調離北大！」這當然是傳達毛澤東的指示，康生不過是狐假虎威。

馬寅初面對排山倒海的大批判，反而展現了文人的幽默。他說：「有的文章，說過去批判我的人，已經把我駁得『體無完膚』，既然是『體無完膚』，目的已經達到，現在何必再駁呢？但在我看來，不但沒有駁得『體無完膚』，反而駁得『心廣體胖』了。」

一九六〇年一月三日，馬寅初自行請辭北大校長，接著被免去人大常委職務，遭到軟禁。中共規定他從此不得發表文章，不得公開發表演講，不得接受新聞記者訪問，不得會見外國人士和海外親友。

毛澤東不聽取馬寅初的忠言，採取控制人口的政策，才使中國人口急速膨脹。「文革」結束後，中共中央組織部長胡耀邦，負責冤假錯案平反工作，看完馬寅初的檔案後說：「當年毛主席要是肯聽馬寅初一句話，中國今天的人口何至於會突破十億大關啊！批錯一個人，增加幾億人。」

馬寅初平反後，出任北大名譽校長。一九八二年五月十四日去世，活了一百歲。

李達、彭德懷、馬寅初三人，無懼毛澤東的獨夫高壓手段，敢於提出逆耳之言，雖無追求民主之意，事實也無此心，但都為中國人民的苦難說了實話，而且堅持真理，毫不退卻，為爾後的大陸異見人士和民運鬥士，確實樹立了良好學習的典範，實在值得在中國民主運動史上留下千古芳名。

09
文化革命期間——民主運動澎湃未曾衰退

由於「三面紅旗」的失敗，毛澤東在一九六二年一、二月間召開的「七千人大會」上，受到了批判，幾乎被迫辭去黨主席一職。周恩來晚年時告訴乃妻鄧穎超說：「（七千人大會上）毛澤東表示：願服從會議決定，辭去主席退下。……是我堅持：主席暫退二線，主席還是主席。」

因此，「七千人大會」成了毛澤東心中的痛，認為劉少奇陰謀奪取他的領導權。特別是劉少奇在會後提出著名的「三自一包」（自留地、自由市場、自負盈虧和包產到戶）政策，促進了遲滯已久的工農業之發展，改善了人民極端窮困的生活，證實了「三面紅旗」政策的錯誤，更加深了毛澤東對劉少奇的猜疑。

毛澤東為了鬥倒劉少奇，於是製造了一個假象，說：有一批資產階級代表人物已經混進了中共黨、政和文化領域中，必須揪出這些資產階級份子，徹底打倒。毛澤東所謂「一批資產階級代表人物」，指的就是以劉少奇為代表一批中央幹部，和參與「七千人大會」的各級幹部代表。

一九六三年七月，中蘇共決裂後，毛澤東更視劉少奇為赫魯雪夫的同類，是修正主義者。尤其是當中共走出「大躍進」帶來的三年災害，人民勉強獲得溫飽後，毛澤東更加恐慌。他先在一九六四年二月否定了「三自一包」政策，接著在六月突然提出：「中國如果出了赫魯雪夫怎麼辦？」又說：「中國出了修正主義的中央，要頂住。國家有三分之一的權力不掌握在我們手裡，掌握在敵人手裡。」

所以，毛澤東在一九六六年五月十六日，發動「文化大革命」，其目的就是為了打倒劉少奇的「資產階級司令部」，奪回黨政大權，和鬥爭「七千人大會」上讓他受辱的全國五級幹部。要達成這樣大規模的鬥爭行動，唯有發動群眾運動，放手群眾對從中央到地方的各級幹部，進行無理性的殘酷鬥爭，乃至不惜讓全國陷入動亂，允許提供紅衛兵武器，彼此武鬥。毛澤東美其言為：「天下大亂，達到天下大治。」

在「文化大革命」十年浩劫期間，幾乎人人自危，深恐言行稍有不慎，就會被鬥被殺。但是，在此期間，仍然有仁人志士，不畏暴政，不怕殺頭，勇敢站出來，為爭民主自由發言，事蹟可歌可泣。

筆者就個人所能蒐集得到文革時期，因反毛、反文革，為爭民主、人權，不顧個人安危，敢於挑戰中共和毛澤東，因而被迫害，或被殺害的民運鬥士或烈士，有下列諸人：

一、民運烈士：上海劉文輝。

劉文輝，上海人，一九三七年十一月十六日生，因家貧中學二年級時輟學，進入滬東造船廠當學徒工。五六年加入共青團，任車間部團支部書記，並進中專夜校進修。五七年，因響應鳴放政策，寫大字報揭露造船廠幹部官僚作風和腐敗情形，被打為右派份子。不久考入大學夜校，開始大量閱讀政治文史書刊，培養出獨立思考能力，和對民主的關心。

一九六二年，劉文輝自行請調浙江省舟山群島嵊泗機械廠當輔助工，企圖外逃未成，被控「蓄謀叛國投敵」等「現行反革命罪」，判處管制三年，押返上海，監督改造。

一九六六年「文革」爆發，八月中共召開八屆十一中全會，通過〈關於無產階級文化大革命的決定〉（簡稱〈十六條〉），內容重點為毛澤東批鬥劉少奇的「一鬥二批三改革」策略，即「鬥黨內那些走資本主義道路的當權派；批判資產階級的反動學術權威、批判資產階級和一切剝削階級的意識型態；改革教育、改革文藝、改革一切不適應社會主義經濟基礎的上層建築。」文件特別強調「敢字當頭」，「不要怕出亂子」，搞革命「不能那樣雅致，那樣文質彬彬，那樣溫良恭儉。」毛澤東還虛情假意的加了條：「要文鬥，不要武鬥。」

劉文輝不認同這份文件，以一個多月的時間寫成〈駁文化大革命十六條〉（簡稱〈反十六條〉）的萬言書，與胞弟劉文忠共複寫了十四份，每份有十張信紙。再由劉文忠藉「十一」國慶假期，帶到杭州，以匿名信郵寄北大、清華、復旦等十四所著名學校。

劉文輝的〈反十六條〉，有十五個支題，在他遺書中透露支題名稱是：「窮兵黷武主義的新階段；主流和曲折；敢字當頭，獨立思考；反對教條，自作結論；論群眾在切身痛苦中教育自己；反對毛的階級鬥爭理論；正確對待同胞手足；區別對待黨團幹部；警惕匈牙利抗暴鬥爭的教訓；民主主義者在抗暴鬥爭的旗幟下聯合起來；關於自殺與拼殺；武裝鬥爭的部署；裡應外合；知識份子問題；主張（對）部隊研究它、批判它」，大致已能窺見其全貌。

〈反十六條〉大膽地指出：「文化大革命強姦民意，瘋狂迫害民眾，是全民大迫害」，「（當權者）登天安門城樓掀起瘋狂的紅衛兵運動，宣揚窮兵黷武，高唱世界革命，控制報刊廣播，操縱全國輿論，對內專政暴行，鎮壓知識份子，焚書坑儒，推行愚民政策，比秦始皇更猶有過人之處，人人唯唯諾諾不敢言，陷社會暗無天日，使神州大地百業俱毀，遍地饑餓赤身，窮山荒鄉，白丁文盲。工人不幹活，農民不種田，學生不讀書，教書者牛棚勞役，形形色色流氓高喊革命口號。武鬥傷民，殘酷迫害，抄家捕人，慘無人道。」劉文輝最後呼籲：「民主主義者在抗暴鬥爭的旗幟下聯合起來！」

十一月二十六日，劉文輝、劉文忠兄弟被捕。次（一九六七）年三月九日，劉文輝被上海市中級人民法院以「反革命罪」，判處死刑。三月二十三日被殺，年僅三十歲。

中共判決書列出劉文輝的「罪行」有：一

九五七年「瘋狂地攻擊共產黨的領導和社會主義制度，大肆污蔑我歷次政治運動和各項方針政策」；一九六二年「為首組織反革命團體，陰謀劫船投敵。當無產階級文化大革命開展後，竟針對我黨中央《關於無產階級文化大革命的決定》，編寫了反革命的『十六條』，分別散發到全國八大城市十四所大中院校，用極其惡毒的語言咒罵我偉大領袖；瘋狂攻擊我社會主義革命新階段是『窮兵黷武主義的新階段』、社會主義制度是『戰爭的策源地』，誣衊無產階級文化大革命運動是『全民大迫害』。同時大肆宣揚資產階級的『和平、民主、平等、博愛』，竭力吹捧蘇修、美帝」。

劉文輝被殺前三日，在獄中偷偷寫下遺書，塞在棉被裡。死後，棉被還給家屬（自備獄中棉被），這封遺書得以保存下來，在文革後始公之於世。遺書內容充分表露劉文輝反毛，和追求民主、自由的決心，甘願以死「留取丹心照汗青」。遺書充滿血淚，動人心弦，摘要如次：

三月九日四時許，我在法警強力馴逼之下，在不大於五平方尺的私堂，與外人隔絕，由檢察院一人給我檢察院起訴書，五分鐘之後仍由他代表中級人民法院宣判我死刑，立即執行。僅隔二小時左右，高級人民法院就傳出駁回上訴，維持原判。事實上，我的上訴書剛寫好，高院高明未卜先知，如此猴急，只能證明我使他們十分害怕，惟恐我多活一天來反抗他們的殘忍。此外說明披法袍的法者是多麼遵紀守法啊！莊嚴而鄭重的法律程序手續總是到處被他們強姦。

此遺書一定要保存好，讓我死得明白。我說它是私堂並不誣蔑它。我的親人，我將死去，我為什麼被害？因為我寫了二本小冊子：《冒牌的階級鬥爭和實踐破產論》、《通觀五七年以來的各項運動》，此稿被紅衛兵抄去。另一本是傳單〈反十六條〉，其分條為（詳前）。此傳單是忠弟投寄出了事故，也正是我被害的導線。

我是個實行者，敢說更敢做，如今就義正是最高歸宿。我在經濟上對家庭大公無私，在政治上為祖國大公為人。這正是你們有我而自豪之處，所以我要求你們不要難過，不要從私情上庸俗地贊揚我，應明智些不因當局的壓迫、愚弄而誤會我的生平。我相信死後我國的民主主義者、共產黨中的現實主義者，朝著世界潮流行駛，中國是會有希望的，那就是民主、自由、平等。

（毛澤東）自五五年後，就轉化到反動方面去了。整個世界在變化，但他竟這樣昏聵，剛愎自用，居功自傲，自詡為救世主，以至內政、外交竟亂弱難定，估計越來越冒險，將成為我國家的災星。文化大革命正是強制人民服從己意，清除異己。其方式：退居幕後，暗施毒箭，指使親、寵、奸，把天下搞得昏天暗地，愚弄群眾，混淆是非。獨夫欲名，玩億萬性命，冒天下之大不諱，孤注一擲，拼其偉大理想之實現。

作為匹夫有責，我就願意敢與毛鬥爭。這才是死得其所，重於泰山。我的家庭不要因悲痛、受侮辱和受迫害而誤解我、不相信我。我的正義行為一時不易證明，就留待日後吧！

要相信烈士遺書的價值。我的血不會白流，請把我的詩和血書銘刻在烈士碑上，不要枉我此生。讓親人能見到我立碑的榮幸。等毛政權倒臺後，作為烈士的我必能恢復光榮，洗滌家庭所蒙受的污垢。

我的手被銬著，不准我寫信和要求見親人。此遺書是寫上訴書時偷寫的，請祕密妥善保管。

請你們將此書交給我弟弟，另有我詩詞七首分別藏在衣服中。……有朝一日將它發表。臨刑前十分抱撼，不能著手寫心中久已策劃的，創辦一份《人人報》，開闢〈層層說〉專欄，其內容將毛反動方面公布天下，切希望有人接任。

今天三月二十日，閻羅殿的判官到監獄來，催我明或後天將開群眾大會，要我態度老實，言明將視態度而改判與否。我鬥爭很激烈。我當然立志於『將頭顱鈍屠刀，血濺污道袍』，也即站著死，不跪著生。這是必然宗旨。但是我最大的遺恨是不能做更生動更重大的貢獻予人民。如今我可謂風華正茂，血氣方剛，更因毛江河日下，氣息奄奄之際，我多麼想活下去，再來一個反擊其死命啊！我應當為祖國為人民多作些事啊！

但我確信我的上訴只能在毛政權垮臺後提出，我將向人民上訴毛的階級鬥爭理論與實踐是反動的、是奴役廣大人民的；我將向先烈們上訴毛貪天之功為己功，把先烈血換下的事業作為實現自己野心的本錢；我將向社會賢達上訴，毛焚書坑儒，迫害異己，愚民毀綱，亡國亡民；我將向祖國上訴，我作為愛國志士，反對毛的戰爭政策、毛的鎖國排他主義；我將向世界人民上訴，我是個國際主義者，我反抗毛所謂解放三分之二人類的謊言野心。

我將死而後悔嗎？不！決不！人生自古誰無死？留取丹心照汗青。從來暴政是要用

> 烈士血軀來摧毀的，我的死證明毛政權下有烈士。我在毛的紅色恐怖下不做順民，甘做義士！

從劉文輝遺書的用字遺辭，可以看出他是在匆忙倉卒中所寫，也表現出臨死無懼，慷慨就義，大無畏的氣魄。所幸這封遺書，未被中共查獲，被家屬保存下來，在文革後得見天日，讓一代民運烈士從容就義，氣壯山河的精神，重現祖國大地，並對後繼的民運鬥士，具有極深遠的影響力。

其弟劉文忠被關押了十三年，在文革後獲釋。一九八二年一月六日，經家屬鍥而不捨的申訴，劉文輝兄弟終於獲得平反，宣告無罪。但是這樣一條充滿熱情，青春洋溢的寶貴生命，在未經法庭開庭審判，草率判決，匆促槍殺，又如何彌補呢？

二〇〇四年，劉文忠寫成《風雨人生路》一書出版，將劉文輝的事蹟永留人間。

二、民運烈士：北京遇羅克。

遇羅克，男，北京人，一九四二年五月一日生於資本家家庭，父母曾留學日本，一九五七年均被打為右派。當時遇羅克正就讀中學，在校內倍受歧視，學校領導不但將他的操行成績，從「優等」降為「中等」，並說：「你首先要和家庭劃清界限，來一個脫胎換骨的改造。」並侮辱他：「出身不好的學生就像有了裂紋的鑼，敲不成音的。」遇羅克氣憤不已，私下說：「我就是面破鑼，也要敲一敲震震他們。」

一九五九年，遇羅克高中畢業，參加高考成績優異，只因是黑五類，連考兩年都未獲准進大學。但他喜愛讀書，並勤作筆記，即使不能讀大學，他仍到圖書館大量借閱書籍。

一九六一年春，遇羅克到大興縣紅星公社插隊勞動。在公社裡，他注意到農村的「血統論」，比城市更嚴重和殘酷。許多地主和子女都被殺，還美其名為「連根拔」。遇羅克因而認識到出身問題是一個普遍而嚴肅的社會問題，開始研究「出身論」的有關問題。

一九六四年初，遇羅克回到北京，因出身不好，勉強進入北京人民機器廠當學徒工。一九六五年十一月，由姚文元署名的〈評新編歷史劇「海瑞罷官」〉一文發表，遇羅克認為姚文批評清官（海瑞），意圖麻痺人民，為中共統治階級抹粉。遇羅克寫了一篇〈從（海瑞罷官）談歷史遺產繼承〉文章，寄《紅旗》雜誌和《北京日報》，均被退稿。

他不氣餒，又寫了一篇一萬五千字的文章〈人民需要不需要海瑞——與姚文元同志商榷〉，寄上海《文匯報》。文章雖然在一九六六年二月十三日刊出，卻被刪減只剩三千字，標題被改為〈和機械唯物論進行鬥爭的時候到了〉。原因是他批評「姚文元同志代表了存在於思想界中的機械唯物論的傾向。我覺得和這種傾向進行鬥爭的時候到了。」

遇羅克在十五日的日記上，寫道：「（父母和父親的棋友）都害怕起來。他們一見到那標題：〈和機械唯物論進行鬥爭的時候到了〉就十分不安。整個版面的安排對我也純屬不利……我的文章儼然是工人和農民的反面教材了。」「《文匯報》大部分刪改的也還不失本來面目，文筆依然犀利，論點也還清楚。敢道他人之不敢道，敢言他人之不敢言，足使朋友們讀了振奮。……天下之大，誰敢如我全盤否定姚文元呢？」「真理是在我這一邊的，姚文元諸君只是跳梁小丑。『爾曹身與名俱裂』，在歷史面前，正是他們在發抖。」

遇羅克不知姚文是毛澤東指示所寫，而且親自多次修飾定稿。批判姚文，實際是批評毛澤東。而且，毛澤東反對「機械唯物論」。一九三七年八月，毛澤東在〈矛盾論〉中說：「總的歷史發展中，是物質的東西決定精神的東西，是社會的存在決定社會的意識；但是同時又承認而且必須承認精神的東西的反作用，社會意識對社會存在的反作用，上層建築對於經濟基礎的反作用。這不是違反唯物論，正是避免了機械唯物論，堅持了辯證唯物論。」

《文匯報》是在一九六五年十一月十日，首先刊出〈評新編歷史劇「海瑞罷官」〉文章的報紙，也知道這篇文章的背景，他們刪減遇羅克文章，重定標題，已是不祥之兆。

據遇羅克胞弟遇羅文所撰《我家》一書回憶：「按照羅克的看法，『文革』的起因，是領導集團的權力鬥爭。為了這一至高無上的目的……（由）最受信賴的幹部子弟組成的『紅衛兵』……它們的共同特點就是，對出身的要求非常嚴格，有的只許幹部子弟參加，有的也允許一部分工農子女參加。」「他們信仰的是一幅對聯：『老子英雄兒好漢，老子反動兒混蛋。』他們所做的社會各階級分析是，敵人—黑七類：地主、富農、反革命、壞份子、右派份子、資本家、『黑幫』（被打倒的幹部和學術權威），他們的子女（被稱為『狗崽子』）也在其內。自己人—紅五類：工人、貧下中農、革命幹部、革命軍人、革命烈士及其子女。至於出身介於黑七類與紅五類之間的，是可以團結但不可以依賴的對象。如果本人是工人或小幹部，無論多麼年輕或是不是黨員，父母是『敵人』的一律劃歸『黑七類』。總之家庭出身高於一切，它也決定一切。」

遇羅文說：「從我記事以來，就知道『應該』把人分成階級，讓一部分人去壓迫另一部分人，這就叫『專政』或『階級鬥爭』。」「『終身制』和『世襲制』也變成了『國粹』，所以壓迫者的子女也成了當然的壓迫者，被壓迫者的子女從生下來就該受壓迫。這就是『血統論』者大講特講的『出身』。到了六六年『文化大革命』，『血統論』發展到了登峰造極的地步，對於出身不好的受壓迫者，不僅升學、招工、提幹，當兵、學開汽車、接觸精密設備等等好事難以問津，就是無辜受刑甚至致死，或與家人一起遭到大屠殺的事也屢屢發生。」

文革暴發後，由於「血統論」的毒害，無

辜百姓慘遭屠殺，比比皆是。在中國大陸許多地方，受到極左思想的操縱，對黑五類（含家族）進行了無情的大屠殺，乃至有被殺害者遺體被吃情事發生。如：北京大興縣，紅衛兵屠殺了三百多位黑五類，年齡從出生剛滿月的嬰兒，到風燭殘年的八十歲老人，統統殺盡。一九六六年的「紅八月」，北京市第六中學紅衛兵，把教室當審訊室，用被害者的人血在牆上，大書「紅色恐怖萬歲！」一九六七年，廣西出現「貧下中農最高法庭」，提出「斬草除根一掃光」和「滿門殺戳黑五類」的殘酷作法。

遇羅克自文革開始後，就深深地對「血統論」帶給「黑七類」的危害，憤憤不平，因此激起了他的反思。終於，在一九六六年八月十四日，寫下了震驚中外的《出身論》初稿。

就在遇羅克完成初稿之前九天，即八月五日，毛澤東在中共八屆十一中全會上丟出「炮打司令部—我的一張大字報」，正式批鬥劉少奇，中國大陸全面進入「紅色恐怖」時期。不久，遇羅克也因撰寫抨擊姚文元的文章被人民機器廠關押，所幸遇羅克因入廠工作時間還不長，黨委認為他問題不嚴重，釋放了他。

十一月，遇羅文到廣州串聯，寫了幾份反血統論的傳單，並根據記憶乃兄遇羅克所寫《出身論》的要點，寫了一篇三千多字的〈論出身〉，以蠟紙鋼版刻字油印了數百份，張貼在廣州市的街頭，獲得熱烈反應，許多人閱讀、抄寫，每一份上都寫滿了「好得很」。

遇羅克知道後，大受激勵，將《出身論》原稿寄給廣州的弟弟。遇羅文把《出身論》刻印了數百份，除在廣州張貼了一部份，其餘帶回北京。這時遇羅克在北京也自行油印了很多，兄弟（含三弟遇羅錦）三人把《出身論》在北京四處張貼。遇羅克張貼時，曾遭到支持《血統論》群眾和紅衛兵攻擊，其父母、親友都勸他收斂一點，免遭不幸。遇羅克不為所動，他在日記裡寫道：「（血統論的橫行）是社會主義時期一個奇怪的現象，以中國之大，竟無一人大膽的抗議、強烈控訴，實在是時代的恥辱。我盡了歷史必然規律性所賦予我的任務。」「（出身論）遍及大江南北、長城內外……翻印的估計有一百萬份以上，影響了不知多少人。」「假如我不是把生命置之不顧，我就絕不能寫出這樣的任何一篇。從《出身論》一發表，我就抱定了獻身的宗旨。」

《出身論》開宗明義說：「如果說：地、富、反、壞、右份子占全國人口的百分之五，那麼他們的子女及其近親就要比這個數字多好幾倍（還不算資本家、歷史不清白份子、高級知識份子的子女，更沒算上職員、富裕中農、中農階層的子女）。不難設想，非『紅五類』出身的青年是一個怎樣龐大的數字。由於中國是一個落後的國家，解放前只有二百多萬產業工人，所以真正出身於血統無產階級家庭的並不多。這一大批出身不好的青年一般不能參軍，不能做機要工作。」

他批評在文革時專門打壓黑五類的『老子英雄兒好漢，老子反動兒混蛋』這副對聯時說：「辯論這副對聯的過程，就是對出身不好的青年侮辱的過程。」「毛主席說：任何真理都是符合人民利益的，任何錯誤都是不符合人民利益的。……這副對聯不是真理，是絕對的錯誤。它的錯誤在於：認為家庭影響超過了社會影響，看不到社會影響的決定性作用。說穿了，它只承認老子（指父親）的影響，認為老子超過了一切。實踐恰好得出完全相反的結論：社會影響遠遠超過了家庭影響，家庭影響服從社會影響。」「一個人的家庭影響是好是壞，是不能機械地以出身判定的，出身只是家庭影響的參考。」

《出身論》其他的重點有：

一、長期以來，家庭出身問題一直是社會嚴重的問題。事實，社會影響遠遠大於家庭影響，況且家庭影響的好壞，不依父母的政治地位而轉移。

二、由於受到形「左」實「右」的「反動路線」的影響，出身不好的黑七類青年，即「狗崽子」，已經成了專政對象，他們是先天的「罪人」。出身幾乎決定了一切，出身不好不僅低人一等，甚至被剝奪了種種權利。這一時期，有多少無辜青年，死於非命，溺死於唯出身論的深淵之中。

三、出身和成份是完全不同的兩件事。舉例說：恩格斯本人是資本家，但他背叛了本階級，成了共產主義的第一代公民，成了工人階級傑出的領袖。我國革命時期也有這樣的例證，我們能不能因為他們成份不好，而抹煞他們的歷史功績呢？不能，這叫「不唯成份論」。因此，同一個家庭的成員不見得就是同一階級的成員，出身和成份是不能相提並論的。衡量一個青年是否革命，出身不是標準，只有表現才是唯一的標準。馬克思、列寧、毛澤東出身都不好，所以問題的關鍵，不在於出身，在於思想改造。

四、不能用遺傳學說來貶低一部分人，抬高一部分人。依照他們的觀點，老子反動，兒子就混蛋，一代一代混蛋下去，人類永遠不能解放，共產主義就永遠不能成功，所以他們不是共產主義者。出身不好的青年受迫害歷來就是常事，「出身壓死人」這句話一點不假！像這樣下去，與美國黑人、印度的首陀羅、日本的賤民等種姓制度還有什麼區別呢？

五、同志們，難道還能允許這種現象繼續存在下去嗎？不應當填平這人為的鴻溝嗎？我們呼籲：一切受反動勢力迫害的革命青年，團結起來！組織起來！勝利必將屬於你們！起來勇敢戰鬥吧！

《出身論》流傳甚廣，影響很大，終於引起了中共「中央文革小組」的注意。一九六七年四月十四日，「中央文革小組」宣布《出身論》是「大毒草」，「惡意歪曲黨的階級路線，挑動出身不好的青年向黨進攻。」

但是，遇羅克不為所懼，並辦了一份報紙《中學文革報》，擴大報導他所寫的《出身論》，並深化批判《血統論》。這份報紙共辦了六期，直到被捕為止。

一九六八年一月五日，遇羅克早上在上班的路上被中共逮捕，關押在公安部看守所。上午被抄家，一位《中學文革報》熱心讀者，瀋陽十一中高三學生孫鋼正在遇家，也被無辜逮捕，從此失去自由，被判刑十五年。

一九七〇年三月五日，遇羅克在北京工人體育館公審，被宣判死刑，立即執行，年僅二十七歲。據說，他的死刑，是毛澤東親自批准執行的。一個有為的青年，只因言獲罪，被無辜殘殺，天理何在。他被捕的罪名是：「大造反革命輿論」、「思想反動透頂」、「陰謀進行暗殺活動」、「組織反革命小集團」。死刑的罪名是：「書寫十萬字的反動文章」、「在獄中氣焰囂張」、「揚言陰謀暗殺」。無一不是強加之罪。

《出身論》給遇羅克一家帶來了極大的災難，全家六人中，四人被關進黑牢。

文革結束後，在一九七八、七九年，北京西單民主牆興起，當時著名之《四五論壇》、《沃土》和《今天》等民運刊物首先發表紀念遇羅克的詩文，可見遇羅克當年追求自由、平等與人權，影響之深遠。

同一時期，遇羅克的母親王秋琳也積極為他的平反奔走。終於，中共北京市中級人民法院於一九七九年十一月二十一日，宣告遇羅克無罪。二〇〇九年，遇羅克的半身雕像，樹立於通州的宋莊美術館。

三、民運烈士：北京王佩英女士。

王佩英，女，一九一五年三月十四日生於河南開封，開封靜宜女中初中畢業。一九三四年結婚，夫張以成在一九四三年參加中共地下黨，四八年，王佩英也加入共青團，兩年後入黨。一九五五年，王佩英與夫舉家遷居北京，任職鐵道部專業設計院。張以成一九六〇年因病去世後，王佩英獨力撫養子女八人。

毛澤東因推動的「大躍進」政策失敗，只得讓步，同意劉少奇、鄧小平二人進行「調整」政策，改善國計民生。因此，劉少奇漸得人心，危及毛澤東地位，毛決心鬥倒劉少奇。自一九六一年起到一九六五年間，毛、劉的分歧，日益嚴重。

「大躍進」造成的三年饑荒，王佩英家鄉開封餓殍遍野。她不滿毛澤東的「三面紅旗」政策，多次公開表態支持劉少奇，並說：「毛主席應該退出歷史舞臺，不然他以後沒有退路。」六五年四月，王佩英要求退黨，她提出的書面報告說：「我不願當人民的罪人，我要退黨，共產黨雖然前一段革命有功，但現在被勝利沖昏了頭腦，停止不前了，已經站在人民頭上，壓迫人民了。共產黨員都有特殊待遇，過去共產黨拋頭顱撒熱血，是為了解放人類。而現在共產黨是高官厚祿，養尊處優。我已向組織部正式宣誓，我右手打倒共產黨，左手打倒反動派，雙手打倒全世界人民公敵。」「領導共產黨變質的就是毛主席。」

這期間，由於劉少奇仍是國家主席，王佩英的言行，鐵道部難以處理。於是，將王佩英以精神病患送醫，在她提出退黨申請後，更強制住院。一九六八年六月六日，醫院診斷證明說：「經過住院期間觀察，除高血壓病外，目前生活自理如常人，無精神異常，在住院期間思想反動，對黨不滿，經過思想教育仍不改，故由機關接出處理。」

鐵道部「專業設計院」接回王佩英後，將她關押在院內「牛棚」，強迫勞動，並由「革命群眾」（紅衛兵）看押管教，因她堅持不願向毛像下跪「早請罪、晚請罪」，幾乎天天遭受毒打。她甚至多次在批鬥會場上，振臂高呼「打倒毛澤東」、「劉少奇萬歲」等口號。

十月二十一日，王佩英被以「現行反革命」罪名逮捕。一九六九年下半年，強逼口戴牲口嚼子（阻止其喊口號），押解在北京市區內遊鬥。

王佩英起訴書所列她的「反革命」言論，多達數十條，重點在反毛澤東、反共產黨、堅持退黨，和打倒共產黨。如：「共產黨呀！共產黨呀！毛澤東呀！毛澤東呀！」「人民對您客氣，毛主席，請您自己跳下政治舞臺吧！否則全國人民奪政權，怒氣衝天那時您怎好退步？」「共產黨員愛解放。驕傲自滿失敗了，當家作主為個人。」「因此定要打倒共產黨。」「誓死不信不信，一定堅決堅決，不信仰共產黨。退黨退黨，速辦速辦退黨手續交我本人。」

一九七〇年一月十八日，王佩英被判處死刑。一月二十七日，中共在北京工人體育館舉行公審，為防止她呼喊口號，事前用細繩勒住她的咽喉，阻止出聲。公審後即押赴蘆溝橋刑場槍殺，但她在抵達前，已經被勒斃，時年五十四歲。

中共公布王佩英的罪行是：「頑固堅持反動立場，自一九六四年至一九六八年十月，書寫反革命標語一千九百餘張，反動詩詞三十餘首，公開散發到天安門、西單商場、機關食堂等公共場所，並多次當眾呼喊反革命口號，極其惡毒地攻擊誣衊無產階級司令部，和我國社會主義制度。王犯在押期間仍堅持與人民為敵，瘋狂地咒罵我黨，其反革命氣焰囂張到極點。」

文革結束後，一九八〇年四月十日，王佩英獲得平反。中共把錯判和冤殺的責任，推卸的一乾二淨。平反的原因是：「王佩英從一九六三年開始患精神病。原判認定王的罪行是在其精神病狀態下的胡言亂語，不應負刑事責任。」「但在文化大革命中，竟把她在精神不正常的情況下說的話，定為現行反革命言論，攆出醫院，殘酷批鬥。」「專業設計院黨委最近作出決定，為在林彪、『四人幫』極左路線影響下被迫害致死的王佩英徹底平反昭雪，恢復政治名譽，恢復黨籍，一切誣衊不實之詞應予全部推倒。」

王佩英曾被以精神病患，強制送醫住院，但醫院經過長期觀察，已證明她「無精神異常」。中共也自知難以自圓其說，二〇一一年六月九日，北京高院再次判決：「王佩英無罪，並撤銷了其患精神分裂症的判詞，為其徹底平反昭雪。」

王佩英在大陸被譽為「英雄母親」，她的三子張大中為了紀念母親，拍了一部電影《我的母親王佩英》。

四、民運烈士：瀋陽張志新女士。

張志新，女，天津人，一九三〇年十二月五日出生，父親曾參加過辛亥革命。一九五〇年天津市第一女中（現海河中學）高中畢業，考入天津師範學院教育系。六月韓戰爆發，十月中共「援朝志願軍」越過鴨綠江，支援北韓作戰。張志新響應中共號召，報名參軍，入軍事幹部學校受訓。次年保送中國人民大學俄語系就讀，畢業後，留系工作。

一九五五年，張志新與同校哲學系團委書記曾真結婚，並加入共產黨。五七年，二人被調往瀋陽，任職遼寧省委機構，張志新擔任宣傳部幹事。二人育有子女二人。張志新被捕時，女兒十二歲，兒子三歲。

張志新是「因『言』獲罪」的典型民運烈士，只因在會議上發表反對毛澤東搞個人崇拜而被捕被殺。自文革爆發，中共搞毛澤東的「個人崇拜」的浪潮，席捲全國，無人敢於置啄。但是，張志新卻在一九六八年的一次組織會議上的發言，帶給她致命的後果。她說：

「過去封建社會講『忠』，現在搞這個幹什麼！搞這玩意幹什麼！再過幾十年的人看我們現在和黨的領袖的關係，就像我們現在看以前的人信神信鬼一樣可笑，像神話一樣不可理解。」「無論誰都不能例外，不能把個人凌駕於黨之上。」「對誰也不能搞個人崇拜。」

「在社會主義革命和社會主義建設階段中，毛主席也有錯誤。集中表現於大躍進以來，不能遵照客觀規律，在一些問題上超越了客觀條件和可能，只強調了不斷革命論，而忽視了革命發展階段論，使得革命和建設出現了問題、缺點和錯誤。集中反映在三年困難時期的一些問題上，也就是三面紅旗的問題上。」

「毛主席在大躍進以來，熱多了，科學態度相對的弱了；謙虛少了，民主作風弱了；加上外在的『左』傾錯誤者的嚴重促進作用。具體地說，我認為林（彪）副主席是這段歷史時期中促進毛主席『左』傾路線發展的主要成員，是影響『左』傾錯誤不能及時糾正的主要阻力。」

「這次文化大革命的路線鬥爭是建國後，一九五八年以來，黨內『左』傾路線錯誤的繼續和發展。並由黨內擴大到黨外，波及到社會主義的經濟基礎和上層建設的各個領域、多個環節。這次路線鬥爭，錯誤路線一方伴隨了罕見的宗派主義和資產階級家族式的人身攻擊，借助群眾運動形式，群眾專政的方法，以決戰的壯志，實行了規模空前的殘酷鬥爭，無情打擊。」

張志新是在黨內組織會議上發言，基本上應該是善意的，但在文革當時極左的思潮下，這些話不啻是大逆不道，難以寬恕。張志新隨即遭到批判，她自知厄運當頭，於一九六九年一月九日，留下遺書，重申她的觀點，和正確性。然後準備自殺，但被及時發現阻止，受到嚴格監管，並在次日召開批鬥會，批判她「以死向黨示威，對抗運動」。

批鬥會上，張志新堅持她的觀點。她說：「這些觀點，我認為是應允許存在的，應在今後的革命實踐中去證實是正確的，還是錯誤的。」並解釋需要透過「實踐中證實」的是：「兩個司令部（註：毛澤東說文革是他領導的無產階級司令部和以劉少奇為主的資產階級司令部間的）鬥爭問題，打倒那麼多人的問題，這裡面有些肯定是對的，但有些不一定對。」

張志新意識到，她的言論勢將牽連其家人，因此表示她的思想與乃夫曾真無關，考慮與曾真離婚。八月，張志新被逮捕，關押在瀋陽看守所，禁見親友。其夫曾真與一對兒女，仍難逃牽連，於十一月被下放建昌縣的農村勞動。

一九七〇年五月十四日，張志新因堅不認罪，被判處死刑。瀋陽軍區司令員陳錫聯指示：「留個活口，當反面教員。」於是，改判無期徒刑，關入瀋陽監獄，強迫勞動改造。一年後，被迫與夫離婚。張志新從被捕，到後來被改判死刑殺害止，近五年的時間，未曾見過家人。

在獄中，張志新遭受了不人道的凌虐。十二月二十五日，她為「慶祝」加入共產黨十五週年，寫了一首〈迎新〉的歌詞，抒發情緒。但遭獄警沒收紙筆，並加辱打。張志新憤而以小木片代筆，在手紙（衛生紙）上寫下她的控訴，質問看守所所長：「我的筆是被你們當作槍給繳去了，但指揮這支槍的思想，你們卻永遠繳不掉！」「自稱為代表無產階級、共產黨執行專政者，你們的作為哪一點像無產階級？一首未寫完的革命詩歌，作為導線藉口，行凶毆打凌辱女政治犯！你們以為一個女共產黨員就可以這樣隨便凌辱的嗎？」「你們管理的哨兵可以無緣無故辱罵女共產黨員？」「你們管理領導下的伙房，可以用帶有煤渣沙子的黃饃虐待政治犯？」「一所之長竟用拖壓辦法，不發給女政治犯特需手紙，進行生活上的刁難。」

她憤憤不平的寫道：「你們若是無產階級，你們為什麼那麼怕真理？」「你們以為利用上述惡劣手段、可恥勾當，就可以軟化革命者的意志，可以向錯誤路線投降嗎？這除了說明你們手中沒有真理，在真理面前束手無策，軟弱無能外，你們什麼也得不到！」「一個被錯誤路線迫害者，脫黨狀態的女共產黨員，孤家寡人一個，在這尖銳複雜的階級鬥爭中……只會提高覺悟，越戰越強！因為她日益掌握真理！」她最後說：「堅持真理永不放棄！有什麼辦法盡量來使！」

但是，張志新在監獄受虐情況，持續惡化，她終於被逼瘋了。

一九七三年十一月十六日，監獄召開「批林（彪）批孔（子）」大會，批判林彪（於一九七一年九月十三日外逃墜機而亡）的「極右路線」，精神已失常的張志新突然站起來大喊：「中共極右路線的總根子是毛澤東。」

張志新因此被認定「仍頑固堅持反動立場，在勞改當中又構成重新犯罪。」毛澤東侄子毛遠新時任遼寧省委書記，在省委常委會議上就張志新案裁示說：「在服刑期間，這麼囂張，繼續進行反革命活動，多活一天多搞一天反革命，殺了算了。」

遼寧省高級人民法院於第二天，即一九七五年二月二十七日發文瀋陽市中級人民法院：「於一九七五年二月二十六日經省委批准判處張犯死刑，立即執行。希遵照執行，並將執行情況報給我們。」顯然省高院也知張志新罪不足判死，完全不表態，將責任推卸地一乾二淨，為冤殺無辜，留下歷史證據。

四月四日，張志新在瀋陽被殺害。在行刑前，因害怕她喊「反動口號」，先割斷了她的喉嚨，讓她不能發聲，然後押赴瀋陽郊區刑場執行槍決。家屬不敢收屍，遺體下落不明。

張志新雖然反對是毛澤東的左傾錯誤路線和獨裁專制，但她堅持真理的立場，並不畏犧牲。她在一九六九年一日五日自殺未遂時留下的遺書中，有這麼一句話說：「我懂得了革命，決心要為革命獻出一切！」她敢去革毛澤東的命，實際上就是反抗暴政，爭取民主自由，與民主運動無異。

一九七九年三月，張志新獲得平反，但未「昭雪」，因為中共背離事實，說張志新「純係林彪、『四人幫』及其死黨一伙為了篡黨奪權，……草菅人命，殘酷迫害革命幹部，實行法西斯專政，造成的一起大冤案。」並且為了掩蓋事實，還特別追認張志新為革命烈士，舉辦追悼大會。張志新在地下如仍有知，不知是該哭還是笑。

有位陳禹山先生，當年曾採訪張志新案，他在張志新犧牲二十五周年前夕，寫了一篇〈一份血寫的報告〉之長篇通訊，披露了全部事實，震驚了全國。

五、民運烈士：河北張坤豪。

張坤豪，一九四二年十一月五日生，河北省東鹿縣人，河北電信廠工人。一九六七年，正值文化大革命如火如荼之際，他因公受傷，到北京醫治，恰巧目睹四月十日清華大學批鬥王光美的公審大會。他感到不解：「王光美正經是個大學生、碩士，有學問，給軍調處當過翻譯，有貢獻。她江青算個什麼東西？」「劉少奇要有問題，為什麼讓他當接班人？為什麼讓他當國家主席？」

這年八月十一日，中共在北京師範大學內，批鬥彭真、彭德懷、陸定一、羅瑞卿、楊尚昆等老幹部。張坤豪目睹這些中央高幹被殘酷揪鬥毆打，又質疑說：「我看這場文化大革命與過去的政治運動不一樣，不像是共產黨幹的。這些被打倒的老幹部都是對中國革命有大功的，都是毛主席的左右手啊！怎麼一夜之間就成了走資派、反革命和罪人了呢？」

有人勸他不要多話，以免惹禍上身，他說：「我不怕，人要不講真理，活著有什麼用？」

當時，報紙大肆批判劉少奇，把劉少奇的觀點簡稱為「黑六論」（階級鬥爭熄滅論、剝削有功論、吃小虧占大便宜論、入黨作官論、馴服工具論、公私溶化論）。對劉少奇的人身攻擊的漫畫，傳單、小冊子、大小標語多如牛毛。中共並在一九六八年十月八屆十二中全會通過：〈關於叛徒、內奸、工賊劉少奇罪行的審查報告〉。指控劉少奇是罪惡累累的帝國主義、現代修正主義和國民黨反動派的走狗。把劉少奇的反革命面貌揭露出來，是毛澤東思想的偉大勝利，也是無產階級文化大革命的偉大勝利。隨後全國立刻掀起全面批判中國赫魯雪夫劉少奇的高潮。到一九六九年夏天，經過近一年的大批判，劉少奇已經被徹底批臭批爛，成了過街老鼠，人人喊打。

七月初，張坤豪看到一幅大漫畫《群醜圖》，把幾十個黨和國家領導人都畫了進去。張坤豪說：「這麼多黨和國家領導人不可能全都是壞人，怎麼可能？劉少奇打不倒。」朋友勸他：「你不要管這些，你是個工人，打倒劉少奇是毛主席、黨中央的決定，關你什麼事？小心點，別胡說八道。」

張坤豪遭人舉發，於七月六日被捕，經過幾十場批鬥，面對怒罵毆打，仍不改其觀點，反而越發「反動透頂」。八月四日，他提出自我檢查報告。要點為：

我是一個工人，參加工作已十年了，在文化大革命中有很多問題自己領會不了，或者是自己認為是不正確的，思想上有抵觸：

一、關於中國共產黨：在文化大革命中有多少革命先烈，今天又重新被判了死刑。比如王若飛、瞿秋白等，他們不論在工作中或是在刑場上都是頑強不屈的，但為什麼今天又把已經死去的人打成叛徒呢？在今天老一輩的無產階級革命家中有多少又受到懲罰，尤其在北京，我看到「砸爛朱德的狗頭」大字報的時候，使我感到難過。在批判陳毅同志大字報的時候說陳毅同志說過：這樣做讓人家不說共產黨是過河拆橋嗎？這句話對我引起了共鳴。

二、幹部路線：我體會到中央的任免幹部不是任人唯賢。在短短的兩年文化大革命中，中央文革成員被撤換革職的很多，難道是他們思想反動，這些我理解不通。最近在「九大」當中，從中央政治局常委名單上，我體會到老一輩的無產階級革命家很少。在那戰火紛飛的歲月裡跟毛主席一起革命幾十年的革命家們為什麼今天不能得到重用，有的革命家則灰心地說我幹了一輩子也跟不上，我也不跟了。這是為什麼，我理解不通。這次無產階級文化大革命，尤其在中央和部以上的幹部被揪出的那麼多，使我很難相信中國的革命是怎麼成功的。

三、批判劉少奇：劉少奇在四六年期間被任為毛主席的接班人，後又被推選為國家主席，現在則成了叛徒、內奸、工賊，成了黑線上的總頭目，究竟他是叛徒、內奸、工賊，還是因為他被當選為國家主席。這些我想不通。我認為我們國家是一人一黨制，個人迷信充塞著。

四、關於中國人民解放軍：為中華民族的自由解放和保衛社會主義江山立下了不朽的戰功，但是在今天有很多部隊和將領被打成黑幫、黑人、黑線，看中央的那些元帥在文化大革命中的情景，使我心眼裡感到難過。

張坤豪明目張膽反毛，確實已有捨身就義的心理準備。所在同一天他寫了一份《自決書》：「在兩年的文化大革命中，從中央到省，到基層運動中一系列方針政策路線，我感到這不是什麼治國之道，我從心眼裡反對毛澤東，但在今天我又無力進行反抗，今寫此信寧願一死，以表示與人民為敵到底的決心。」

一九七〇年一月，中共開展「一打三反」運動（打擊反革命破壞活動；反對鋪張浪費、貪污盜竊、投機倒把），重點在打擊現行反革命。情勢驟然變得嚴酷，有人偷勸張坤豪翻供，說是被「逼供信」，屈打成招。被他斷然拒絕，並在面對審訊時，公開承認了自己一系列的「現行反革命言行」。他在筆錄簽名時，特地註明：「我說的那些都對，這是我的認識。」他在監獄裡被提審時，還仿效《紅燈記》裡的李玉和，高唱：

獄警傳似狼嗥我邁步出監。
休看我戴鐵鐐，裹鐵鍊，
鎖住我雙手和雙腳，
鎖不住我雄心壯志沖雲天！

三月十九日下午三時，中共在保定市體育場公審大會，宣判他死刑。在送住刑場的卡車上，張坤豪被五花大綁，脖勒繩索，胸掛大黑牌子，遊街示眾。然後在保定市西郊變壓器廠附近的刑場，蒙冤被殺。暴屍荒野，身上的衣服、鞋等物品被人扒光，赤身裸體，任由野狗烏鴉撕咬啄食，直到下了一場大雪之後消失。

張坤豪讀書不多，亦無理論基礎，他憑著個人直覺說真話，說出了一些常人不敢說的話。文革結束後，一九七九年十月十九日，中共宣告張坤豪無罪。一九八一年九月，授予革命烈士稱號。

六、民運烈士：甘肅毛應星。

毛應星，女，一九二五年生於福建閩侯，一九五五年畢業於西南聯大農學院，分發甘肅蘭州農校任教師。一九五七年鳴放時，對「紅與專」問題，發表了一些個人意見，被打為「極右份子」，下放酒泉夾邊農場勞教。一九六一年十二月，摘帽重回蘭州農校任教。不久，與同為右派摘帽的李如璋結婚，二人同被調到甘肅靜寧縣「農牧站」工作。

一九六八年，毛應星寫信給中共中央，批評毛澤東搞「個人崇拜」。她說：「文化大革命積極因素的反動，表現在對毛主席極端地迎捧和諂媚。」「現在蘭州各地都貼忠字，我認為這分明是唯心論。」「忠於毛主席而不忠於人民，就不是無產階級的路線。」

毛應星因而被抄家，搜出其兄毛應斗在中共建政前，因赴美留學，交其保管一些私人照片和集郵冊，內有與楊振寧（諾貝爾物理獎得主）合照，和蔣介石肖像郵票。毛應星被打為「妄圖變天的反革命份子」、「國際間諜」，遭受迫害。她兩次上訪北京，都被抓回蘭州。

一九六九年一月二十三日，毛應星被以「現行反革命罪」逮捕。七月，判處有期徒刑五年。她在獄中寫信申訴：「縱然對我再加任何壓力，我這種思想立場觀點，一點也不會改變。」「這樣的政策最有利於什麼人呢？就是有利於一些個人野心家、資產階級政客，倒楣的是基層老百姓，而毛主席的江山最後也會被這些人所葬送。」「貞峰論是採取資產階級嘩眾取寵，奴顏婢膝地宣傳捧場，欺騙人民。」

毛應星因「抗拒改造」，在獄中雙手被戴上鐵銬，由同監犯人批鬥。她仍然不屈服，戴著手銬，繼續寫文章或寫信，表達她的觀點。

一九七〇年四月，甘肅省革委會以毛應星「罪大惡極，屢教不改，死心踏地，不堪改造」的理由，判處死刑。她沒有申訴，反而寫一篇反諷文章〈為鞏固為發展無產階級專政而戰鬥〉

說：「無產階級專政下繼續革命是什麼呢？都是欺騙人的一套手法。」（一九六九年四月，中共召開「九大」會議，「政治報告」題目，是毛澤東指示張春橋、姚文元所撰的〈無產階級專政下繼續革命論〉）

四月十四日清晨，毛應星被五花大綁，押往靜寧縣八裡橋畔槍殺，執刑前喉管已先被割斷。時年僅四十五歲。

其夫李如璋也因奔走為她申訴，被以「現行反革命罪」逮捕，後被判處有期徒刑十二年，送往農場勞改。

毛應星因反毛而被害，但文革結束後，判她死刑的甘肅革委會於一九八〇年十一月二十九日，又為她平反，理由是：「『文化大革命』中，堅持真理，不畏強暴，對林彪、『四人幫』陰謀奪權的罪惡活動，進行了勇敢的鬥爭，致被判處死刑，情節確實壯烈。」並追認她為中共黨員，稍後再加封為「革命烈士」。

毛應星在一九七〇年被殺時，還沒有「四人幫」，是王洪文在一九七二年自上海調北京，與江青等「文革幫」勾結後，才被毛澤東指責為「四人幫」。中共冤殺異議人士，事後不但能推卸責任，還能夠為被害人加官晉爵，可謂奇譚。

七、民運烈士：南昌吳曉飛

吳曉飛，一九四九年春出生於福建福州。一九六五年就讀於福州五中初中部時，中共開始批判吳晗的《海瑞罷官》、《三家村》和《燕山夜話》等作品，矛頭指向北京市委。吳曉飛找來這些著作，認真閱讀，產生疑惑，為什麼這幾本書會被批為「歪曲黨的百花齊放，百家爭鳴的方針，主張讓資產階級思想氾濫」，並且是「惡毒攻擊總路線、攻擊大躍進」，「誣衊和攻擊以毛澤東同志為首的黨中央，攻擊黨的總路線」？

一九六六年八月，吳曉飛的父親吳亞雄調任南昌鐵路局局長，他轉學進入南昌市第一中學就讀。同月，中共八屆十一中全會召開，宣告「文化大革命」的全面展開。在「革命就是造反」、

「造反有理」的口號下，紅衛兵打、砸、搶、抄的現象愈演愈烈，破壞一切被認為是「封、資、修」的東西，抄「牛鬼蛇神」的家，隨便打、殺「階級敵人」，破「四舊」成為中國歷史上最大的文化大破壞活動。吳曉飛質疑這種種怪現象：「造反有理，理在那裡？」「為什麼要焚燒書籍、砸毀古跡、毀掉歷史？」

九月，中共發出〈關於組織外地高等學校革命學生、中專學校革命學生代表和革命教職工代表來北京參觀文化大革命的通知〉。這一文件的發布，形成了全國性的大中學生的大串連。吳曉飛也參加了大串連，足跡遍及全國大中城市和無數村鎮。他冷靜觀察各地文革情形，並收集了大量資料。

一九六七年十一月，吳曉飛回到南昌，化了半年時間，寫了兩篇共四十餘萬字的文章。第一篇就叫〈文化大革命〉，他開宗明義的說：「一九六六年六月以後，在中國——一個社會主義國家裡發生了一件反常的政治事件。」第二篇是針對劉少奇一生，駁斥強加給劉少奇的各項罪名，是「對劉少奇的不擇手段、不通情理的迫害。」這兩篇文章，內容廣泛地涉及政治、經濟、軍事、意識形態等各個領域，內容豐富，筆鋒犀利，邏輯思維均超過同齡青年。不過，這兩篇文章到他被捕時，尚未完稿。

原因是：一九六八年五月六日，吳曉飛的父親吳亞雄，被打為「走資派」，遭受抄家。吳曉飛所寫兩篇文稿被搜出。江西省革委會主委程世清看到兩文後，怒斥為「全省特大的、罕見的反革命案」。七日，吳曉飛被捕入獄，父子二人均慘遭酷刑逼供，企圖挖出背後有無「反革命集團」。吳父不堪苦刑，被虐死獄中。一九七〇年二月二十七日，吳曉飛被判死刑殺害，時年二十一歲。受牽連的親友、同學達二十餘人。

一九八〇年七月十二日，南昌鐵路局為吳曉飛召開平反昭雪大會，追認他為共青團團員，還高度讚揚他「憂黨憂國、勤於思考、敢於直言、勇於探索真理的可貴革命精神。」吳曉飛撰文時，年不滿十九歲，思想雖未成熟，已能追求正義真理，是一位有為青年。但他兩篇文章既未完稿，又未發表，不曾影響任何人，卻被誣陷為江西全省「特大反革命案」，慘遭殺害。中共雖給予平反，但罪魁禍首的程世清責任在哪呢？

八、民運鬥士：北京王容芬。

王容芬，一九四七年生，一九六二年入北京外國語學院東歐語系就讀，專攻德語。一九六六年八月，毛澤東在八屆十一中全會上，大聲怒斥劉少奇，並寫下「炮打司令部——我的一張大字報」，把毛、劉之間的矛盾分歧，提升到是兩條路線、兩個階級、兩個司令部的鬥爭，號召群眾「炮打資產階級司令部」。八月十八日，毛澤東在天安門廣場，參加「慶祝無產階級文化大革命群眾大會」，接見前來北京大串連的全國各地紅衛兵。北京師大附中高三女生宋彬彬把一個「紅衛兵」臂章佩上毛澤東左臂，毛並接受「紅司令」的稱號。

宋彬彬是中共東北局第一書記、瀋陽軍區政委宋任窮之女。毛澤東說：「是文質彬彬的彬嗎？要武嘛！」於是，宋彬彬改名為「宋要武」。宋要武在武鬥時與人比賽殺人，傳說她共殺了七或八人。但是，她的父親在文革時，並未逃過被毛澤東鬥爭命運。

王容芬，這年十九歲，北京外國語學院四年級學生。也是「八‧一八」當日在天安門廣場被毛澤東接見的百萬紅衛兵之一。就在這次群眾大會上，林彪代表毛澤東，宣布：「我們要打倒走資本主義道路的當權派。」「我們要打破一切剝削階級的舊思想、舊文化、舊風俗、舊習慣（即破四舊）。」

由於對德國歷史的瞭解，王容芬覺得眼前發生的一切與納粹德國希特勒的行徑無異，強烈感到「這個國家完了！這世界太骯髒，不能再活下去。」最後，她決定不惜犧牲，也要說出心裡的話。九月二十四日，她寫了一封「退團」信給毛澤東：

請您以一個共產黨員的名義想一想：您在幹什麼？

請您以黨的名義想一想：眼前發生的一切意味著什麼？

請您以中國人民的名義想一想：您將把中國引向何處去？

文化大革命不是一場群眾運動，是一個人在用槍桿子運動群眾。

我鄭重聲明：從即日起退出中國共產主義青年團。

王容芬在寄出這封信之後，喝下四瓶「敵敵畏」殺蟲劑自殺，奇蹟未死。甦醒時，人已經躺在公安部醫院，隨後被關進監獄。在關押近十年後，中共才在一九七六年一月宣判她無期徒刑。但她在獄中「拒不認罪、反抗改造」，獄方向法院申請加重其刑（無期徒刑加刑，不就是死刑）， 但加刑的理由「攻擊無產階級司令部」，反而證明她「反對四人幫」，最終於一九七九年三月無罪釋放，這時她已經三十三歲了。

她自十九歲入獄，此後十四年的青春年華，都葬送在中共冤獄之中，正好涵蓋了十年文革浩劫，和三年徘徊期。她在獄中飽受凌虐，雙手曾被「背銬」（雙手反銬背後）半年，飲食必須趴在地上，用嘴就獄卒扔進牢房的窩窩頭吃，或水杯就飲。等背銬取下時，雙手已經動不了，經過長時間自我復健，才恢復機能。

王容芬進入中國社科院社會學所擔任研究工作，成為翻譯德國著名思想家馬克斯・韋伯的專家。一九八九年六月前往德國定居。

二〇〇八年，她給時任中共總書記胡錦濤寫了一封公開信：「到今年六月，文革就四十二年了，這個歷史大案該了結了。不了了之，後患無窮。真要促進改革開放，就當以史為鑒，與時俱進，尊重百姓人權，摒棄暴力路線，徹底否定，接受《國際刑事法院羅馬規約》，設立反人類罪法庭，宣布為反人類暴力組織，將文革罪犯及頂風作案復辟文革的現行反人類罪犯押上法庭，繩之以法。只有這樣，才能告慰文革死者，取信於民，建立和諧社會，推進改革開放。」

相對「八．一八」惡之花——宋彬彬，人們讚譽王容芬為「撕裂八．一八的美之花——正氣之花」，她則自謙：「苟活者與烈士天壤之別」。

九、民運烈士：金利勝。

文化大革命期間，在毛澤東高壓統治下，儘管人們噤若寒蟬，仍無法阻止正義之士，不懼生死，前撲後繼，勇於反抗暴政，爭取民主。除了前述的劉文輝、遇羅克、張志新、王佩英等諸多民運烈士，和民運鬥士王容芬外，事實上仍有不少因中共迅速打壓、殺害，和嚴密封鎖消息，為爭民主、自由而犧牲的民運烈士，不知凡幾。

據現旅居澳洲墨爾本的民運人士齊家貞女士在自傳《紅狗》一書中透露：

她的一位幼年時的朋友金利勝，是名養子，目睹養父母只因是小資本家，在五十年代中共「三反」、「五反」運動時，被鬥爭抄家，埋下了他對中共的不滿心理。一九五七年，金利勝就讀四川成都電訊工程學院，在鳴放期間忠實的說了一些良心的話，被打為右派，勒令退學，下放農村勞動改造。當時正遇上「大躍進」政策失敗的三年大飢荒，餓殍遍野。金利勝在農村吃不飽，他不甘向命運低頭，逃離四川，潛回原籍上海，恢復本姓（王），並隱瞞養子身分和右派歷史，報名參軍，分發新疆某機場服役。再被提升為軍官，擔任連級幹部，還加入共產黨，娶妻生子。

金利勝的參軍，和努力上爬，有他復仇的計劃，並且耐心待機而動。文革時機會終於來了，他祕密書寫標語，反對毛澤東和林彪，直接在部隊內張貼，還拿把刀插在傳單毛、林名字之上。他這一大膽作法，引起部隊驚恐，嚴密清查。

金利勝自知難逃厄運，於是企圖偷越國界，逃往蘇聯。傳說他不幸在中蘇邊界上，被槍殺身亡。半年之後，部隊才以金利勝自殺死亡理由，通知家屬。但是，齊家貞以她對金利勝個人之瞭解，她認為金利勝即不會自殺，亦不會逃亡，而是被中共殺害。

其他因反對毛澤東和文革而被中共殺害者，人數甚多，如：寧夏回族自治區中衛縣一中的教師朱守忠（一九七〇年二月十一日槍決）、《河北日報》幹部王韻芬（三月四日槍決）、建設銀行重慶分行收發員方運孚（三月六日槍決）、湖北省安陸縣財稅所幹部王竟成（四月二十三日槍決）。這此被稱為「保皇派」（支持劉少奇）的「反革命份子」，雖然所作所為，並未表明是爭民主、爭自由，但他們敢面對中共殘酷鬥爭，堅持真理正義，實質上是爭人權、爭平等，不正是民主運動所要爭取的目標。尤其他們面對死刑，那種大義凜然，視死如歸的正氣，足為反抗暴政的典範。

1 | 2 | 3
4 | 5 | 6

1 遇羅克（1942-1970），因生於資本家家庭，就學時倍受歧視，文革爆發後，深恨「血統論」帶給黑七類之危害，於一九六六年寫下著名的《出身論》文稿，在通州和北京張貼，被中共批判為「大毒草」，判處死刑殺害。

2 王佩英（1915-1970），共產黨員，夫死後獨立扶養子女八人。大躍進時，因不滿毛的「三面紅旗」造成大饑荒，要求退黨，文革時堅不向毛像下跪請罪，並在批鬥會上高呼「打倒毛澤東」，被中共殺害。

3 張志新（1930-1975），共產黨員，任遼寧省委宣傳幹事。文革爆發後，因反對毛澤東搞「個人崇拜」，被判無期徒刑，在獄中遭受辱打，精神失常，高呼反毛口號，改判死刑。死後家屬不敢收屍，遺體下落不明。

4 張坤豪（1942-1970），文革時目睹清華大學批鬥劉少奇妻王光美，和師大批鬥彭真等高幹之公審大會，開始醒悟，質疑毛澤東的整肅異己，遭人舉發被捕，宣判死刑。被殺後曝屍荒野，任鳥獸咬食，屍骨無存。

5 毛應星（1925-1970），文革時於一九六八年寫信給中共中央批評毛澤東搞「個人崇拜」而被抄家，搜出其兄毛應斗赴美留學時交付保管的私人照片和郵票，其中有蔣介石肖像郵票和與楊振寧合照，被打為「反革命份子」和「國際間諜」，在獄中堅持反毛反共之立場，被宣判死刑割斷喉管後殺害。

6 王容芳（1947-），北京外語學院德語畢業，文革開始後，覺得毛澤東與希特勒無異，於是寫信給毛澤東要求退出「共青團」，並責問毛要把中國引向何處去？信寄出後服毒自殺未死，一九七六年被判無期徒刑，遭受「非人道虐待」。一九七九無罪獲釋，之後移居德國。

10 華國鋒的虐殺

民運烈士浩然正氣永存

一九七六年九月九日，毛澤東去見了馬克思。華國鋒憑毛澤東所寫的「你辦事，我放心」六字箴言，順利接班，當上了中共黨、政、軍最高領導人，比毛澤東生前，還多一個國務院總理職務（總理一職過去均由周恩來擔任；而且毛在鬥倒劉少奇後，禁設國家主席）。

華國鋒雖然春風得意，但他知道打天下他沒功，當上黨主席也非靠績效，所以地位岌岌可危。為了鞏固權位，即要防止「四人幫」奪權，又要阻止鄧小平復出，還要討好那些追隨毛澤東革命的元老們。於是，他接受老帥老將的建議，在十月六日逮捕了「四人幫」。接著，他提出「繼續批鄧，反擊右傾翻案風」，並且要求「充分肯定」文化大革命（鄧小平隨劉少奇被打倒，林彪死後，於一九七三年三月復出，因不願對文化大革命表態，毛澤東認為鄧要清算文革的賬，於一九七五年二月，再次打倒鄧小平，發起「批鄧、反右傾翻案風」運動）。

華國鋒仍感不足，要藉毛澤東的餘威，進一步鞏固權位，提出「兩個凡是」理論（凡是毛澤東作出的決策，都要堅決維護；凡是毛澤東的指示，都始終不渝的遵循），以證明他的接班、繼續「批鄧」，和不結束「文化大革命」的正確性。

一些在毛澤東主持文革時期，為爭民主、自由，僥倖未被殺害之民運鬥士，轉而接續批判華國鋒，因而出現了許多可歌可泣的偉大事蹟。而華國鋒對民運志士的鎮壓殺害，亦不亞於毛澤東。

以下是中共未能封鎖住消息，而流傳下來的

壯烈事蹟。

一、民運烈士：江西李九蓮。

李九蓮，女，一九四六年生，江西省贛州市人。文革爆發時，正就讀贛州第三中學，是校內紅衛兵「衛東彪戰鬥兵團」負責人之一，典型的紅衛兵活躍份子。但因一件武鬥屠殺事件，改變了她一生。一九六七年六月二十九日到七月四日，贛州發生大規模武鬥，打死一六八人。李九蓮在收屍時，看著遍地橫屍，不少是她熟識的朋友同學，使她覺醒，對毛澤東發動「文革」目的，產生了疑問。

一九六九年二月，李九蓮被分配到贛州冶金機械廠當學徒，她的男友原是贛三中同學，曾任「衛東彪戰鬥兵團」副團長，後來從軍。李九蓮在二月二十七日，給在軍中的男友的信中，談了些她對「文革」的疑惑。她在信上寫道：「我不明白無產階級文化大革命到底是什麼性質的鬥爭，是宗派鬥爭還是階級鬥爭？我感到中央的鬥爭是宗派分裂，因此對無產階級文化大革命產生反感，我認為劉少奇好像有很多觀點是符合客觀實際，符合馬列主義的……感到對劉少奇的批判是牽強附會……林彪到底會不會像赫禿子（指赫魯雪夫）一樣？現時的中國到底屬於哪個主義？」

一個情竇初開的女孩，萬萬想不到，她所信任的男友，竟然背叛她，持信向部隊領導舉發。李九蓮的信迅速轉到贛州革委會，五月十五日，李九蓮遭公安以「現行反革命罪」拘留審查。她的日記，也被搜走，查出裡面有批判林彪的文字。

江西省革委會主任程世清說：「像李九蓮這樣全面系統反林（彪）副主席的，在全國也不多見，屬敵我矛盾，要從嚴處理。」所幸李九蓮出身成份良好，法院考慮她年輕尚可教育，輕判五年。

林彪在一九七一年九月，被毛澤東逼逃，墜機而亡。李九蓮「反林彪」的罪名，自然不存在。一九七二年七月二十日，贛州地委以「按人民內部矛盾處理」理由，提前釋放，下放江西興國鎢礦廠當徒工。

李九蓮在工廠受到嚴格管制，變成黑五類份子，遭到歧視。她不甘心只因一封私信和私人日記，坐了冤獄數年，因此到南昌、北京上訪，均無結果。原辦她案子的公安單位強辦說：「妳在林彪沒暴露前，就反林彪，是唯心論的先驗論，是錯誤的。」舉發她的男友，也一口咬定：「妳就是個現行反革命！」

一九七四年年初毛澤東發動「批林批孔」運動，李九蓮在贛州公園連續張貼「反林彪無罪」、「駁反林彪是唯心論的先驗論」、「駁反林彪是逆潮流而動」等六份大字報。引起贛州地委恐慌，李九蓮於四月十九日被公安局以「現行反革命翻案」罪名祕密逮捕。江西省軍區司令員（兼江西省委）陳昌奉說：「李九蓮是地地道道的現行反革命跳出來翻案」。

祕密逮捕李九蓮的消息，不脛而走，觸怒了贛州人民。四月二十四日夜，贛州二五九個單位，二千多名群眾通宵集會抗議，並發表聲明：「李九蓮以對林彪的及時洞察表明她是酷愛真理，關心祖國前途，無私無畏的好青年！」（後稱為「四·二五衝擊監獄事件」）。贛州還成立了一個「李九蓮問題調查委員會」，聲援李九蓮，這個委員會後來也成了反革命性質組織。

一九七五年五月，李九蓮被判處有期徒刑十五年，剝奪政治權利三年。遭株連聲援李九蓮的群眾，有四十多人被判刑，六百多人受到其他各種處分，其中兩位中學副校長開除公職，三位校團委書記撤職。

李九蓮不服，在獄中進行絕食抗議。她自五月二十日起至八月一日止，在長達七十三天的絕食中，一再被強制注射葡萄糖，得以苟活下來。

毛澤東過世，華國鋒上臺，「四人幫」被捕。李九蓮深有感觸，於一九七六年十二月祕密寫了一篇〈我的政治態度〉文章，批評毛澤東欽定接班人華國鋒「把黨政軍大權獨攬於一身」，「是資產階級野心家」，甚至提出「寄希望於江青」之極端言論，發抒不滿情緒。

一九七七年一月三十一日晚上，監獄幹部指名要李九蓮報告一年來思想改造情況，她不肯講，被獄卒辱罵：「你這個反革命，有膽量反動，就要有膽量說，明明是一條蛇，就不要裝成個美女！」

李九蓮不堪受辱，盛怒之下，不顧後果，拿出〈我的政治態度〉一文，當眾宣讀。一時之衝動，把她自己帶進了死胡同。

江西省委認為李九蓮在服刑期間不知悔改，繼續犯下「惡毒攻擊華主席」，「喪心病狂進行反革命活動」，「公然為四人幫鳴冤叫屈」等反革命罪，罪大惡極，因此核准判處死刑。

一九七七年十二月十四日，中共在贛州體育館舉行三萬人公審大會，為防李九蓮呼喊口號，事先用一根竹籤將她的下顎和舌頭刺穿在一起，再在她嘴裏硬塞進一個竹筒，確保無虞後，才押赴會場。上午十時，李九蓮被遊街示眾，押往西郊通天岩刑場槍決。

李九蓮死後無人敢收屍，曝屍多日，一位有戀屍狂的變態退休工人，割下李九蓮的乳房和陰部，帶回家猥褻。幸而蒼天有眼，未讓這個變態狂逃離法網，終於被抓，判刑七年。

二、民運烈士：贛州鐘海源。

當李九蓮於一九七四年在贛州公園張貼大字報時，一位贛州景鳳山小學的女老師鐘海源，敬佩李九蓮的敢作敢為。她在李九蓮的大字報上留言：「李九蓮，妳是我們女性的驕傲。」又自行到「李九蓮問題調查委員會」工作。有人問她：「來這裡工作，後果妳不害怕嗎？」她說：「那麼多人為李九蓮講話，別人不怕，我為什麼要怕？」

「調委會」在一九七五年李九蓮被判刑後，被迫解散，但鐘海源不改初衷，自行在家裡寫了〈最最緊急呼籲〉、〈強烈抗議〉、〈緊急告全市人民書〉等傳單散發。中共把她送進學習班，要她檢查交代。然而她態度強硬，堅持李九蓮無罪，拒不檢查，於是改為逮捕，關進監獄。

一九七六年一月八日，周恩來病逝，由華國鋒代理國務院總理。四月五日，北京天安門爆發一場聲勢浩大，以悼念周恩來、擁護鄧小平、反對「四人幫」為主題的群眾性「四五運動」。事實上，這是一場不折不扣的「民主運動」。

鐘海源在獄中得知有「四五運動」，也發自內心響應，公開說：「華國鋒不如鄧小平」。因此，罪行加重，被判刑十二年。

鐘海源被捕時，她的女兒年僅兩歲，正是最活潑可愛，討人喜歡，十分依賴母親的時候，母女二人被硬生生拆散，鐘海源椎心泣血之痛，實難言喻。她不過因言獲罪，就被判處重刑，情何以堪。但鐘海源個性剛烈，毫不屈服，在獄中始終堅持李九蓮無罪、「調委會」無罪！並與獄卒辯論，屢遭酷刑，頭髮被大把拔掉，小腿骨被打斷，上腳鐐手銬，她仍不改其志，在牢房牆上書寫「打倒華國鋒」標語。

這一下，鐘海源可是犯了「惡毒攻擊華主席」滔天大罪，在李九蓮被害四個月之後，即一九七八年四月三十日，她也被判處死刑，立即執行。鐘海源聆聽判決後，毫不畏死，立即劃押，把筆一甩，扭頭就走。法官問她，有何遺言？她平靜的說：「跟你們講話白費勁，我們信仰不同。」

執刑前，鐘海源表現的十分安詳，細嚼慢嚥，把最後一餐死刑飯菜，吃得乾乾淨淨。然後，梳理長髮，自挽成髻，換穿一件新大衣，從容準備就義。但卻被獄卒五花大綁，故意把她頭髮弄亂，讓她披頭散髮，在獄中接受無情批鬥，再掛牌遊街示眾後，押赴新建縣的刑場，準備殺害。

共軍南昌九十二野戰醫院，一位出身高幹子弟的病患，因腎衰竭，急需換腎，指示要自鐘海源身上「活體取腎」。所以到刑場後，劊子手虛應故事，只在鐘女右背射擊一槍，即由等候在場的軍醫人員，迅速抬進軍用醫療車，活剝取腎。傳說移植手術未成功，這位高幹子弟也只活了約二十天就死了，算是老天有眼。

鐘海源的父母早逝，丈夫在她被捕第二天，就跟她離婚，劃清了界限，因此沒人要求收屍。她的遺體，也由九十二野戰醫院拿走，供作解剖標本。

一九七八年十二月，中共召開十一屆三中全會，華國鋒的「兩個凡事」理論，被鄧小平的「實踐是檢驗真理唯一的標準」理論，徹底打垮。華國鋒被迫作了自我檢討，從此被架空，直到辭去所有領導職務為止。

李九蓮、鐘海源兩位民運烈士的冤案，因此有機會獲得重審。但是，贛州中級法院以李九蓮確曾「為江青說話」，堅持不予平反，只認為本案是「輕罪重判、錯殺，但李九蓮確已構成反革命罪，改判有期徒刑五年。」一人已被槍決，竟然有改判有期徒刑之奇事，而江西省委也離奇的認同「李九蓮有罪」，「同意法院意見」，唯一不同是指示「不另行判刑」。鐘海源也因同一理由，不予平反。

本案引起新華社之注意，一位右派摘帽記者戴煌，專程赴贛州調查，寫了一篇「內參」，指出：「李九蓮由於兩次被無辜囚禁，判刑申訴無效，自然對整她的前公安部產生強烈反感，加之前後與世隔絕了七年之久，對社會上很多真實情況不瞭解，有一些錯誤觀點是完全可以理解的，何況對華國鋒的批評也並非一無是處。」

一九八〇年一月，胡耀邦看到新華社這篇「內參消息」，親自批示重審。終於在一九八一年四月，給予李九蓮、鐘海源平反，但法院仍然不肯認錯，留下一句指責二人「犯有嚴重政治錯誤」的話，這等於表示李九蓮、鐘海源二人「罪有應得，死有餘辜」，讓平反成假。這種中共的司法制度，可謂千古奇談。

另外，廣泛流傳一位與李九蓮、鐘海源有關，被槍殺前，同被「活體摘腎」的十八歲民運烈士黎蓮（女）的故事，感人肺腑。但是，經過許多人考證後，是綜合李九蓮、鐘海源二人事蹟，產生的一個虛構人物。

三、民運烈士：長春史雲峰。

史雲峰，原名史正寶，吉林省長春市人，一九四九年一月二十二日生於一個貧窮工人家庭，屬於紅五類。一九六五年，進入長春市第四中學高中部，嚮往中共「革命先烈」許雲峰事蹟，改名史雲峰。

一九六六年，文革爆發時，史雲峰十七歲，已有獨立思考能力。他目睹學校內，一向受人愛戴的女校長遭受殘酷無情鬥爭，對文革產生疑問。他曾在深夜護送剛被鬥結束，虛弱無力的女校長回家。又在得知造反派紅衛兵要揪鬥另一位老師時，祕密通知老師躲藏起來。史雲峰因此被打成「鐵杆保皇派」，扭送長春市全市性的「批鬥大會」鬥爭，慘遭毆打。

一九六八年，史雲峰高中畢業，下放農村，插隊勞動。看到農村的貧困落後，他認為是受到文革的極左路線影響所致。一九七〇年五月，他被招工回城，先進長春三五〇四廠，再調長春市第一光學儀器廠，擔任工人。因工作努力，並鑽研技術，被評為先進工作者。一九七三年，加入共青團，成為「黨的積極份子」。

王洪文在一九七二年九月，被毛澤東自上海調入中共中央工作，有意培植為接班人。次年三月，毛澤東讓鄧小平復出，擔任副總理，似有準備接任總理趨向。隨後，毛澤東即在一九七四年初，發動「批林批孔」運動，再又擴大為「批林批孔批周」，矛頭從批林彪，指向批周恩來。

史雲峰看出江青等「四人幫」奪權陰謀，他說：「我看中國將來要出女領袖。」又說：「王洪文是藉『文化大革命』的機會爬到中央去的……他能否把握住八億人口，我持懷疑態度。」「王洪文威信沒有鄧小平高，鄧小平黨、政、軍、外交都行，如果（周）總理去世，我舉雙手贊同他接總理的班。」

史雲峰發現不僅他有這種想法，許多黨員、幹部、老師、學生、工人，包括家庭婦女等，都有同樣疑慮。因此，他覺得他有責任揭發江青等

「四人幫」的陰謀，甚至不惜犧牲自己的一切。於是，他在家中開始寫標語、傳單。內容有：「文化大革命後，社會愈加混亂，一切都倒行逆施，不正之風愈加嚴重。」「劉少奇同志是以非法形式，用極左浪潮，野心家上臺陰謀搞掉的，千古奇冤！」「必須給劉少奇及其他中央領導同志恢復名譽！」「江青，還我八億人口的文藝生活！」「堅持鬥爭，曙光即在前頭！」他還寫了「中國共產黨萬歲！共產主義萬歲！巴黎公社普選制萬歲！」一共寫了二十五份。

從史雲峰個人背景，和傳單內容分析，嚴格說他是屬於「保皇派」。但是，他敢於反「文革」，反「四人幫」（實則是反毛），呼喊「普選制萬歲」，看得出他確實在追求民主。事實上，在毛澤東專制時期，所有民主運動幾乎都是以「打著紅旗反紅旗」的方式為掩飾進行。

一九七四年十月二十六日，史雲峰將傳單、標語分別投寄給吉林省、市、區等十四個單位，並張貼在長春市交通最繁忙的勝利公園正門前的交通崗亭上，震撼了長春。吉林省公安部門立即成立「四十四號重大反革命案件」偵辦，也因「四人幫」所控制的「中央文革小組」介入，和公安部派員前來長春市協助調查，成了非破不可的要案。

歷經近兩個月的偵查，一九七四年十二月二十四日深夜，公安部門祕密逮捕了史雲峰，多人受牽連被捕。其後，在長達兩年的偵訊中，史雲峰始終不為勢劫，堅持自己的觀點，寧死不屈。

毛澤東死後，「四人幫」被捕。史雲峰反「四人幫」，並未反華國鋒，他的罪應不至於死。但長春市中級人民法院於一九七六年十二月十七日仍堅決判處史雲峰死刑，他憤而拒絕在判決書上按指印。兩天後的十二月十九日，史雲峰被槍殺，年僅二十七歲。

史雲峰被害前夕，他寫下了絕命詩：「請三山五岳作證，請江河湖泊明察。讓馬克思的在天之靈，掏出史雲峰的心吧，是那樣滾燙滾燙、鮮紅鮮紅。面對現實我有什麼話說，祝福父母全家幸福，祝願人民安樂美滿，祝我親愛的祖國繁榮富強，祝毛主席萬壽無疆，祝我國向共產主義飛轉。至此，我願閉上我的雙眼，徹底忘掉我吧，親愛的朋友，再見！」史雲峰臨刑不忘「祝毛澤東長壽，祝中共向共產主義飛轉」，實帶有譏諷之意：你毛澤東也不能「萬壽無疆」，文革也不能實現「共產主義」。

一九八〇年三月下旬，吉林省委和長春市委宣布，為史雲峰「徹底平反昭雪」。平反原因是：史雲峰係「慘遭『四人幫』殺害」，並追認為「中國共產黨黨員和革命烈士」。史雲峰死在中共殘酷之手，這些「褒揚」對他是更大的凌遲。

四、民運烈士：上海王申酉

王申酉，一九四五年八月出生於上海一個工人家庭，生活十分貧困。但他自幼喜好讀書，知識豐富。一九六三年，考進上海華東師範大學物理系，除正課外，他大量閱讀文學和藝術方面書籍，被同學稱為「怪人」。由於讀書廣泛，視野開闊。

王申酉自初中起，即有寫日記習慣。進入大學後，對當時彌漫全國的左傾思想不滿，也都寫入日記內。一九六五年，王申酉下鄉參加「四清」運動（毛澤東在一九六三年五月發起之運動，「四清」指清政治、清經濟、清組織、清思想）時，被擔任班長的同班同學偷看了他的日記，向老師舉發。老師命他交出日記，被他拒絕，因此未獲准加入共青團。

一九六六年五月「文化大革命」爆發，彭真（中央書記處副總書記、北京市長）、吳晗（明史專家、北京市副市長）、鄧拓（北京市委書記）被鬥。王申酉預感「文革」將是一場殘酷的政治鬥爭，並「將席捲文教界，也許將涉及更多方面。」「對鄧拓等一些人的看法是，我想他們的文章（《燕山夜話》、《三家村札記》）是與現實密切結合的……他們的骨氣是硬的，中國很需要有這樣的人物。」

六月，他看到校內，所有空間都貼滿大字

報，很感慨地在日記中說：「這種大字報，成事不足，敗事有餘。要使中國富強，難道非要這樣搞不可嗎？」「這場所謂的無產階級文化大革命，徹底打翻了曾經穩定一時的教育秩序，把中國引向一條迷茫的路。我從內心深處討厭這場革命，國家、民族的前途越來越渺茫。生為一個熱血青年，一腔熱血無處灑啊！」

七月，他寫道：「現在報紙上更神化了，什麼『無限敬仰』、『無限崇拜』，為什麼不說『無限迷信』呢？」「言必稱聖旨，看必是聖旨，聽必是聖旨，到處都是聖旨。中華民族今後將是怎樣的啊？」他預言：「這場革命，將使中國倒退至少十年。」

一九六六年十二月二十九日，王洪文還只是上海工人造反派的頭頭，率領十萬名工人，攻進敵對且無防範的「上海工人赤衛隊」，爆發了「文革」第一場武鬥。「赤衛隊」死傷甚大，血流成河。次（一九六七）年一月六日，王洪文再率眾衝進上海市府，奪取了上海市委和市人民政府的權，並將上海市長及大批幹部、教授綑綁遊街示眾，號稱「一月革命」。不久，王洪文又率造反派紅衛兵在上海市郊臥軌，阻斷滬寧鐵路運輸。「中央文革小組」派張春橋赴上海安撫，張擅作主張，承認王洪文的「上海市工人造反總司令部」。

王洪文在上海引爆武鬥、衝撞上海黨政組織、奪取黨政大權，和張春橋「先斬後奏」作法，迎合了毛澤東「造反有理」的心理，和發動「文革」的目的。尤其「武鬥」、「奪權」方式，毛澤東認為如果推廣到全國，可以輕而易舉鬥倒「七千人大會」上，讓他受辱的全國各級主要領導幹部，和他們的「同夥」。所以王、張二人的胡作胡為，獲得了毛澤東的承認和支持，二人從此在中共政壇上快速崛起。

但是，張春橋、王洪文的作為，激怒了上海市「保皇派」。一月二十七日深夜，以上海復旦大學「紅革會」為首的紅衛兵，衝進上海市委黨校，抓走張春橋死黨徐景賢，挖掘張的黑材料。

引起張春橋的恐慌，指示上海警備區的部隊鎮壓了「紅革會」等組織。上海保皇派紅衛兵憤而於二十八日在全市發起「炮打張春橋」的大示威，上海「文匯報」也發難，掀起「打倒張春橋」行動。最後，毛澤東保了張春橋，才免於被鬥倒。

王申酉鄙視張春橋，認為張是「犧牲了上海許多群眾的生命，而爬到中央去的政治騙子。」所以他也參加了這一次上海學生「炮打張春橋」行動，也是他首次公開表達政治立場。

一九六七年，文革動亂越演越烈，武鬥不斷升級。王申酉對他弟弟說：「（江青）這個女人本來不准干預政事，如今被放出來發瘋般地害人，犯了不可饒恕的罪！」「我估計，百分之七十的人希望改變現狀，結束這場革命；百分之二十的人無所謂，隨大流；百分之七的人見風轉舵；死心塌地要幹到底的人不超過百分之三。」

王申酉雖然出身成分好，但因「思想反動」，被拒絕當紅衛兵。一九六八年一月「清理階級隊伍」時，被「隔離審查」，並被抄家。他所寫的日記，記載了大量批評文革的文字，被公開展示，當作「反革命罪證」被捕，並遭到皮鞭抽打，使他痛不欲生，在所能拿到的白紙上，寫下了數百遍「天地難容」極為憤慨的字句。他遭關押一年多後，於一九六九年四月，獲釋回校，監督勞動。

一九七〇年二月，中共開展「一打三反」運動，是毛澤東在文革時，最瘋狂濫權時期，竟然把判處死刑權力下放到縣一級，因此被冤判立即執行槍決的無辜者，不知凡幾。

王申酉被執行「一打三反」的工宣隊點名批評，「勒令」他不准看物理專業和外語（他英、俄、德、日語文均佳，並勤讀物理書籍，被批為「走白專道路」）書籍，只能看「毛澤東選集」，並且要「好好勞動」。王申酉憤憤不平，寫了〈我的自由〉、〈大學八年思想小結〉和〈我頭腦裡真實想的東西〉等三篇文章，引用馬克思、恩格斯、列寧、毛澤東和魯迅關於鼓勵學習和掌握知識的言論，申述他學習知識的願望。

然後，把三篇文章交給工宣隊。工宣隊認為這三篇文章是「猖狂攻擊文化大革命」、「破壞一打三反運動」，被上海市革委會定性為「敵我矛盾性質」，不准畢業，不分配工作，留校監督勞動，幸而逃過死劫。

一九七〇年十一月，王申酉下放蘇北大豐幹校勞動改造。他在幹校利用勞動之外的時間，大量閱讀馬、恩著作，他在日記裡寫道：「做學生追求點知識……為什麼是罪惡？為什麼知識越多越反動。」他也批評毛澤東的治國方式：「社會的發展決不是一團亂麻（指文革動亂），決不是憑任何的個人意志能操縱得了的。」

王申酉在幹校勞動一年七個月，因父親中風癱瘓，於一九七二年六月，獲准返回華東師大繼續勞動改造，得以就近照顧父親。但學校不提供學生宿舍，他只得棲息在宿舍樓梯下置放清潔工具的暗室內。一九七四年五月，又下放師大奉賢縣的五七幹校監督勞改，一天勞動九小時，一年三百六十五天，無一天休息。一九七六年一月，周思來逝世後，他被調返校，擔任防空辦公室「深挖洞」勞動工作。

這年六月，王申酉認識一位無線電廠女工，二人墜入愛河。九月初，師大保衛組幹部前往女方工廠，告訴他女友說：王申酉「思想反動，五毒俱全」，是一個「反革命份子」。女友懼而與王申酉分手。

王申酉為了向女友解釋，從九月七日起，連續三日振筆疾書，寫了一封長信，準備給女友。十一日，王申酉正在重閱所寫長信時，負責監視他的保衛組人員，突然出現，搶奪信件。王申酉急忙將信撕碎，丟進水池。保衛人員大叫：「抓反革命！」王申酉於是被關進拘留所。而毛澤東甫在兩天前的九月九日過世。

王申酉不承認有「惡毒攻擊罪」（此時，正值華國鋒下令嚴懲「惡毒攻擊」罪行）。十一月十八日，審訊人員令王申酉將他之前撕毀的信內容，重寫一遍。他以六天的時間，寫了六萬餘字。這封長信，除談到他與女友認識與交往情形外，主要闡述他對馬克思主義的看法和他的世界觀；對一九四九年以前中國歷史的看法；對蘇聯歷史的看法；對一九四九年以後中國歷史的看法和對毛澤東的看法；對中國現狀的看法等等。

王申酉在信內表達了他對「反右派」、「反右傾」和「文化大革命」運動的否定態度；他肯定毛澤東領導新民主主義建立「新中國」的功績，但在領導社會主義改造，如「大躍進」、「人民公社化」運動方面，則有「空想社會主義」成分；對「四人幫」，他則輕蔑以視；並對中國的落後貧窮，表達了他的焦急感，認為中國社會非變革不可，必須發展商品經濟，開展對外貿易，不可再「閉國自守」。結果，這封重寫的信，成了他的「自供狀」，證實他的「惡毒攻擊罪」，受到起訴。

王申酉的原信，以三天時間寫完，如按他每日一萬字的進度，應該只有三萬餘字。現在用了六天寫了六萬多字，所以應該比原信的內容，有增無減。顯然，他藉此機會來表達他的政治理念。他在生前曾說：「人是應該為信仰而活的，我也願為自己的信仰而死！」他不幸而言中。

一九七七年三月，上海普陀區法院以王申酉攻擊「偉大領袖」、「文化大革命」、「反右派運動」、「反右傾運動」、「大躍進」、「人民公社運動」、「批林批孔運動」、「批鄧、反擊右傾翻案風」等項「惡毒攻擊罪」，和為彭德懷、鄧小平翻案等罪行，建議「判處死刑，緩期兩年」（通常「死緩」犯人，最後會改判無期或有期徒刑）。但上海高級法院院長曾被批評「太右」，害怕輕判，會被視為「右派」，於是將「緩期兩年」改為「立即執行」。四月七日，上海市委常委會只用了六分鐘，就核准上海市高級法院建議：「判處死刑，立即執行」。

四月二十七日下午，上海普陀區體育場，中共召開三萬人的公審大會，宣判王申酉死刑。這是王申酉第一次聽到他的死刑判決，來不及申辯，事實上也根本不給予上訴機會，即押赴刑場槍殺，時年僅三十一歲，正值英年。

一九八〇年，在王申酉的華東師大黨委書記和親友積極奔走，為他的冤屈上訴申辯。上海市委會經過十九次，每次三小時會議討論，總共化了五十七小時，三千四百二十分鐘（是判決時的六分鐘的五百七十倍），終於同意給予王申酉平反。一九八一年四月三日，上海市委召開平反大會，受他株連坐牢的弟弟和朋友也都同時平反獲釋。上海輿論一致推崇王申酉是「張志新式」的烈士。

華國峰自一九七六年九月，毛澤東死後接班，至一九八一年六月下台為止，在任不到五年，狐假虎威（持毛手諭），頒布「惡毒攻擊罪」，企圖以濫殺鞏固個人極不穩定的權位，因而被冤判冤殺的民運人士，不知凡幾。本章所列舉的李九蓮、鐘海源、史雲峰、王申酉四人，只是筆者所蒐集到較著名的案例，相信只是冰山一角，其他被中共封鎖消息，未為世人知悉的民運人士，可能成百上千。

但是，以這四位烈士為例，他們都是為了真理正義，視死如歸，絕不妥協，這種浩然正氣，必將永垂青史。雖然他們在當時政治肅殺氣氛下，只能以個人行為，表達對中共專制政權的不滿，但是所言所行，實質上都是爭取民主自由和人權，是一種不直言民主的民主運動。

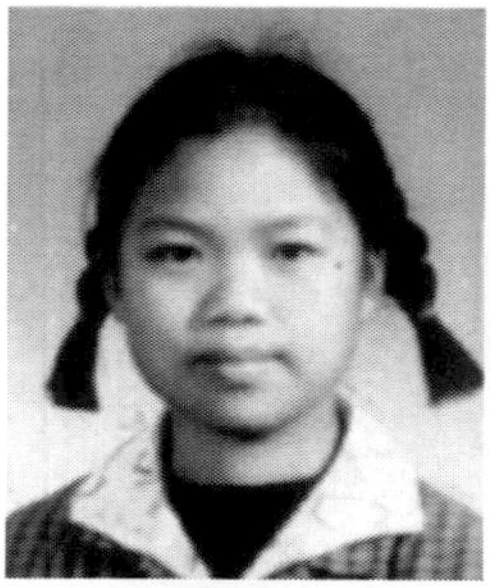
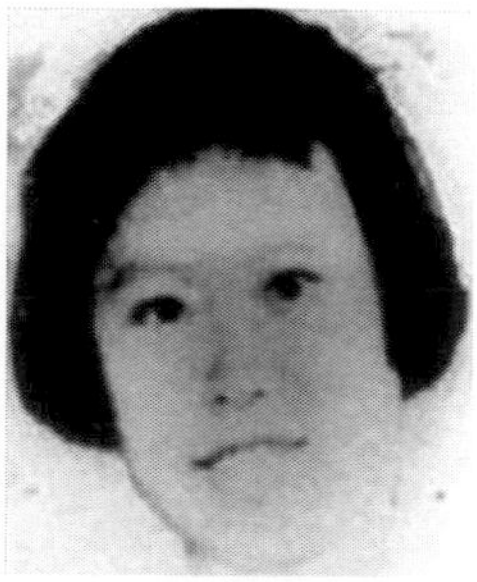
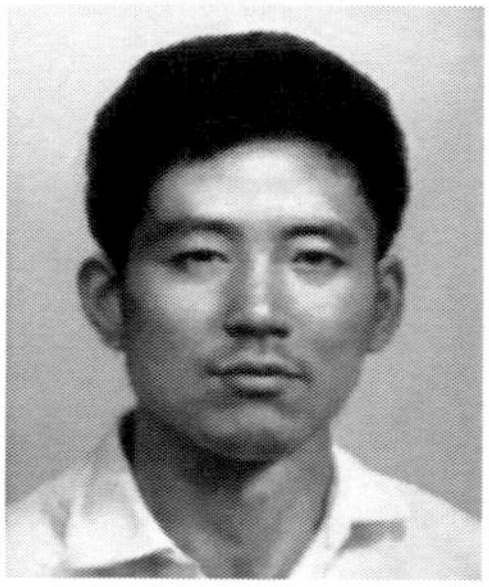

1|2
3|4

1 李九蓮（1946-1977），贛州冶金廠女工，一九六九年因寫信給男友，質疑文革鬥爭之性質，被男友出賣，遭判刑五年。獲釋後，一九七四年在贛州公園張貼大字報，被以「現行反革命翻案罪」逮捕，引發贛州幹群不滿，徹夜集會抗議，並成立「調查委員會」聲援。李女續在獄中批評華國鋒為獨裁者，於一九七七年十二月十四日被割喉殺害。死後曝屍多日，被人割下乳房與陰部猥褻。

2 鍾海源，因敬佩李九蓮作為，於一九七五年散發傳單為李九蓮申冤，並且拒絕檢查交代而被逮捕。在獄中仍堅持李九蓮無罪，和批評華國鋒，於一九七八年四月三十日判處死刑，法官問有何遺言？她回應：「跟你們講話白費勁，我們信仰不同」。執刑時，劊子手故意不打死她，然後活體摘腎，移植一位高幹子弟。死後家屬不敢收屍，遺體被軍醫院取走，作解剖標本。

3 王申酉（1945-1977），出生工人家庭，屬紅五類，但文革時因「思想反動」，不能當紅衛兵。一九六八年被抄家，搜出其日記，大量記載批評文革文字，因而被捕，遭受鞭刑，並送勞改。一九七六年因寫信給女友解釋其非「反革命份子」，表明對中共歷次政治運動之不滿，被中共判處死刑，於一九七七年四月二十七日殺害。

4 史雲峰（1949-1976），文革時目睹受人愛戴的女校長遭受殘酷鬥爭，因而覺醒。一九七四年因散發反「四人幫」的傳單被捕，一九七六年十二月十九日被殺害。

11 四五民主運動——中國民運最關鍵里程碑

中國自古以來就有人性本善和本惡之辯。《孟子・滕文公篇》說：「孟子道性善，言必稱堯舜。」曾子也說「夫子之道，忠恕而已。」《荀子》則主張性惡說，謂人性皆惡，不以禮義矯正之，則不能為善。由於儒家學說受到歷代聖賢的推崇，性善說自來居於優勢，禮儀之邦也就成了中國的代名詞。

但是，中國數千年的優良文化傳統，到毛澤東奪得政權後，便在歷次政治鬥爭運動中，逐漸被浸蝕。尤其「文化大革命」期間，更被毛澤東藉著群眾運動、「破四舊」（毛欽定，於一九六六年六月一日由《人民日報》社論〈橫掃一切牛鬼蛇神〉一文中提出的破除舊思想、舊文化、舊風俗、舊習慣等四舊）和殘酷武鬥，而摧殘殆盡。人性的黑暗面，至此受到鼓勵，性惡壓倒了性善，並且被「發揚光大」。人人為求自保，不惜揭發出賣親人、同志，朋友。特別林彪出逃，墜機冤死之後，毛澤東發起「批林批孔」運動，硬生生的將中國固有文化一刀切斷，人們從此視「禮義廉恥」為敝屣。正如《荀子》主張，缺乏禮儀矯正，人性之惡，便被合理化，視為當然。

馬克思在所寫《共產黨宣言》一書說：「至今一切社會的歷史，都是階級鬥爭的歷史。」毛澤東說：「凡是反動的東西，你不打，他就不倒。這也和掃地一樣，掃帚不到，灰塵照例不會自己跑掉。」中共在一九五六年九月召開「八大」，劉少奇主導通過的「關於資產階級與無產階級的矛盾已經解決」的決議，第二年就被毛澤東發起的「反右鬥爭」推翻，他說：「在社會主義這個歷史階段中，還存在著階級、階級矛盾和階級鬥爭。」，再次把階級鬥爭提到了首位。毛澤東利用階級鬥爭作為武器，把四十五萬知識份子打為「右派份子」。

「文革」十年浩劫，全民受害，而受創最深的，則是各級幹部，和知識份子。大批的領導幹部，從國家主席，到基層幹部等，被打為「走資派」，受盡殘酷鬥爭，許多高級幹部被整得妻離子散，家破人亡。如：劉少奇、彭德懷、彭真、陸定一、陶鑄、賀龍、羅瑞卿、楊成武等國家黨政軍領導幹部，都為毛澤東打天下，出生入死，立下汗馬功勛。只因毛澤東為鞏固個人權位，以莫須有罪名加以迫害，遭受慘絕人寰的鬥爭，不是含冤而死，就是飽受摧殘，深陷囹圄。

毛澤東說：「知識越多越反動」。因此，許多高級知識份子，甚至國際知名學者，被毛斥為「臭老九」（元朝時把人民劃分為九個等級：一官、二吏、三僧、四道、五醫、六工、七匠、八娼、九儒、十丐，九儒即知識份子，地位不如娼妓，稍好於乞丐，毛澤東為示對知識份子的藐視，故意稱為「臭老九」；文革時，知識份子地位亦不如地、富、反、壞、右之「黑五類」，而且排在叛徒、特務、走資派之後，也是「臭老九」）。他們臉被塗黑墨，頭套高紙帽，罰跪校門口，或塞進狗籠，任人唾面侮辱，受盡屈辱，或死或瘋，不計其數。如：明史專家吳晗冤死獄中、名作家老舍含恨投湖自盡；著名地球物理學家趙九間、理論物理學家張宗燧、冶金學家葉渚沛、冶金陶瓷學家周仁、昆蟲學家劉崇樂、植物學家陳煥鏞、病理學家胡正祥、藥理學家張昌紹、胸外科名醫計蘇華……等等都被迫害致死。

一九七八年十二月十三日，中共中央副主席葉劍英在中央會議上說：「『文化大革命』死了兩千萬人，包括牽連在內的受害的有上億人，占全國人口的九分之一，浪費了八千億人民幣，這個教訓極其慘痛。」想想，文革時被殺害的大陸人民，比臺灣當時約一千七百多萬的人口，還要多三百萬人。世界上，有許多國家人口，都在兩千萬之下，甚至幾個小國人口加起來也不到此數。因此，不難想像：文革時，人命如草芥，任人虐殺的悽慘。

儘管毛澤東以高壓恐怖統治手段，至多只能控制人民外在有形的言行，而無法控制人民內心的思想，當人民忍耐到達極限時，內心的怒火，就會像火山一樣，崩然爆發。

一九七一年九月十三日，毛澤東的接班人，黨的副主席林彪偕妻兒外逃，於外蒙墜機死亡後，中共查出林彪之子林立果曾圖謀殺害毛澤東。後來活躍於西單民主牆的民運人士胡平說：「林彪事件傳出後，我們那個朋友圈子裡都很興奮：『好啊，終於有人要幹掉毛澤東了！』其次是遺憾：『惜乎不中秦皇帝』。」「許多人都說：是林彪事件促使他們開始了對文革的懷疑，對毛澤東的懷疑。」胡平在數年後，也就是一九七五年祕密完成了他著名的民主運動大作《論言論自由》初稿（一九七八年發表）。

從胡平的說法，足可證明，至遲在一九七一年時，民運思想已在中國知識份子中開始蔓衍滋長，並且敢於互想溝通理念。因此，在這種思潮下，〈李一哲大字報〉的出現，就不足為奇了。

一九七四年十一月七日，在廣州市鬧區北京路上出現了一份題為〈關於社會主義的民主與法制——獻給毛主席和四屆人大〉的大字報，作者署名「李一哲」，故又稱為〈李一哲大字報〉，共由六十七張白報紙組成。

「李一哲」是筆名，由當時廣州市的三個青年：廣州美術學院畢業未分配工作的學生李正天，下鄉插隊後回城等待分配工作的知識青年陳一陽，廣東水產製品廠的鍋爐工王希哲等三人，各自姓名中取一字合成。另還有一位成員，是當時廣東人民廣播電臺技術部副主任郭鴻志。

一九七三年秋，有一些年輕人與李正天、郭鴻志談到海南島東方縣、譫縣等地在文革中發生大規模屠殺群眾的事件。他們寫了三份調查材料，要送中共中央、國務院為無辜者申冤。但是李正天、郭鴻志認為這樣作還不夠，應該要向毛澤東「告大狀」，要求「法制」，才有可能從根本上解決問題。不過經郭鴻志查閱能找到的所有的毛澤東的論著，沒有發現毛澤東講過任何一句關於「法制」的話，而毛澤東最得意的是「和尚打傘，無法無天」的作法，這就是禍亂的根源。所以，他們決定向毛澤東談「民主」與「法制」。而此時，中共已預定在一九七五年一月召開第四屆「人大」會議。

〈李一哲大字報〉由「序言」和「正文」兩大部分組成，共兩萬六千餘字。「序言」一萬二千餘字，主要執筆者為郭鴻志；「正文」一萬餘字，分成六部分，前五部分近六千字，由王希哲執筆；第六部分，由陳一陽執筆，李正天則負責起草這一部分的提綱式初稿。四人寫成初稿後，曾與後來被打成「李一哲反革命集團」的其他成員討論多次，再由王希哲修飾定稿。

〈李一哲大字報〉列舉了對全國人民代表大會的六點要求：

一、制定法律「保障人民群眾的一切應有的民主權利」；

二、採取措施「限制特權階層」；

三、採取措施保障「人民群眾對黨和國家的各級領導的革命監督的權利」；

四、制定條例嚴禁拷打、誣陷、草菅人命以及其他形式的「法西斯專政」；

五、政府和黨的政策不要經常改變；

六、實行「各盡所能，按勞分配」的原則。

廣州從一九五六年開始，每年定期舉辦春秋兩屆交易會，國際和港澳客商蜂擁而至。在一九七四年秋交會期間，廣州突然出現一份〈關於社會主義的民主與法制〉的大字報，鍼砭時弊，抨擊中共缺乏民主與法制，洋洋灑灑數萬字，頓時引起廣泛矚目，也驚動了中共中央。

大字報內容流傳到全國、港澳、臺灣和海外各地，震驚國內外。廣州美院領導找李正天談話，並將大字報呈報中共中央定性。江青怒斥是「解放後最反動的文章」。

一九七五年一月，中共大張旗鼓地開展批判這張大字報活動。在廣州，對郭鴻志等人有多達數百場的批判會，其中曾舉行面對面的萬人辯論大會達一百多場。當時中共黨內有不少人反對繼續採取「文革」式無法無天的批鬥形態，這是大辯論得以舉辦原因之一。其次，時任省委書記的趙紫陽也允許「李一哲」等答辯，據李正天回憶：「在辯論臺上，引伸而辯，在長達一年之久的辯論會中從不妥協、從不低頭、從不認罪。」

一九七六年九、十月，毛澤東死亡，「四人幫」被捕，歷時十年的「文革」結束，在清查「四人幫」運動中，〈李一哲大字報〉未獲平反，反而升級，被中共宣佈為「反革命集團」。李正天、陳一陽、王希哲、郭鴻志四人於一九七七年三月二日被捕，受牽連者達二、三十人之多。

直到一九七八年底，鄧小平為鬥倒華國鋒的「兩個凡事」，開放「西單民主牆」，因而必須給予〈李一哲大字報〉平反。十二月三十日郭鴻志等四人先獲釋，次（一九七九）年二月獲平反。

回到一九七三年，林彪已墜機死亡近兩年，中共在這年八月召開「十大」，周恩來成了中共第二把手，但已罹患癌症，且係末期。毛澤東早在策劃「文革」時，就曾準備鬥爭周恩來。因周善於察言觀色，見風轉舵，未落把柄，毛澤東始終無可奈何。而此時，毛澤東也是風燭殘年，深怕死在周恩來之前。周恩來即使臥病，仍有足夠力量否定「文化大革命」，拿他鞭屍，並逮捕「四人幫」。毛澤東如要讓周恩來先他而死，就必須抓住短暫時機，及時鬥爭逼死周恩來，否則勢將抱恨終天。終於，他下定決心：「現在是到了批周公的時候了！」這年九月，批林鬥爭，進一步擴大為「批林批孔批周」運動。

「四人幫」抓住機會，鋪天蓋地，發動輿論，藉批判呂不韋（秦始皇之宰相）、霍光（漢武帝、昭帝、宣帝之丞相，「權」高震主，被以謀反夷族）影射周恩來。在中共二萬五千里「長征」抵達延安之前，周恩來地位一直高於毛澤東。但是，到一九三七年「西安事變」前，毛澤東已奪得了中共黨政軍領導大權，成為中共最高領袖。自此，毛澤東在延安和建政後，歷次政治殘酷鬥爭中，周恩來深知他絕非毛澤東的政治鬥爭對手，因此無不竭盡可能配合，迎合毛澤東的作為，以求自保。毛澤東在長期毫無掣肘情況下，越發無法無天。其結果，則是包括周恩來在內，所有的中共高幹無不「懼毛成疾」。在文革時期，周恩來的表現，尤其突出此點。

一九七四年十二月下旬，周恩來因膀胱癌準備住院治療前，終於克服了他「懼毛」心理，曾與毛澤東攤牌，強烈表示懷疑江青、張春橋在歷史上有嚴重問題（投降國民黨）。當時，毛澤東有意要讓江青接任黨主席，張春橋出任總理。周恩來的表態，促使毛澤東重新思考其人事布局，且極有可能出於周恩來的要求，毛澤東在次（一九七五）年一月，讓鄧小平出任第一副總理。

周恩來住院後，鄧小平實際掌握了國務院全盤工作，即針對文革以來，國民經濟瀕臨崩潰的情況，進行大刀闊斧的整頓，一九七五年上半年經濟形勢明顯好轉，雖然獲得民心，但也遭致「四人幫」的忌恨。

毛澤東這時因下肢萎縮，行動困難；又患有肺氣腫、心臟病等毛病；眼睛也因白內障嚴重，近乎失明，無法親自主持政治局會議，不過仍緊抓政權不放。九月起，毛澤東派其侄子毛遠新（毛弟毛澤民之子）作為負責傳達其指示之窗口。毛遠新乘機在毛澤東面前進讒言，批評鄧小平「很少講文化大革命的成績，很少批判劉少奇的修正主義路線。」觸動了毛澤東最敏感的神經，認為鄧小平要「算文化大革命的賬」，妄圖「翻案」。

為扭轉鄧小平的態度，毛澤東於十一月二十日，指示鄧小平主持政治局會議，以肯定文化大革命的成績占七分，錯誤只有三分。鄧小平表示：「我是桃花源中人，不知有漢，無論魏、晉。」予以拒絕，實藉陶淵明的「桃花源記」故事，諷刺毛澤東的暴虐。

毛澤東胸襟狹窄，怎能忍受這種氣，下旬就

在「打招呼會」上，發表〈打招呼的講話要點〉一文，批判鄧小平的言行：「是一股右傾翻案風」，決定發起「批鄧、反右傾翻案風」運動。

一九七六年一月八日，周恩來終於死在毛澤東之前，毛不甘心未能在周恩來生前鬥倒他。因此，中共只發布了兩則「告別遺體」的消息，禁止群眾戴黑紗，不准送花圈，不准設靈堂，不准開追悼會，不准掛周之遺像，也禁止刊登紀念文章。姚文元說：「不要因為刊登悼念總理的活動，把日常抓革命促生產的報導擠掉了。」二月六日，姚文元所掌控的〈內部參考〉，還刻意轉載香港雜誌抨擊周恩來的評論文章，引起中共幹部普遍不滿。

毛澤東於二月三日，任命華國鋒為代總理。二月二十五日，華國鋒傳達毛澤東〈重要指示〉：「深入揭發批判鄧小平同志的修正主義路線錯誤」，正式開展對鄧小平的點名批評，否定鄧小平自一九七五年以來，策定和執行的各項政策與政績，批判鄧小平為「不肯改悔的黨內最大的走資派」，江青乘機落井下石，攻訐鄧小平是「謠言公司總經理」、「大漢奸」、「國際資本家的代理人」。

周恩來、鄧小平二人在大陸人民心目中，形象遠比毛澤東和「四人幫」好。尤其鄧小平在一九七三年復出後，獲得周恩來的支持，積極發展生產力，到一九七五年上半年經濟形勢已明顯好轉。因此，周恩來過世後，中共刻意壓低追悼會規格，禁止刊登紀念文章，民憤已如火山岩漿累積，蠢蠢欲動。二月，中共點名批判鄧小平，民怨於是開始尋找出口。

三月五日，上海《文匯報》引用新華社紀念雷峰的消息，故意遺漏周恩來生前有關學習雷峰的題詞。二十五日，《文匯報》在頭版顯著位置，以不點名方式，一箭雙鵰，同時批判周恩來、鄧小平二人是「走資派」，文章說：「黨內那個走資派要把被打倒至今不肯改悔的走資派扶上臺」。

「文化大革命」的導火索——姚文元的〈評

新編歷史劇「海瑞罷官」〉一文，就是先在《文匯報》發表。因此，這一次《文匯報》同時批評周恩來、鄧小平二人為「走資派」，顯然是出自毛澤東的旨意。

恰在此時，清明節將屆，人們發現到天安門廣場「人民英雄紀念碑」前，藉悼念周恩來，是發洩對毛澤東和「文革幫」不滿的最佳時、地。三月十九日，出現第一個悼念周恩來的花圈。接著花圈越聚越多，紀念碑上也張貼了各種各樣詩文、悼詞。

示威活動，則是由南京大學學生首先於三月二十八日發難，走上街頭，並獲得成千上萬南京各校師生和工人響應，連續三天的遊行，聲討《文匯報》刪去周恩來題詞和影射周恩來、鄧小平的事件，要求「揪出《文匯報》的黑後台！」。並在南京火車站工人協助下，將悼念周恩來、反對「四人幫」的標語刷在火車上，迅速傳播到全國。中共稱為「南京三·二九事件」。

在北京天安門廣場的紀念和抗議活動，則越演越烈。據時任北京衛戍區司令員的吳忠（兼北京市委書記處書記）在二〇一二年回憶說：「清明節就要到的時候，北京各大單位都在做準備工作。都在準備，準備花圈啊，街上白紙都不好買了，脫銷了。各單位群眾都在做花圈，花很多錢，群眾自己出錢。群眾準備在清明節到天安門廣場、紀念碑這個地方，舉行大規模悼念周總理。各個單位、各個工廠、各級領導與群眾情緒是完全一致的；部隊的幹部、戰士、機關，也是這個情緒。」「群眾從四月一日就開始陸陸續續送花圈，不是清明節那天才開始，天天不斷，越來越多。」「吳德（北京市委第一書記）……從政治局開會回來，傳達中央精神，要勸阻這件事。」

吳忠說：「看群眾送花圈的人也是川流不息，看花圈上的字、詩詞，有的發表演說。詩詞也很複雜，絕大多數是悼念總理……也有一小部分，不是很多，罵四人幫；也有極個別的，影射、攻擊毛主席。再一種情況，確實有少數人混到群眾中亂來，他不是悼念總理，而是打人啊、起哄啊，往空中扔帽子、扔自行車，人抬起來往上扔，胡鬧，搗亂。另外……有罵毛主席的，抓住的也有。」「晚上確實有一兩個人，在紀念碑西南角……在那裡演講，公開罵江青。周圍的人越來越多，圍得水泄不通。罵江青罵得嗓子都啞了，我們沒有向上面反映情況，也沒有派人去抓。老實說，罵江青的人，我還真不願意去抓他，江青仗勢欺人。」（後來，在江青干涉下，吳忠還是派人抓了兩人）

吳忠是負責鎮壓天安門四五事件之部隊指揮官，他的回憶當然有所保留，但卻透露了當時從中共黨政軍各機關的領導到社會百姓，幾乎北京幹、群「情緒一致」，累積的怒火，已經壓不住了。吳忠說：「罵毛主席的，抓住的也有。」事實上，從三月底到四月四日，北京已逮捕了五十六人。四月四日這一天，到天安門廣場的群眾，據中共自行統計，最多時約有二百萬人。

幹、群的情緒激烈的程度，可從下列的事實，一窺究竟：

——北京重型機械廠工人，特別製作了一個即重又大的鐵花圈，用起重機吊到天安門廣場安放。

——中國科學院一〇九廠職工在人民紀念碑前，樹立四個巨大的牌子，分別書寫：「紅心已結勝利果」、「碧血再開革命花」、「倘若妖魔噴毒火」、「自有擒妖打鬼人」。

——二炮（導彈部隊）後勤部也送花圈到天安門廣場。

——四月四日清明節，參加天安門廣場和東西長安街遊行的單位，有中共中央機構、國家機關、中國科學院、解放軍總部等幹部隊伍；北京各大學學生的隊伍；北京市各工廠職工隊伍，少者數十人，多者有數千人，如青雲儀器廠工人一千餘人，兵分四路縱隊，抬著三十四個花圈，繞行廣場一圈；曙光電機廠出動的工人隊伍有三千餘人。

——中共北京公安局統計，四日送花圈到人民英雄紀念碑的單位有一千四百多個，花圈二千零七十三個。包括有其他各省市來京幹部送來的花圈。

——悼詞、詩詞、小字報不計其數，有四十八起是「惡毒攻擊主席、中央（指『四人幫』）的。」

在天安門廣場張貼的詩詞，最震撼人心，流傳下來，有下列數首：

一、最著名傳頌最廣是工人王立山所寫的詩：

欲悲聞鬼叫，我哭豺狼笑，灑淚祭雄杰（傑），揚眉劍出鞘。

二、北京房修二公司工人韓志雄的小字報：

悲情悼總理，怒吼斬妖魔。

三、〈向總理請示〉：

黃浦江上有座橋，江橋腐朽已動搖。江橋搖（喻：江青、張春橋、姚文元），眼看要垮掉，請指示，是拆還是燒？

四、〈贈某女士〉（喻：江青）：

某女士真瘋狂，妄想當女皇。給妳個鏡子照一照，看妳是個啥模樣！糾集一小撮，興風又作浪，欺上瞞下跳得歡，好景終不長。

五、也有直接批判毛澤東的詩：

中國已不是過去的中國，人民也不是愚不可及；秦皇的封建社會已一去不復返了，我們要的是真正的馬列主義！

北京幹、群利用清明節期間，藉悼念周恩來之機，以花圈、輓聯、大小字報、演講方式，表達對文革、毛澤東和四人幫的不滿情緒，公開指責中共的獨裁專制，禍國殃民，發出要民主、要法制的吶喊。這一次的自發性群眾抗爭，脫離了過去毛澤東為整肅異己，誘騙幹、群「鳴放」講真話後的政治鬥爭運動模式，成為開啟中國大陸真正民主運動最重要的里程碑——「四五天安門運動」。

據吳忠回憶：四日晚上，《人民日報》總編輯魯瑛「寫了一個條子送到在（人民）大會堂開會的政治局，說天安門廣場有兩個人罵江青，周圍很多人，水泄不通，嗓子罵啞了都沒人管。」「那天晚上政治局本來有個收花圈的議題，已經討論過了。六日收花圈；如果六日收花圈，天安門事件肯定不至於發生，群眾也是要求花圈放到六日。」「但是，魯瑛的條子送到政治局，江青暴跳如雷。張春橋強調：十二點已過，清明節過了，可以收花圈了。把政治局已經定下來六日收花圈的決定推翻了，四日晚上就收花圈。……這是造成天安門事件的直接原因。」

會議由華國鋒主持，他說：「一批壞人跳出來了，寫的東西有的直接攻擊主席，很多攻擊中央。」吳德說：「這件事是鄧小平搞了很長時間的準備形成的。」「性質是清楚的，就是反革命搞的事件。」會議最後認定：「多數人是悼念總理，少部分影射攻擊中央，個別非常惡毒，存在一個地下的『裴多菲俱樂部』（一九五六年匈牙利勞動人民黨所成立的一個學術團體，成為知識份子討論社會問題的講壇，催化同年匈牙利事件的爆發。）有計劃地在組織活動。」「是反革命性質的反撲。」會後，毛遠新向毛澤東報告會議內容。毛澤東批准當晚開始清理花圈、標語，抓「反革命」。

四月五日凌晨，北京衛戍區和汽車運輸公司動用二百多輛卡車，收走廣場上成千上萬的花圈。中共設在天安門「聯合指揮部」派出部隊、公安、民兵清場，逮捕現場堅持不撤的群眾七人。

天亮後，群眾到達廣場，發現花圈被收走，大小字報被清除，十分氣憤，情緒迅速擴散，群眾開始鼓噪，提出「還我花圈、還我戰友」口號，並焚燒汽車，包圍「聯合指揮部」，放火燒了指揮部的「紅樓」。火山終於爆發，成了舉世矚目的「四五天安門民主運動」。

據吳忠的回憶說：「這時公安局的宣傳車、廣播車已經被群眾推翻。接著群眾湧到大會堂東門，人很多，要花圈。」「汪東興（中央辦公廳主任）也打電話，說群眾衝大會堂東門。一會兒，張耀祠（中央警衛局局長）打電話，說吳司令啊，大會堂情況很緊張，你要保護大會堂的安全。張耀祠的電話引起我很大注意。他在毛主席身邊，是自發給我打電話，還是毛主席知道了情況要他打的電話？但他沒說是毛主席讓打的。我想，恐怕毛主席知道了。」於是，吳忠「動員民兵維持秩序，讓群眾下來，不要把衝突擴大。民兵出去，一點反應都沒有，民兵的情緒和衝大會堂東門的群眾的情緒是一樣的。」「我一看一點效果也沒有，人越來越多，廣場越來越亂。……警衛一師、二師維持秩序已經沒有能力了。」「吳德同志要我給主持軍委工作的陳錫聯打電話，我直接給陳錫聯同志打電話，說警衛一、二師機動力量都用上去了，但事態一直在發展，衝東門的情況還沒解圍，我們研究調三師、四師的部分部隊進城，維持秩序，都是徒手。陳錫聯同志同意。」

「這一天群眾不是送花圈了，是要花圈。把花圈搞哪兒去了？汪東興打電話來，問什麼時候能解決衝大會堂東門的問題，我說下午兩點吧！……其實不到十二點就解決了，一個日本人在裡面照相被發現了，群眾把照相機奪過來，拉出膠捲曝光，打他，日本人往歷史博物館跑，群眾『嘩』就衝向歷史博物館，大會堂東門就沒人了，就這樣解決了問題。有人說：花圈在中山公園。群眾又湧向中山公園了。」

「後來情況發展越來越厲害了，確實有一夥小流氓，砸汽車；中午給公安、民警送包子饅頭的車被搞翻了，包子、饅頭灑得滿地都是，還有人叫好，這夥人越鬧勁越大，接著燒汽車，一下子燒了四輛汽車，是民兵指揮部的、公安局的，在小紅樓指揮部停著的；自行車就燒得多了，踩扁、砸爛。」「接著又往指揮所小紅樓扔磚頭，砸玻璃，把自行車零件拆下來往上扔；樓下是一家老百姓，他們把老百姓家的煤氣罐搬到門口，打開煤氣罐點火，把小紅樓的門燒著了，燒自行車、燒汽車，接著就燒房子。這個小紅樓是警衛一師十三團第三營的營部，第九連駐在這兒。」「我直接打電話請示華國鋒，說指揮部樓已燒著，要撤出來繼續工作，華國鋒批准撤出。」

「有些人上了二樓，搶東西，搶武器，搬武器彈藥。……我告訴胡世壽（警衛三師副師長），把樓圍住，不讓這幾十人跑掉。他們上了樓就搶東西，把搶來的東西捆成一大包一大包地背下來，下來一個抓一個（共抓了二十八人），他們還偷了一把手槍。」

據流亡海外民運人士嚴家其回憶：「我目擊了當天從人民大會堂臺階到『指揮部小灰樓』（即紅樓）的遊行，在『小灰樓』前燒車和四名『代表』進『小灰樓』談判的過程。」「一九七六年四月五日『清場』時，留在紀念碑前只有兩百到三百人。雖然動用了數千工人民兵和警察，但直接參加『清場』的警察只有六四一人，當時警察沒有警棍，打人用的是木棒、皮帶和桌椅腿，清場打傷了許多人，在紀念碑上留下了許多鮮血，但當時沒有打死一個人。死人是後來清查中的事。一九七六年四月五日當天，在天安門廣場抓走了兩百多人。」「晚上九時左右，許多工人民兵已禁止人進入廣場，但可以離開廣場。當時，我還在紀念碑前。紀念碑上只有當天送來的十一個花圈（四月四日晚已收走了所有花圈）。」

事實，當晚九時三十分，中共共出動了衛戍部隊五個營、公安幹警三千人，民兵一萬多人，還有工人糾察隊，封鎖天安門廣場，對留在廣場的群眾進行強力鎮壓驅趕，當場逮捕三十八人。至此，先後被逮捕民運人士達三百八十八人。

據「毛澤東私人醫生回憶錄」一書作者李志綏說：「四月五日這一天，江青都躲在人民大會堂內，用望遠鏡觀看天安門廣場鎮壓群眾的情況。夜裡十一點多鐘，江青從人民大會堂拿了茅臺酒、花生米和豬頭肉，興匆匆地來到游泳池（註：毛住所），先去看了毛澤東，然後跑出來同大家說：『我們勝利了。大家乾杯。』還說：『我也要做一個棍子，以後好打人。』」江青對毛澤東說的是：「我來之前，特意到天安門廣場繞了一圈，一路上硝煙彌漫，一夥人燒房子、燒汽車，這是以死人（指周恩來）壓活人。鄧小平是他們的總後臺。我要控訴。我建議開除鄧小平的黨籍。」

六日凌晨，中共中央政治局開會，認為群眾的行動「是反革命暴亂性質」。決定繼續組織三萬民兵集中在天安門廣場附近待命，派出衛戍部隊九個營兵力，在北京市區內機動巡邏。

七日，毛澤東聽取毛遠新的報告後說：「這次事件發生在：一、首都；二、天安門；三、燒（房子、汽車）打。這三件使事件的性質變成了反革命。」並指示：「由華國鋒任總理，和黨的第一副主席。開除鄧（小平）的一切職務，保留黨籍，以觀後效。」當晚，政治局開會，照毛澤東指示的作出決議：「鄧小平問題的性質已經變為對抗性的矛盾。根據偉大領袖毛主席提議，政治局一致通過，撤銷鄧小平黨內外一切職務，保留黨籍，以觀後效。」

次日，《人民日報》發表〈天安門廣場的反革命政治事件〉專文說：「四月上旬，在首都天安門廣場，一小撮階級敵人打著清明節悼念周總理的幌子，有預謀、有計劃、有組織地製造反革命政治事件。他們明目張膽地發表演說、張貼反動詩詞、標語，散發反動傳單，煽動搞反革命組織。他們用影射和赤裸裸的反革命語言，猖狂地叫囂『秦始皇時代已經過去』，公開打出擁護鄧小平的旗號，喪心病狂地把矛盾指向偉大領袖毛主席，分裂以毛主席為首的黨中央，妄圖扭轉當前批鄧和反擊右傾翻案風鬥爭的大方向，進行反革命活動。」四月十八日，《人民日報》社論〈天安門廣場事件說明了什麼？〉點名鄧小平是「這些反革命份子的總代表」、「右傾翻案風的總後臺」。

鄧小平與「四五天安門事件」是否有所關聯？中共為何指責他是「總後臺」或「總代表」，是否事實呢？

據文革時被打倒，並在文革結束後，曾任國家主席的楊尚昆在一九八八年七月十九日的日記裡記載：「（胡）耀邦告訴我：一九七六年四五事件，也是小平慫恿他搞起來的。耀邦告訴我：一九七六年一月十五日，小平在周總理追悼會上致完悼詞後，找到我說：『今天我給總理致悼詞，或許我們死後，就沒有人給我們致悼詞了。我們不能坐以待斃，要搞點行動。』三月中旬，鄧又找到我，說：『他的孩子聽人說，四月五日清明期間，有人決定去天安門給總理送花圈。這是個好機會，要想辦法把事情搞大，給主席一個刺激，證明並不是人人都聽他的。』耀邦又說：『小平讓我找幾個幹部子女，讓他們去工人中間鼓動一下，把矛頭對準江青和張春橋。但有個別人把矛頭對準主席，這也是我們沒有料到的。』『另外，那些人又大搞打砸搶，打傷了許多的民兵和軍隊的人。小平後來也很生氣，認為這是讓他下臺的直接導火線。這也是後來我們沒有給四五高調平反的原因。因為那幾個人如果不把矛頭對準主席，不搞打砸搶，主席根本就不會讓小平下臺。』『四月五日，小平專門坐車去了天安門一趟，觀察廣場的動靜。回來後，透過家人對我說：廣場人很多，幹得好！但他謊稱是去北京飯店理髮的。其實小平一直都是讓北京飯店的師傅去他家理髮。』」

雖然胡耀邦說：「四五事件，是鄧小平慫恿他搞起來的。」顯然是誇大了。因為是鄧小平在兒女「聽人說，清明期間，有人決定去天安門給總理送花圈」後，認為這是個機會，指示胡耀邦乘機把事情搞大。這就證明了「四五天安門事件」是民間自動自發，醞釀爆發的。鄧、胡只是起了火上加油的催化作用，而且運動的矛頭更指向毛澤東，並發生「打砸搶」情事，胡耀邦承認事前未能意料到。這些事實，都說明了，大陸人民不滿情緒，已從悼念周恩來，昇華到反四人幫、反毛、反文革了。所以，「四五運動」絕非偶然事件，它是「文化大革命」十年，人心喪盡後，必然結果。儘管這一次運動，被鄧小平利用了，但無法否定其民主運動的內涵。

鄧小平在一九八七年十月曾高度評價「四

五運動」，證明他確實有介入此一事件。他說：「一九七三年周恩來總理病重，把我從江西『牛棚』接回來，開始時我代替周總理管一部分國務院的工作，一九七五年我主持中央常務工作。」「不久，我又被『四人幫』打倒了。我是『三落三起』。一九七六年四五運動，人民懷念周總理，支持我的也不少。這證明，一九七四年到一九七五年的改革是很得人心的，反映了人民的願望。」

在四五期間，毛澤東的身體已很虛弱，連講話的力氣都不足，對天安門的群眾運動的瞭解，全受毛遠新的報告，和江青的讒言所左右。正因為毛澤東的健康極差，使他再無精力像「七千人大會」後，為報復劉少奇和全國五級幹部侮辱之仇，發動「文化大革命」的殘酷鬥爭一樣，再一次發起新的政治鬥爭運動，讓參加「四五天安門運動」和全國各省市地方響應的數百萬，乃至千萬的幹群，逃過一劫。

隨著一九七六年九月九日毛澤東的死亡，「四人幫」的被捕，以及華國鋒在意識形態理論上的鬥爭，他的「兩個凡事」，敗給以鄧小平為首的「實事求是」和「實踐論」（實踐是檢驗真理的唯一標準）。鄧小平並拒絕華國鋒提出：「承認『天安門事件』是『反革命事件』」，作為鄧小平再次復出的交換條件。在龐大壓力下，華國鋒被迫只得在一九七七年七月中共十屆三中全會通過：「關於恢復鄧小平同志領導職務的決議」。這年鄧小平已七十三歲。

在中共十屆三中全會之前，即一九七七年三月，中共中央工作會議上，葉劍英、陳雲等老一代「革命家」就提議為「天安門事件」平反，認為「天安門事件」不是「反革命事件」。

一九七八年十一月，陳雲在中央工作會議上，提出「『天安門事件』是幾百萬人悼念周恩來、反對『四人幫』，不同意批判鄧小平同志的一次偉大的群眾運動，而且在全國許多大城市也有同樣的運動。中央應肯定這次運動。」二十五日，會議正式宣布：「天安門事件」完全是革命的群眾運動。十二月，中共十一屆三中全會，進一步撤銷有關「天安門事件」的「錯誤文件」。

此後，在鄧小平、胡耀邦策劃下，繼續展開理論大辯論，徹底擊潰華國鋒的「兩個凡是」理論。一九八一年六月，華國鋒抵擋不住大批軍委老帥、老將和黨政老幹部的圍剿，辭去黨主席和軍委主席（八〇年九月已被迫辭去國務院總理），淪為空頭的黨副主席。鄧小平出任軍委主席，掌握了黨政軍實權，黨主席胡耀邦和國務院總理趙紫陽都得聽命於他。

「四五天安門事件」，從爆發到被當作「反革命事件」加以鎮壓，再到戲劇性被平反的整個過程。很顯然，這是一件自發性的「民主運動」，人們藉悼念周恩來，乘機表達對毛澤東及「四人幫」的不滿。而在事前，已被鄧小平知悉，善加利用，滲入支持鄧小平的因素。所以，「四五天安門事件」是一件中共高、中、基層幹部（含軍隊官兵），以及社會大眾，自發聯合在一起的一件「抗爭」和爭「民主」的運動。正因此，毛澤東才會再次把鄧小平打倒。也因此，在毛澤東的死亡，「四人幫」的被捕，和鄧小平的復出後，「四五天安門事件」迅速獲得了平反。當初，決定這是一件「反革命事件」的華國鋒，也只能摸摸鼻子接受。

從鄧小平利用「四五天安門事件」，反擊毛澤東和「四人幫」針對他發起的「反右傾翻案風」的鬥爭運動中，鄧小平發現民憤必須給予發洩口，否則積怨難消，必生大事。所以在一九七八年十一月二十五日，平反「四五天安門事件」之後次日，鄧小平連續三天，公開表示支持「西單民主牆」。但是，等到一九七九年三月，魏京生批評鄧小平「走的是獨裁路線」，鄧小平的獨裁心態也不再隱藏，顧不得民怨，斷然開始鎮壓「民主運動」。終於，使中國「民主運動」一發不可收拾，從此進入新的里程碑。

12 西單民主運動

開啟中國民運的新里程

一九七六年「四五天安門運動」被鎮壓後，鄧小平再次被打倒。毛澤東去除了心頭之患，但也只活了五個月多幾天，就去見了馬克思，「四人幫」隨即被捕瓦解。從此，中共政權缺少一位真正具有領導權威的領袖人物，中共建政的元老們根本上，就看不起華國鋒。

華國鋒為了鞏固權位，並為「繼續批鄧」，以阻止鄧小平復出，在逮捕「四人幫」後，於十日二十六日，提出「凡是毛澤東批示過的，講過的，都不能批評。」時任中共副主席兼中央辦公廳主任的汪東興也說：「凡是毛主席批示的文件，凡是毛主席的指示，都不能動。」華、汪二人講話，經過整理後，便形成了「凡是毛主席作出的決策，我們都堅決擁護；凡是毛主席的指示，我們始終不渝地遵循。」即所謂「兩個凡是」。並在一九七七年二月七日，由「兩報一刊」（人民日報、解放軍報和紅旗雜誌）發表。

但是，人們對華國鋒鎮壓「四五天安門民運」，憤怒不平之心，依然未消。一九七七年一月，周恩來去世周年，人們再回到天安門廣場。這次選擇在興建中的「毛澤東紀念堂」工地圍牆上，張貼一些悼念周恩來、「上訪」民眾的伸冤，和政治主張等性質的大字報，也意味著「反毛」。

「毛澤東紀念堂」完工後，圍牆拆除，人們改到位於北京西長安街和北大街交口的西單體育場一面長達百米多的圍牆上，繼續張貼各式大字報。不過，這些大字報，當時未引起太大波瀾。

一九七七年七月，華國鋒終究抵擋不了中共元老們的壓力，只得在中共十屆三中全會上讓步，通過恢復鄧小平黨、政、軍職務。從此，中共中央形成以華國鋒為首的「凡是派」，和以鄧小平為首的「元老派」之間的鬥爭。

八月，中共召開「十一大」，正式宣告「文化大革命」結束。

鄧小平復出後，為挑戰華國鋒的「凡是論」，並為能解除毛澤東路線的束縛，以利推動改革，所以他指示當時的中共中央黨校副校長的胡耀邦，組織理論班子，為批判「凡是論」，進行輿論宣傳。胡耀邦即以黨校名義，出版《理論動態》內部刊物，每五日出刊一期。

在鄧小平復出的同月，一位南京大學教授胡福明，寫了一篇《實踐是檢驗真理的標準》的理論文章，投稿《光明日報》，受到胡耀邦的重視，由中央黨校理論研究室深入研討，最後由該校理論專家孫長江執筆撰寫，定稿時題目改為《實踐是檢驗真理的唯一標準》。

這篇以批判「兩個凡是」為主題的文章，首先於一九七八年五月十日，刊在《理論動態》第六十期。十一日，由《光明日報》以特約評論員名義發表，以避開因送審而被禁刊登之可能。《人民日報》和《解放軍報》則於十二日全文轉載，此後數日，全國各大報章相繼轉載，正式展開對「兩個凡是」理論的批判鬥爭。

一九七八年九月，在文革第一年被停刊的《中國青年》雜誌（創刊於一九二三年十月，為共青團的機關刊物。一九六六年八月，文革爆發後遭禁停刊）復刊。重新發行的首期，內有四五《天安門詩抄》，和《革命何須怕斷頭》一文，宣揚「四五天安門運動」是一場「偉大壯烈的人民運動」。同期，另有《破除迷信，掌握科學》（作者為李洪林），和《句句是真理，為什麼是荒謬的》兩篇文章。前文提出要破除對毛澤東的迷信，後文則批判華國鋒的「兩個凡是」的理論。觸怒了「凡是派」，由汪東興下令查禁。

胡耀邦曾在一九五七年到一九六四年間，出任共青團第一書記。一九六六年文革爆發，毛澤東嚴厲批評胡耀邦和共青團，因此被鬥下臺。文革結束，一九七七年七月，鄧小平復出後，胡耀邦調任中共中央組織部部長，主持全國「撥亂反正」工作，負責平反「冤假錯案」和真理標準大討論。他說：「毛主席在晚年也有錯誤，我們應當糾正我們黨和他老人家的錯誤。」並針對華國鋒的「兩個凡是」，提出「兩個不管」：「凡是不實之詞，凡是不正確的結論和處理，不管是什麼時候，什麼情況下搞的；不管是哪一級組織，什麼人定的、批的，都要實事求是地糾正過來。」

因此，《中國青年》復刊第一期的內容，實際是鄧小平、胡耀邦所主導。汪東興查禁《中國青年》，標誌著華國鋒、鄧小平間意識形態鬥爭的攤牌。

在「四五天安門運動」期間，鄧小平利用民怨，進行反「文革」和反「四人幫」，尚無意「反毛」。但是，民憤怒火，毫不留情指向毛澤東。所以楊尚昆的日記裡寫道：「那幾個人如果不把矛頭對準主席……主席根本就不會讓小平下臺。」但在「西單民主運動」前，鄧小平則一反過去立場，開始利用民怨，推動「反毛」。儘管這時毛澤東已死兩年，鄧小平為了從華國鋒手中奪取中共黨政軍大權，也不惜批判毛澤東了。

所以，「西單民主牆」後來的蓬勃發展，與鄧小平為鬥爭華國鋒有密不可分的關係。鄧小平是師法毛澤東發動「文化大革命」初期，誘導學生撰寫大字報，四處張貼，煽動群眾鬥爭劉少奇手段一樣。只是西單民主牆言論趨勢的大膽，遠超出鄧小平意料，最終被鄧小平打壓下來。

十一月中旬，中共在北京召開長達一個多月的中央工作會議，陳雲提出為「天安門事件」平反議題。華國鋒不得不承認「天安門事件」完全是「革命的群眾運動」，應該「公開徹底平反」。鄧小平則發表題為《解放思想，實事求是，團結一致向前看》的重要講話。他說：「『實踐是檢驗真理的唯一標準』問題的討論，實際上也是要不要解放思想的爭論。」「只要解放思想堅持實事求是，一切從實際出發，理論聯繫實際，我們的社會主義現代化建設才能順利進行。」鄧小平的這篇講話，標誌著在「凡是」與「實踐」的大辯論中，「實踐是檢驗真理的唯一標準」取得了決定性的勝利。

就在同（十一）月十五日前後，被查禁的《中國青年》雜誌，被人逐張逐頁的張貼在西單體育場牆上，引來數千民眾爭閱。當天，即出現一些大小字報，張貼在牆上，或訴說閱後觀感，或抗議中共查禁《中國青年》。

中共十屆三中全會的召開，四五天安門事件的平反，是促進大陸有志之士思想活躍，追求民主、自由重要因素之一。其次，在「文革」時被下放農村和國營農場屯墾戍邊的知識青年，已經覺醒，不願繼續滯留農村（場）勞動，要求回城，也是促成「西單民主牆」蓬勃發展的重要原因。

據曾參與「西單民主牆」運動的李林回憶說：「一九七八年底，在北京西單出現的民主牆和隨後出版的民辦刊物，統稱為《北京之春》。《北京之春》是較早出現的一份民刊，由『四五』運動的英雄韓志雄（後選為共青團中央委員）、王軍濤（後選為共青團中央候補委員，北大學生選舉風潮積極參與者）等創辦的。」「《北京之春》只出了幾期，在中央向他們打了招呼之後，就自動停刊了。他們的編輯沒有被捕。」「《北京之春》響亮的名字和深刻的寓意，卻代表著新的一代的覺醒和人民的心聲，並閃爍著『四五』一代思想的火花。因而可以概括那一時期的民主運動。」

李林的回憶很重要，證明了鄧小平等「實踐派」的領導者，曾是「西單民主牆」出現初期的幕後推手。他說：「民主牆出現的直接觸發因素是天安門事件的平反。」「當時，北京還有一個特殊的歷史現象，就是北京集聚了大批上訪的文革中受迫害的群眾。他們要求為一切冤案平反。他們缺衣少食，在北京無依無靠，強烈要求有一個做人的基本權利，這與後來民主牆提出人權問題有關。」「西單民主牆的出現與發展，與當時黨內剛剛復出的鄧小平擴張其勢力，和打倒其強大的反對派（凡是派）勢力的需要，直接相關。鄧小平、彭真（文革時第一個被毛澤東打倒的北京市長）等急需權力膨脹的人物，是毛澤東領導的文革的受害者，本身就是極大的冤案。因而，同病相憐，他們不害怕其他受害者起來控訴。相反，他們必須利用人民的控訴向那些文革的受益者施加壓力，奪取權力。這就是為什麼在一九七八年底，鄧小平在接見外國記者時，表示支持民主牆大字報的原因。」

但是，在《中國青年》被張貼在「西單民主牆」的一個多月之前，已有貴陽民運詩人黃翔和他的同志李家華、方家華、莫建剛等人，自發性於十月十一日，在北京王府井大街《人民日報》社門口，張貼了一份大字報《火神交響詩》，並散發油印的民運刊物《啟蒙》，人們爭相搶閱，引起社會震動。

據曾任趙紫陽智囊的嚴家其（八九後赴美參與民主運動）回憶：「一九七八年底，天安門事件平反，北京充滿了自由民主的氣氛。『啟蒙社』在北京成立，『民主牆』在西單出現，《探索》、《四五論壇》、《今天》、《沃土》、《中國人權》等『民辦刊物』紛紛創刊。一九七八年十一月的一天，周為民、王軍濤……和我在建國門附近，社會科學院後的北牌坊胡同聚會，商討創辦一份由『天安門事件』參加者主辦的刊物。那幾大，我正在閱讀『內部發行』的《布拉格之春》一書，受《布拉格之春》啟發，我建議把刊物定名為《北京之春》。」

十一月十六日，一份署名「機修工〇五三八號」的大字報，批判毛澤東犯下的歷史錯誤。

自此之後，民主牆言論更加開放，許多追求民主，和政治自由的民運人士，相繼將政治訴求的大字報貼在牆上，要求肅清專制遺毒，要求民主、言論自由，迅速轟動北京。

十一月二十日，新華社發布北京市委為「四五天安門運動」平反消息。此舉更加鼓勵民運人士大膽的在西單民主牆上，大量貼出各式各樣的大小字報，吸引了大批群眾，蜂擁而至，駐足閱報，人數有時甚至多達四、五千人。有人邊看邊誦讀，有人乘機錄音，也有人抄寫重要內容，或者直接照相下來。西單於是形成了一個要求民主、自由，和充分表達意見的言論中心。

「西單民主牆」快速的發展，同時引起輿論的注意，中外記者紛至沓來採訪，各國駐北京的外交人員也紛紛前來觀看。不少民運人士乘機向這些外國記者或外交官，表達爭民主、爭自由的意見。事實上，不單是西單民主牆，即使「天安門廣場也五彩紛呈。人民英雄紀念碑上和廣場東側，經常有人張貼大字報和小字報」。

當時在「西單」活躍的民運人士，都是歷經「文革」苦難過的青年人，飽受政治迫害。他們對爭取自由民主，要求中共政治改革，深有迫切感。這些年輕人，有個別表達民主訴求，也有志同道合，組成社團，發表油印刊物。這種民辦刊物，在全國各地不斷湧現，數以百計。

在北京，約有五十餘種民運（民辦）刊物，主要的有：《北京之春》（王軍濤、陳子明、周為民）、《探索》（魏京生、劉京生、路林、楊光）、《四五論壇》（徐文立、劉青、趙南，另王希哲任廣州通訊員）、《中國人權同盟》（任畹町、趙興）、《今天》（北島、芒克、劉念春、徐曉、陳邁平、鄂復明、周眉英）、《沃土》（胡平、姜洪）、《啟蒙》（黃翔、李家華等人），其他的還有《群眾參考》、《秋實》、《生活》、《民主與時代》、《新天地》、《追求》、《玫瑰島》、《解凍》等等。發行量最大的是《四五論壇》和《探索》

繼北京之後，全國各大城市也開始出現民主牆，出版民刊，而且都產生了很大影響力。如：長春的《雪花》；天津的《渤海之濱》（呂洪來）、《天津評論》；青島有《理論旗》（牟傳珩）、《海浪花》、《士活》；武漢有《鐘聲》（秦永敏）；長沙有《共和報》；貴陽有《啟蒙社》、《解凍社》；重慶有《童音》；廣州有《人民之路》（何求）、《學友通訊》（王希哲）、《人民之聲》、《人民之樂》；上海有《民主之聲》（傅申奇、陳軍、張汝雋、劉劭夫）、《海燕》；杭州有《四五月刊》《之江》；寧波有《飛碟》；溫州有《吶喊》；安陽有《民主磚》、《星光》等等。

李洪林所著《中國思想運動史》，就很推崇《四五論壇》的發刊詞：「安定團結不是一潭死水，不是不讓人民講話，尤其不是不讓人民講真話。人人有話敢講，任何污穢就沒有藏身之地。人民的意志必然決定社會的命運。這才是真正的人民民主。」

大字報反映的，差不多都是當時中共所存在的許多政治上的問題，並直率地批評華國鋒「凡是派」的左傾路線的錯誤。這對鄧小平、胡耀邦「實踐派」所推動的「真理標準」的辯論、平反「冤假錯案」，特別是糾正左傾路線，都起了正面的效果。

十一月二十七日，鄧小平接見美國專欄作家羅伯特·諾瓦克時，對「西單民主牆」的大字報，和對群眾的民主訴求，表示：「這是正常現象，是我國形勢穩定的一種表現。」「寫大字報是我國憲法允許的。我們沒有權利否定群眾發揚民主，貼大字報，群眾有氣，讓他們出氣。」此外，鄧小平在接見日本、美國和法國等外賓時，也多次表示，尊重人民利用大字報，表達不滿的權利。

在十一屆三中全會上，鄧小平甚至說：「群眾提一些意見，應當允許，既使有個別心懷不滿的人，想利用民主鬧點事，也沒有什麼可怕。」「一個革命政黨，就怕聽不到不同聲音，最可怕的是鴉雀無聲。」

但是，毛澤東在一九五七年搞「陽謀」，鼓吹「鳴放」政策時，也是說得很漂亮：「我們憲法上規定有遊行、示威自由。」「對民主人士，我們要讓他們唱對臺戲，放手讓他們批評。」而且「應該放手鼓勵批評，堅決實行『知無不言，言無不盡；言者無罪，聞者足戒；有則改之，無則加勉』的原則，不應該肯定自已的一切，拒絕別人的批評。」結果，發起了「反右鬥爭」，三百一十七萬八千餘人打為右派份子。

鄧小平與諾瓦克談話後當晚，在民主牆前有六、七千人聚集，受到激勵，從西單遊行到天安門，在英雄紀念碑下慶祝鄧小平「支持」民主牆。次（二十八）日，《人民日報》刊出鄧小平談話全文後，更有逾萬群眾，再次在天安門廣場聚集歡呼。

北京大學三角地，也受到鄧小平講話的激勵，出現了大字報。於是民主牆形成一股風潮，向全國蔓衍。

「西單民主牆」發表的言論，具有深遠影響力的，並令人迄今津津樂道的有下列數篇：

一、魏京生的《第五個現代化——民主及其他》

一九七八年十一月十日到十二月十五日，中共召開中央工作會議，鄧小平表示：「實現四個現代化是一場深刻的偉大革命。」會議結束後，十八日中共繼續舉辦十一屆三中全會，通過要在二十世紀內實現「四個現代化」，即所謂「工業、農業、國防、科學技術」等四項的現代化（中共在一九六四年三屆人大時即已提出「四化」的施政方針，因毛澤東熱衷於政治運動，未能執行）。同時，全會又決議：要實現四個現代化，必須在思想政治上堅持的「四項基本原則」（即堅持：社會主義道路、無產階級專政、中國共產黨領導、馬列主義和毛澤東思想）。而這「四項原則」，卻是中共在追求「四化」過程中，極端違背「現代化」的一項「反民主」的措施。

但是，鄧小平又在全會的主題報告的講話《解放思想，實事求是，團結一致向前看》中還說：「民主是解放思想的重要條件」，「必須使民主制度化、法律化，使這種制度和法律不因領導人的改變而改變，不因領導人的看法和注意力的改變而改變。」

也就在這次全會中，確立了鄧小平在中共黨政軍的領袖地位，形成了以鄧小平為核心的中共第二代中央領導集體，華國鋒從此靠邊站。

魏京生選擇在十一屆三中全會之前，率先

於十二月六日抛出《第五個現代化——民主及其他》，可能是受到鄧小平言論，和從十一月中共中央工作會議中（中共慣例在全會召開前，先開此項會議，討論全會核心議題），瞭解中共將通過「四化」和「四堅持」等重大政策影響，而思有所作為，藉此提出建言，供全會參考。魏京生同時為示負責，還在文後留下個人姓名和聯絡電話。

魏京生說：「人民是歷史的主人，……因為沒有人民的力量，沒有人民的參與，任何歷史都是不可能的，任何『偉大舵手』、『英明領袖』恐怕都不會存在，更不要說什麼創造歷史了。從這個意義上說，沒有新的中國人民，就沒有新的中國，而不是『沒有毛主席就沒有新中國』。」「人民是歷史的主人……之所以成為空話，是人民不能按照他們大多數的願望來掌握自己的命運，他們的功勞被記在別人的賬上，他們的權利被編織成別人的皇冠。……在歷史上他們作為主人創造了一切，在現實中他們作為奴隸垂手拱立。」「現在人民有民主嗎？沒有！人民不想當家作主嗎？當然想！」「如果我們想在經濟、科學、軍事等方面現代化，首先就必須使我們的人民現代化，使我們的社會現代化。」「什麼是民主？把權力交給勞動者全體來掌握，就是真正的民主，人民不需要大小獨裁統治者。」「什麼是真正的民主？人民按他們自己的意願選擇為他們辦事的代理人，按照他們的意願和利益去辦事，這才談得上民主，並且他們必須有權力隨時撤換這些代理人，以避免這些代理人以他們的名義去欺壓人民。」「我們要人民生活得現代化，人民的民主、自由與幸福，是我們實現現代化的唯一目的。沒有這第五個現代化，一切現代化不過是一個新的謊言。」

魏京生同時也嚴厲批判了社會主義的優越性，以及批判共產黨的錯誤。事實上，這是挑戰「四堅持」，和新形成以鄧小平為領導核心的中國共產黨。

隨後，魏京生又續寫了第二篇《第五個現代

化——民主及其他》，和《人權、平等與民主》等兩篇文章。據魏京生在一九七九年在法庭上的「自辯」說：「我的〈第五個現代化——民主及其他〉等文章的中心議題，就是：沒有民主就沒有四個現代化；沒有第五個現代化——民主，一切現代化都不過是一個新謊言。」

〈第五個現代化〉連續三篇刊出，引起極大回響。有不少大字報跟進討論，形成一股批判共產黨的熱潮，使中共感到芒刺在背。從一九七九年北京市人民檢察院分院起訴魏京生的訴狀，可以看出。起訴書說：「憲法第二條規定馬列主義、毛澤東思想是中華人民共和國的指導思想，而魏京生卻誹謗馬列主義、毛澤東思想是比江湖騙子膏藥更高明一些的膏藥。」「誣蔑我國無產階級專政的國家制度是披著社會主義外衣的封建君主制，煽動群眾不要再相信獨裁者的安定團結，不要做獨裁統治者擴張野心的現代化工具，不要再對他們抱有幻想，叫囂要把怒火集中在製造人民悲慘命運的罪惡制度上，把權力從這些老爺們手裡奪過來。」「魏京生宣傳煽動推翻無產階級政權和社會主義制度。」「打著所謂言論自由，要民主、人權的旗號，煽動、推翻無產階級專政政權、社會主義制度。」

二、胡平的〈論言論自由〉

發表在一九七八年二月的《沃土》民刊之上，比魏京生的〈第五個現代化〉晚兩個月。事實上，胡平在一九七五年七月，已完成了初稿，其時正是毛澤東發動「批林批孔」運動，如火如荼之際，並擴大到包括「批周（恩來）」在內，江青乘機發起「儒法鬥爭」，為自己接班造勢。胡平在這個時候，就寫出〈論言論自由〉一文，顯見他的民運思想，萌芽更早。一九七九年發表該文時，已經是他一再修改的第四稿。

〈論言論自由〉一文的要點如次：

「公民的言論自由，是憲法上公民各項政治權利的第一條。一個人失去了表達自己願望和意見的權利，勢必成為奴隸和工具。喪失言論權利則必然導致失去一切。」「如果說言論自由僅止於以當權者意志許可範圍之內為限，那麼試問，古今中外，還有哪一個國家的言論是不『自由』的呢？這樣一來，我們神聖憲法上的言論自由條款，豈不成了最無聊的廢話？」

「『想怎麼幹就怎麼幹』會導致無政府狀態。但是，如果連『想怎麼說就怎麼說』都加以禁止，那就變成了專制主義。」「《資本論》難道不正是從根本制度上否定資產階級統治的嗎？它為什麼能夠在許多資本主義國家公開出版呢？可見，在談論政治問題時，千萬不可把言論與行動混為一談。」

「任何承認民主原則的法律，包括憲法都不應排斥或限制言論自由。」「馬克思早就指出：懲罰思想方式的法律不是國家為它的公民頒布的法律。」「政府權力只能用來保護公民權利，而決不允許用來侵犯公民權利。」

「民主制是一些最基本的原則，例如言論自由，本身並無所謂『資產階級』或『無產階級』之分。在民主革命時，我們就把爭取言論自由作為一個鬥爭任務；新中國一成立，我們就把言論自由毫不猶豫地寫進了共和國的憲法，可見言論自由本身是正確的。不要忘記，馬克思在登上政治舞臺的最初幾篇論文中，就有兩篇以上論及言論自由和出版自由。」（註：一八四二年，馬克思曾發表關於出版自由問題之論文）

「只有當權者沒有權力懲罰持不同意見的人時，才有了真正的言論自由；只有在人們的言論權利無需善良開明的君主保護也能獨立存在時，才有了真正的言論自由；只有在人們學會了抵抗權力對言論的干涉企圖時，才有了真正的言論自由。」

「毛澤東同志指出：要讓人講話。讓人講話，天不會塌下來……講錯了也不能罰，不能搞『一言堂』，要搞『群言堂』，要實行『知無不言，言無不盡、言者無罪，聞者足戒』，要實行『不抓辮子、不扣帽子、不打棍子』的三不主義。他明確指出，即使對於發表了反黨反社會主義言論的人，只要無破壞性行為，仍要給予言論自由。」「他還對實行這些原則的意義作過很多說明。然而，遺憾的是，長期以來，這些原則未能實行。」

「『不給反動派言論自由，而發表反動言論的人就是反動派。』這種說法實際上必然導致『強權即真理』。多年來，善良的中國人民卻幹起了自相殘殺的蠢事，整個政治文化生活中經歷了一場空前的浩劫，上述那套似是而非的邏輯實在是起了莫大作用，批倒這一謬論，實際上是論證言論自由的一個焦點。」

「毛澤東同志的某些話，即使片言隻語，被人們熱切地視若神明，連懷疑一下都是大逆不道；而他的另外一些話，即使是三令五申，也被人視若無睹，連討論一下都是自找倒楣。一般說來，凡是比較左的，凡是可能被人用來很方便地顯示自己『革命堅定性』的詞句，屬於前一種命運；凡是比較中肯的，凡是可能被人反駁為『立場有問題』的那些話，則屬於後一種。『要文鬥，不要武鬥』的『最高指示』未能阻止住全面內戰，『言者無罪』的精神沒有減少『思想犯』、『言論犯』的龐大數目。」「在我們這裡，人們則由於怕被別人說成『立場不穩』而寧肯不相信自己的理智。為了使我們和我們的子孫後代再也不為因言治罪的恐怖所威脅，為了徹底搬掉這座壓在中國人民精神上的罪惡之山，我們倒是擔心，恐怕我們還議論的太少，太不充分了呢。」

一九八〇年十一月，胡平在北京大學競選校際「人大」代表時，再次將〈論言論自由〉以大字報張貼校內，並油印散發，傳播甚廣；一九八一年，油印本流傳到海外，被當時香港《七十年代》雜誌連載刊出。一九八六年，刊登在武漢的《青年論壇》七、九月號上。一九八七年，在美國民運刊物《中國之春》雜誌連載。足見這篇文章影響之廣。

三、署名「百全」的〈論民主辦報——學習新憲法的一點體會〉

要求中共兌現憲法所保障的「出版自由」：「人民早已吃盡了沒有輿論工具的苦頭！在林

彪、四人幫橫行之時，國民經濟已到崩潰的邊緣，可報上卻仍然煞有其事地呼喊是『鶯歌燕語』的大好形勢。……矇騙群眾的報導舉不勝舉……這樣的報紙在人民大眾的心目中成了假話的代名詞，可這又是所謂『黨報』，具有至上的尊嚴。」

「『反黨』的大帽子又不容許你提出非議。青年人不說真話，是為了出路；中年人不說真話，是為了妻室兒女；老年人不說真話，是為了維持『幸福』的晚年。人們的思路被報紙上的八股文，引上八股思想的絕路。」

「四人幫控制的輿論長期愚弄人民……人民不該揭露這夥小丑的嘴臉嗎？不是！因為人民沒有『嘴』！難道『四五』無數英雄被投入大獄，人民不該為他們昭雪嗎？人們不該將『天安門事件』的真相公佈於眾嗎？不是！因為人民沒有『嘴』！」

「今天，人民勝利了，這種局面應該徹底改變了！……『民主辦報』，『非官方辦報』，只能是：一、利於民主；二、利於對政府各級領導機構的促進；三、利於批評與自我批評。」

四、任畹町的〈中國人權宣言〉

任畹町在「反右鬥爭」時，被打為右派份子。「西單民主牆」時，他積極參與，創辦《中國人權同盟》民刊。他依據「世界人權宣言」（一九四八年十二月十日，聯合國通過旨在維護全人類基本權利的文獻），草擬發表「中國人權宣言」十九條，提出天賦人權的要求，指出人權問題在中國的嚴重性。這份大字報於一九七九年一月六日貼出，並宣布成立「中國人權同盟」（任畹町任秘書長），呼籲世界各國人權組織和公眾予以支持援助。

據曾參與民主牆運動的陳子明在《荊棘路、獨立路》一書中說：任畹町的〈中國人權宣言〉「在民主牆運動中，可說具有石破天驚、振聾發聵的作用。」

五、《四五論壇》的〈反革命與言論自由〉

「歷來被鎮壓的進行『反革命活動』的

『反革命份子』，他們大部分進行的反革命『活動』，是『反革命言論』。這樣『反革命言論』便被納入了『反革命活動』範疇。而憲法明文規定的『言論自由』這一公民權利，便變成了毫無意義的空話。」

「甚麼樣的對象被罵才屬於『惡毒攻擊』呢？是幾個主要領導人那樣的大官嗎？還是所有的小民被謾罵了也屬於被『惡毒攻擊』呢？如果僅只是幾個主要領導人，那麼中國的法律就將人分成等級了：一類是法律保護不許罵；一類挨罵不挨罵法律不管。倘若是黨和社會主義不許罵，我也看不到可以成立這樣法律的理由。」「如果中國人民沒有在天安門廣場大罵一頓，為粉碎四人幫奠定了強大的社會基礎，大概今天的中國人只能喝西北風了。」

「現在，有甚麼理由害怕『惡毒攻擊』呢？有甚麼理由抬出『惡毒攻擊』這個帽子，使言論自由變成受氣的小老婆呢？難道是害怕人民說話，為了便於統治嗎？」

《四五論壇》另外有專文質疑「黨的領導」：「黨的路線、方針、政策發生錯誤的時候，也都要執行嗎？」

六、「啓蒙社」的「否定文革」和「批判毛澤東」

貴州「啟蒙社」於一九七八年十一月二十四日，在天安門廣場東側歷史博物館附近，張貼兩幅斗大字的標語，遠遠可見：「必須否定文化大革命」、「必須對毛澤東三七開」。

一九七八年十二月中旬召開的中共十一屆三中全會，通過停止使用「以階級鬥爭為綱」的口號，確定「四個現代化」的策略方針，推行改革開放政策。鄧小平說：「黨的十一屆三中全會建立了一個新的領導集體，這就是第二代的領導集體。在這個集體中，實際上可以說我處在一個關鍵地位。」「第二代實際上我是核心。」

但在全會推動開放政策後，鄧小平就在一九七九年三月中共黨的理論工作「務虛會」上，提出堅持執行極端保守的「四項基本原則」，即所謂「四個堅持」。鄧小平解釋說：「中央認為，我們要在中國實現四個現代化，必須在思想政治上堅持四項基本原則，這是實現四個現代化的根本前提。」中共的說法是：「十一屆三中全會以後，針對剛剛出現的資產階級自由化思潮，黨中央提出『堅持四項基本原則』。」

這便是中共的「一個中心，兩個基本點」政策。「一個中心」是指以經濟建設為中心；「兩個基本點」是指「四個堅持」和「改革開放」。為了左、右兼顧，後來中共在「十三大」時，提出了「我國正處在社會主義的初級階段」，把毛澤東的極左政策，倒退回到「初階」社會主義，方便掩飾引進西方的資本主義的作為，然後再創造了一個新的名詞：「建設有中國特色的社會主義的基本路線」，實際走上資本主義道路。但在中共中央則堅持「四項原則」，以確保共產黨政權不墜，形成了一個「政左經右」的極端矛盾的體制。

但是，鄧小平一方面要否定毛澤東，另方面又必須力撐毛澤東這面大旗。他在十二月十三日「中央工作會議」閉幕式上說：「沒有毛主席就沒有新中國」，「毛澤東同志發動這樣一次大革命，主要是從反修防修的要求出發的。至於在實際過程中發生的缺點、錯誤，適當的時候作為經驗教訓總結一下，……但是不必匆忙去做。」鄧小平的說法，顯然不能服人。

在「西單民主牆」上，就出現了一份小字報，署名「麗萍」的《致鄧副主席的公開信》。她說：「中央所作的毛主席的錯誤是微不足道的結論，違背了實事求是的原則。」「在毛主席的後十年裡，毛主席所推行的路線，跟四人幫的路線，是兩條根本對立的路線嗎？」「在這十年裡，從毛主席的政治路線看，中心內容：階級鬥爭，無產階級專政。這條路線把主要矛頭對準了不同政見者，把他們投入監獄。而更怵目驚心的是導致了空前的各種類型的民族自相殘殺。」「從毛主席的組織路線看，沒有毛主席的支持，四人幫能把劉（少奇）鄧（小平）陶（鑄）打倒嗎？大多數老幹部能這樣土崩瓦解嗎？沒有毛主席的個人獨裁，社會能有個大倒退嗎？」

「西單民主牆」的民運人士除了張貼大小字報，和出版民刊，提出訴求外，更有民運人士付諸行動，發起示威遊行。

傅月華（女、一九四五年生）為當時北京公安局特別監控的「老上訪」人物。民主牆出現後，她積極熱心參與活動，並結識了魏京生，任畹町，劉青等活躍的民運人士。傅月華贊同魏京生等人提出的民主自由、政治現代化等理念，但認為偉大的理想如果不能解決實際的民生問題，便形成紙上談兵，更迫切的需要以實際行動表達訴求。

一九七九年一月五日及六日，傅月華組織上訪人員數千人到天安門廣場遊行。八日，傅月華再藉紀念周恩來逝世三周年，號召並領導數千名曾受中共迫害，和貧苦無依的上訪群眾，手持白布被裡和竹竿做成的橫幅，書寫「反饑餓、反迫害、要民主、要人權」標語，沿途高呼這四句口號，遊行到天安門廣場，中途加入的群眾，多達萬人。並在現場舉辦討論會，和進行絕食抗議。

傅月華號召的示威遊行活動，引起了中共的恐慌，深怕示威擴大開來。次（九）日的清晨六時，公安逮捕了傅月華。「西單民主牆」的民運人士群情激憤，紛紛在民刊，發表評論文章，並接受外國記者的訪問，強烈批評中共非法逮捕傅月華，然後又組織「民刊和民眾組織聯席會議」，討論營救傅月華（中共後以積極組織、策劃上訪人員聚眾鬧事、破壞社會安定、被壞交通秩序，已構成妨害社會管理秩序罪，判刑傅女兩年。但刑滿後未獲釋放，再送勞改多年）。

一月二十九月至二月五日，鄧小平訪美，達成「聯美制俄」的戰略目標，並向美表示將對越南進行懲罰性軍事行動。鄧小平回國後，即於二月十七日發動「懲越戰爭」，歷時十七天，於三月七日撤軍。中、越雙方均宣稱贏得勝利，但傷亡都很慘烈。中共軍因指揮不當，後勤支援不上，損失尤其慘重。

三月二十二日，《北京日報》突發表《人權不是無產階級的口號》專文，透露中共對「西單民主牆」的耐心，逐漸喪失。

魏京生於三月二十五日，針對鄧小平日益暴露的獨裁心態，張貼了一篇大字報《要民主還是要新的獨裁》，嚴厲批判社會主義的優越性，以及批判共產黨的錯誤。文章說：「任何政治領導人作為個人，都不應獲得人民的無條件信任。假如他實行的是對人民有利的政策，他領導人民走的是通向和平繁榮的道路，我們就應當信任他，我們信任的是他的政策和他要走的道路。假如他實行的是損害人民利益的政策，他要走的是獨裁和反人民的道路，人民就應當反對他。同樣人民反對的是他損害人民利益和侵害人民正當權利的政策，和反人民的道路。按照民主的原則，任何權威也必須在人民的反對面前低頭。」他指名道姓批評鄧小平「走的是獨裁路線」，「是一名不折不扣的獨裁者」。

魏京生的《要民主還是要新的獨裁》大字報張貼後，形勢迅速轉變，鄧小平對魏京生的大字報點名直衝他而來，十分不悅。三月二十九日，魏京生被逮捕，指控的罪名為「向外國人供給我國軍事情報（指魏京生在『一九七九年二月，我國對越南進行自衛還擊，保衛邊疆的戰鬥剛剛開始，向外國人提供了我國參戰部隊的指揮員姓名、出兵數目、戰鬥進展和傷亡人數等軍事情報。』），進行反革命宣傳鼓動。」十月，以「反革命罪」判刑十五年。

據李洪林回憶：「魏京生這個大字報是個轉折點。一月（應是三月之誤）下旬，彭真把這個大字報送給鄧小平，鄧小平一下子火了。結果，不但魏京生被抓起來，『西單牆』也被取消了。這個事情是胡耀邦告訴我的。魏京生被判了十五年之後不久，胡耀邦把我……找去幫他搞一個文件。我們說魏京生寫了一張大字報就判了十五年，怎麼能這麼處理？太重了。胡耀邦說：我也不贊成，但這是小平定的，我也沒辦法。」

李洪林說：「促進鄧小平轉變態度的因素，

當然不光是魏京生的大字報。」「當時上海、四川等地紛紛給中央打電報告急，說我們這兒辦不了公了，亂套了。這些告急電報都在向中央施加壓力。所以，如果說魏京生貼大字報是『臨門一腳』，那麼社會上的亂象就是足球場上的混戰，這場混戰剛好使足球滾到了魏京生跟前，這才成全了他的『臨門一腳』。」

從過去毛澤東的「大鳴大放」轉變成「反右鬥爭」，比對鄧小平從支持「西單民主牆」轉而進行鎮壓，都說明了中共領導者之善變與表裡不一。在鬥爭華國鋒的「兩個凡是」意識形態時，鄧小平需要借助群眾的力量，一如毛澤東搞「文化大革命」鬥爭劉少奇，發動的群眾運動一樣。所以，鄧小平在「西單民主牆」興起後，儘管有些老幹部反對「西單牆」，他仍堅決支持，並說：「不要鴉雀無聲」。但在打倒華國鋒，取得了政權之後，「西單民主牆」之存在，便成了芒刺在背，特別是當民運言論威脅到他的威信和地位時，立刻翻臉，予以無情打壓。

魏京生被捕當日，中共立即公告：凡是反「四項基本原則」、洩露機密、違反憲法和法律的標語、海報、大小字報、書刊、畫冊、圖片等「一律禁止」，同時禁止的還有「集會、遊行」、「衝擊黨政軍機關和企業、事業單位」、「造謠惑眾、煽動鬧事」等活動。並宣布，在全國八十七個「自發組織」中，北京的「探索」（魏京生）、「中國人權同盟」（任畹町）、「興中會」，上海的「社會主義民主促進會」、「上海民主討論會」（喬忠令）、「振興社」（傅申奇）和貴州的「解凍社」（李家華）等七個組織，都是反對「四項基本原則」。因此，要打擊「首惡份子」，和瓦解這些組織。

四月四日，任畹町在西單張貼大字報時，當場被捕。其後，北京、上海、貴陽的著名民運人士，也先後被捕。總計全國有上千人被拘審、逮捕。其中比較著名的有：路林、楊靖、劉青、徐文立、何求、王一飛、王希哲、鍾粵秋、傅申奇、秦永敏、朱建斌、孫維邦、楊在行、王屹峰、劉二安、徐水良、王河清、鄭玉林、王榮清、徐東平、馬興華、王明、沈建民、童年、何德甫、張京生、劉力平、彭金貴、路建國、歷萬明、劉國璋、王靜湖、呂洪來、劉士賢、黃石、尚運成、李家華、秦曉春、邢大昆、陳爾晉、薛明德、劉國凱、鄧煥武、毛廣祥、曾省齋、葉宗武、楊曉雷、黃應時、陳增祥、江小茵、魯弟、戴學偉……等等。

鄧小平在逮捕魏京生後，他即嚴厲地批評「西單民主牆」的言論。他在三月三十日說：「現在有一些社會思潮，特別是一些年輕人中的思潮，需要認真注意。例如去年『西單牆』的許多東西，能叫它生動活潑？如果讓它漫無限制地搞下去，會出現什麼事情？……少數人可以破壞我們的大事業。」「離開『四項基本原則』，抽象地談論民主，將不可避免地導致無法控制的極端民主化和無政府主義，將會徹底瓦解政治穩定和統一，並使我們的現代化完全失敗。如果發生這種事情，中國將會再次陷入混亂、分裂、倒退和黑暗之中，中國人民將被剝奪一切希望。」

在第二（一九八〇）年的一次講話中，鄧小平指名批判魏京生，說他是明目張膽地反對社會主義制度和共產黨領導的所謂「民主派」和「持不同政見者」。

但是，胡耀邦始終支持「西單民主牆」，他在一九七九年六月中共五屆人大二次會議上說：「我始終支持任何人在社會主義制度下行使自己的民主權利，希望大家都在憲法的保護下享有最大的自由。儘管在中央工作會議上，以及在這次人大會議上，不少同志點名也好或不點名也好，批評我背著中央，支持違反『四項基本原則』的所謂民主化運動，助長無政府主義，但我仍要保持我自己的看法。」「我奉勸同志們不要抓人來鬥，更不要抓人來關。敢於大膽提出這些問題的人，恐怕也不在乎坐監牢。魏京生抓了三個多月，他一死就會在群眾中變成烈士，是人人心中的烈士。」魏京生可能因胡耀邦這一席話，而逃過死刑。

胡耀邦支持「西單民主牆」運動，是種下他一九八七年一月被鄧小平鬥爭下臺的前因。在一九七九年時，胡耀邦因協助鄧小平鬥爭華國鋒和平反「冤、假、錯案」有功，而未能動搖他的地位。但在一九八五、八六年時，胡耀邦又支持學生民主運動。鄧小平不再忍耐，逼迫他辭去黨的總書記，黯然下臺。這說明，鄧小平在「西單民主牆」初起時，所發表的「支持群眾發揚民主，張貼大字報」言論，實際與毛澤東「鳴放」政策，和「引蛇出洞」陰謀，如出一轍。

如果，中共中央領導階層，多幾個胡耀邦，和一九八九年支持「天安門民主運動」下臺的趙紫陽之類的人物，中國的民主化或有可能提前出現。

十二月六日，北京市「革委會」正式規定：禁止在「西單牆」張貼大字報，除單位本身張貼在機構內外，北京所有大字報一律集中在「月壇公園」張貼，並要填報真名和相關資料。

儘管中共禁了「西單民主牆」，但是民主思潮已蔓衍，深入各大學。一九八〇年中共嘗試開放全國基層人民代表選舉，各大學學生紛紛的自薦參選區（校）級人民代表，其中許多候選人都是曾參與「西單民主牆」的活躍民運份子。因此，又爆發了新一波的民主運動，他們採取了文革中的「四大」（即「大鳴、大放、大字報、大辯論」）辦法，從事競選。再次引起中共恐慌，這年九月，五屆人大三次會議就決議取消「四大」作法。目的顯然是要阻斷民主運動藉此發展擴大。

13 中共禁西單牆

促成全國民運之大串連

一九七九年三月之後，中共雖然封閉了「西單民主牆」，但無法阻止民主思潮的滋長。各地民刊紛紛轉入地下，或半公開發行。全國各地民運人士並進行串連，組建全國性民刊組織，籌辦全國性的民刊，甚至有人籌組政黨。

「西單民主牆」影響所及，也受到中共理論專家的重視。中宣部理論局副局長、著名意識形態理論專家李洪林在《中國思想運動史》一書中，就將「西單民主牆」納入影響近代中國思想的一股力量。他說：「在思想解放運動中……還有一支社會上的隊伍。他們生氣勃勃，敢想敢說，敢於衝鋒陷陣。這支隊伍完全由年輕人所構成的。他們發表言論的園地就是被叫作『民主牆』的地方。……因為緊靠西單，所以又叫『西單牆』或『西單民主牆』。它是群眾自由發表政見的園地。在思想解放運動中，它起了重大作用。」

李洪林在「西單民主牆」運動中，也占了一席之地。因為在「西單民主牆」最早張貼，曾被查禁的中共黨校刊物《中國青年》復刊第一期中，就有《破除迷信，掌握科學》一篇文章，是李洪林所撰。他在文章中第一次提出破除對毛澤東的「現代迷信」，並且用毛澤東的話來批判對毛的迷信。他說：「在一九五四年毛澤東確實清清楚楚講過：『我們除了科學以外，什麼都不要相信，就是說，不要迷信。中國人也好，外國人也好，死人也好，活人也好，對的就是對的，不對的就是不對的，不然就叫迷信。』這話講的多麼精彩！可惜他後來忘了。我從這句話出發，批判了『現代迷信』，並且提出：『不管誰說的話或誰做的事，對的就是對的，不對就是不對。對或不對，用什麼來檢驗呢？只有一個標準，就是實踐。』我舉出例子證明，從馬克思到毛澤東，都有錯誤。」

這篇文章事前，曾送胡耀邦審閱，批准刊登。《中國青年》雖是共青團刊物，卻是代表鄧小平的「實踐是檢驗真理唯一標準」理論，對抗華國鋒的「兩個凡是」理論，由當時擔任黨校校長的胡耀邦決定復刊，並非為宣揚民主而來。復刊的第一期，就被時任華國鋒的黨副主席汪東興下令查禁。但因李洪林的文章，批判了毛澤東的「個人迷信」，符合了當時人民「反文革」和「反毛」的心理，被人張貼到「西單牆」上，意外的助長了「西單民主牆」風潮。

這說明了在「西單民主牆」發展初期，鄧小平之所以表態支持，是因為有助於他批判華國鋒的「凡是派」，以及潛藏在他內心深處對毛澤東屢次鬥爭他的不滿。為了奪取華國鋒的領導權，鄧小平就必須維持共產黨的執政權不墜，不得不繼續撐著毛澤東和馬列思想的大旗，搖旗吶喊，提出了「四項堅持」。鄧小平在一九七九年就對胡喬木負責的《關於建國以來黨的若干歷史問題的決議》起草小組說：「毛澤東思想這個旗幟丟不得。丟掉了這個旗幟，實際上就否定了我們黨的光輝歷史。」

鄧小平不想做赫魯雪夫，親自上陣批判毛澤東，所以放任民運人士去批評指責毛，對他而言，有「借口發洩」的快感。然而，當民運言論觸犯和威脅到他的領導權威時，那情勢就逆轉而下了。

李洪林確實具有民主思想，他批評鄧小平的「四項堅持」是「四個凡是」。他說：「『四項原則』從思想方法上說，和『兩個凡是』一樣，都是確立幾個先驗的原則，既不受實踐檢驗，也不容許絲毫懷疑，因此實際上是『四個凡是』。這是從三中全會立場的一次大倒退。」「實際上是用『四個凡是』來代替『兩個凡是』，也就是宣佈思想解放運動的終結。」

「思想解放」運動是鄧小平在一九七七年九月十九日，首先對教育部提出教育要「思想解放」。次年年底中央工作會議上，再次提出「思想解放」。他所發動的「思想解放運動」，鼓勵了許多知識份子和「西單民主牆」民運人士勇於批評文革、四人幫、毛澤東，以及批判「兩個凡是」，這些都是鄧小平所需要的。一九七九年一月至二月份，鄧小平在召開的「理論工作務虛會」上，他仿效毛澤東的「陽謀」作法說：「（思想解放）不要設禁區，不要下禁令」。但是，鄧小平也一如毛澤東忍受不了批評，不過兩個月的時間，在三月二十五日魏京生貼出《要民主還是要新的獨裁》大字報批判他後，就在三月三十日的再次召開的「務虛會」閉幕式上，作了「堅持四項基本原則」的講話，用「四個凡是」取代了「兩個凡是」，把「思想解放運動」給終結了。

在「思想解放」運動期間有位學者值得一提，即北京大學有一位哲學系的副教授郭羅基，他是老共產黨員，曾任毛澤東和江青女兒李納的老師，因只給李納的哲學課考試成績四分（滿分為五分），文革時被誣陷「迫害」李納，曾被鬥並單獨囚禁數月之久。

郭羅基為了響應鄧小平的「思想解放」運動號召，寫了一篇《思想要解放，理論要徹底》文章，刊登在一九七九年二月上旬的《紅旗》雜誌（中共黨的喉舌，為半月刊，一九八八年六月更名為《求是》）第三期。公開批評了毛澤東的錯誤，指出「文革」的災難是現代「造神」運動帶來的結果，強調要擺脫愚昧和野蠻，黑暗和恐怖，就必須解決民主和法制問題。

一九七五年四月，因言致罪，被中共殘酷處死的民運烈士張志新，於一九七九年三月獲得平反。郭羅基感觸甚深，他寫了一篇《誰之罪？》文章，探討張志新事件，在六月二十四日《光明日報》上發表，引起社會熱烈反響。郭在文中質問：「那些行兇者和幫兇者是否認錯了呢？是不是應該給予懲罰呢？」他感慨的說：「在新中國，為真理而鬥爭，為什麼還要不怕坐牢、不怕殺頭，難道這是合理的現實嗎？」「要改造那迫求真理，要以流血犧牲為代價的環境，這才觸及開題的本質。」

他以比較方式說：「法國資產階級大革命時代的革命者米拉波，在專制制度的監獄裡受到了鍛煉，成了著名的演說家。」「張志新是在掛著『無產階級專政』招牌的專制制度裡受『鍛煉』，可是，非但不允許她成為演說家，而且被堵上了嘴巴，被割斷了喉管，被剝奪了說話的權利。」他的結論說：「二十世紀七十年代中國發生的事情，竟低於十八世紀的法國的歷史水準，卻勝過中國歷史上反動派鎮壓共產黨的殘惡。在反動派的刑場上，共產黨員還可以唱《國際歌》、喊『共產黨萬歲！』披著『共產黨』外衣的劊子手更加害怕真正的共產黨員所發出的真理的聲音。」

十月，魏京生因言論罪被判處十五年徒刑，一些為魏京生主持公道的人都遭到了非難和迫害。郭羅基於十一月四日，在《人民日報》上發表《政治問題是可以討論的》一文。他說：「（反革命份子）如果發表反革命意見，也僅僅是一種意見，不等於反革命行為，只能說是思想上的論敵。……你發表革命言論同他辯論，對他批判就是了。」「法律懲罰的對像是行為，不是思想，懲罰思想本身就是違法的行為。」

郭文說：「民主政治，就應當允許討論；不許討論，就是專制政治。」「政治上的發言權是言論自由的靈魂，如果在政治問題上剝奪了言論自由，在其他問題上的言論自由就沒有多大意義，而且也往往得不到保證。」他針對中共任何議題只要牽涉政治問題，便成禁區，被扣帽子，變成「敵人」。造成知識界噤若寒蟬，呼籲把學術問題與政治問題分開來看。因此，他說：「現在要衝破這個禁區。是民主政治就應當允許討論，不許討論，就是獨裁政治、專制政治、法西斯政治。」「嚴格地劃清政治問題和學術問題的界限是不必要的，事實上也是不可能的。政治問題也是可以討論的，只有這樣才能使『雙百』方針得以貫徹執行。」

郭羅基的文章能夠在《人民日報》發表，是因為胡喬木（中共中央副秘書長兼毛澤東著作編委會辦公室主任）下令禁止討論「社會主義發展階段」問題，引起中共理論界的不滿。而胡耀邦允許討論這個問題，因此讓郭羅基的文章上了《人民日報》，婉轉表達他對胡喬木意見的異議。

胡喬木拿這篇文章向鄧小平告狀，郭羅基因此被封為「資產階級自由化的拔尖人物」，一九八二年被趕出北大和北京，調到南京大學。一九八九年「六四事件」後，因反對中共天安門鎮壓行為，被清洗出黨。一九九一年，又被取消教授資格。一九九二年，赴美國進哥倫比亞大學東亞研究所研究。從此流亡美國，經常撰文批判中共。

一九七九年七月，中共五屆「人大」二次會議，通過《全國人民代表大會和地方各級人民代表大會選舉法》，訂定自一九八〇年起，每三年舉行一次縣區級人民代表的直接選舉。彭真還冠冕堂皇說：「保障人民自由行使選舉權利和罷免權利，是人民當家作主、管理國家的重要保證，也是實行民主集中制的重要基礎。」言下之意，似乎中共真有那麼回事，要實施民主選舉。事實不是如此，只是在文革結束後的一種安撫和欺騙人民的手段。

中共新選舉法修改了過去的提名方式，允許非官方人士只要有三人以上附議，就可以自行參與區人民代表候選。中共並將「等額選舉」改為「候選人的名額應多於應選人的名額」的「差額選舉」，新選舉法還同意參選人可以進行自己宣傳自己。中共這項新法，給予七十年代末剛剛恢復教育的高校的學生，特別是民運學生，產生了極大的興趣。

「西單民主牆」被禁後，各地民運人士面臨今後發展抉擇，有一部分民運鬥士，看到中共開放「民主選舉」，信以為真，於是選擇投入選舉，冀望透過選舉，宣揚民主，當選後能在基層「人大」組織和會議中，在體制內爭取民主，推動政治改革。即使是不相信中共真正開放民主選舉的民運人士，也認為「充分運用一切合法手段進行鬥爭，是民主化進程不可缺少的環節。所以在揭露這種選舉虛偽性的同時，投入這種選舉。有條件的就運用被選舉權，爭當人民代表；沒有條件的則運用選舉權，並促進其他選民真正的行使選舉權。」

從一九八〇年二月起，中共區級基層人民代表直選，在一些地方進行試點。因此，各地方的選舉，一開始即有民運人士陸續參選，如北京的沙浴光，保定的王屹峰等；而在高校方面，也都先後出現了民運學生的參選活動。大學（屬區級）選舉，最先由上海開始，而後是湖南、貴州，最後是北京。原因是全國各地基層人民代表選舉的時間有先後，上海的選舉活動時間是一九八〇年五月，比北京早五個月。

在上海參與高校「人代」選舉活動的民運學生，有復旦大學的徐邦泰、張勝友，同濟大學的黃清、陳鷹，上海師範學院的徐政宇。

徐邦泰是復旦大學新聞系學生，張勝友為中文系。徐邦泰發表過《社會主義報刊民主與新聞法》、《制定新聞法並非空想》等文章，鼓吹新聞自由。他曾透過校內《大學生》期刊舉辦過一次民意調查，顯示：三分之二的復旦大學的學生不相信共產主義，過半數以上的人認為「特權」是存在中國大陸最大的社會問題。這項調查結果後來被禁止發表。一九八〇年五月，徐邦泰當選上海市寶山區人民代表，是全國高校競選運動中第一位當選的民運學生。但一九八一年初，徐邦泰被學校黨委定性為「自由化份子」，開除黨籍。大學畢業後，不予安排工作，只得到一家手錶廠工作。

上海「動力機廠」工人傅申奇參加廠內的上海南區「人代」選舉，他在競選活動期間，出版《選舉簡報》，發表競選演講，宣揚民主。因此，被黨委刁難，不准參選。但在正式投票時，許多工人仍然填上「傅申奇」的姓名，並獲得過半數的第二高票。最後仍在黨委的操縱下，當作廢票。一九八一年四月，傅申奇被以「組織政黨」罪名被捕，判刑七年，關了兩年後獲釋。

在高校競選活動中，因校方打壓，爆發抗爭事件，最著名的便是十月長沙湖南師範學院進京請願事件。湖南師院自薦參加選舉的學生陶森、梁恆二人遭到排擠。校方強制取消聲稱不信仰馬列主義的梁恆之候選資格，提名學生會主席為候選人，激怒學生，發生大規模學潮。學生以遊行、靜坐和絕食等方式，表達抗議，最後組織請願團到北京上訪。

其後，重慶、成都、西安等地的高校，民運學生紛紛投入競選活動，給予稍後舉行選舉的北京各校的民運學生很大的鼓勵。北京的參選學生，許多是參與過「四五天安門運動」，和「西單民主牆」的活躍份子。他們在中共取締民主牆和民刊，並重判魏京生後，正面臨民運發展何去何從的抉擇，也決心投身此項選舉，繼續推動民主運動。

一九八〇年初秋，前《北京之春》與《沃土》兩民刊的主要成員陳子明、王軍濤、胡平、姜洪等達成共識，決定一致行動，積極參與高校基層人民代表選舉。初步決定參與的競選人為：北京大學王軍濤、北大一分校李盛平、中國科學院陳子明、北京商學院陳子華（陳子明胞妹）、中國人民大學姜漁、北京師範大學韓朝華、清華大學趙國傑。

十一月，北京各大學競選活動開始，民運學生將競選重心放在北京大學，原定由王軍濤參選，胡平輔選。但胡平評估如二人均參選，有可能一舉囊括北大的兩名代表名額。因此，王、胡二人一併參選。時任北京大學學生會主席的張煒，也投身參加北大的選舉。

據苦陽子所著《民主牆時期燕園『學生競選』考察記》，對北大的學生競選活動，有深入的敘述。他說：

「從十一月初開始，北大先後有經濟系夏申、國政系房志遠、楊百揆、田志立、物理系王軍濤、哲學系易志剛、楊利川、研究生胡平、中文系張曼菱、姚利明、劉娟、法律系袁紅冰、研究生會主席薛啟亮、物理系于大海、圖書館系許欣欣等人宣佈參加競選，並相繼發表競選演說。他們除張貼宣言、大字報外，還組織與選民的見面會、答辯會，舉行民意測驗，出版《競選短波》等校內刊物。」

「（北大）『三角地』就是一塊『燕園學子』盡顯風流的精神舞臺，……說它是燕園裡的『民主牆』，一點也不為過。記得當時每到學校開飯時間，我都看到不少學生端著飯盆，擠在『三角地』讀各類競選有關文章與訊息。那時的北大，到處都是競選檯子，發傳單的，演講的，熱鬧非凡，讓人大開眼界。在中國，這樣的民主競選機會是極其罕見的。」

「當時，經濟系夏申、國際政治系房志遠、技術物理系王軍濤最先貼出競選宣言，這是第一批站出來的競選先鋒。我一眼就瞄準了房志遠，因為他張貼出的《社會主義=公有制+民主制》一文……而他也對各地民運與民刊情況極感興趣。而更讓我至今不忘的是王軍濤張貼出《競選宣言》的那句話：『讓我們新一代推動中國！——這就是我的競選口號！』。」

「十一月七日，哲學系研究生胡平貼出《競選宣言》和長篇大字報〈論言論自由〉，而且油印成競選檔，廣泛流傳，以及他《我的一些政見》，闡述了他對於政治體制改革和經濟體制改革的系統主張，尤其讓人印象深刻。」

「最初一批介紹競選人觀點的文章中，多涉及了文革評價、四項基本原則、民主牆、魏京生案、是否取消『四大』等一系列政治敏感問題。根據我的記錄，當時最具代表性的一些大字報有王軍濤的《論高教制度改革》、《重新估價我們的過去、現在和未來》系列文章，張煒的《我的社會改革觀》，房志遠的《社會主義=公有制+民主制》、《當前中國社會的基本矛盾》、《為爭取言論出版自由致全校公民書》、《中華人民共和國出版、印刷、發行法（草案）》。夏申的《論整體現代化》組稿（之一至之五），楊百揆的《文化大革命還是封建大反動》、《什麼人適合當代表》等。更值得一提的是，當時在北京大學的競選人中，還有幾名是女性，如張曼菱、劉娟、許欣欣等。張曼菱在《告選民書》中提出『女性與社會生活』的觀點，其中關於『男性雌化』、『女性雄化』頗有爭議。她說：『中國需要一場以人來代替神的鬥爭。沒有健全的女性，就沒有健全的男性，也就沒有健全的人性。』劉娟則提出了『一切為了人的自由發展』的口號。」

「北京國際政治系學生方覺等正在起草《出版法（草案）》，並徵詢我民刊（註：青島民刊《志友論壇》）可不可以代他們在社會上徵集公民簽名。我認為這是件促進中國民主化進程的實事、好事，便欣然答應，這對今後民主競選的經驗積累意義重大。」

「在北京大學競選人的各次答辯會上，選民的提問相當廣泛且敏感，如共產主義是宗教嗎？社會主義能不能行得通？『黨領導一切』是不是『黨主』？『四個堅持』是思想禁錮嗎？中國應一黨專政還是多黨輪流執政？孫中山認為馬克思主義不適用於中國的判斷對嗎？如果官方壓制自由競選，你同意用罷課鬥爭嗎？但競選人們對這些敏感問題並不迴避，在當時的政治環境裡，那些問答具有一種強大的視聽衝擊力。」

「然而，正當北京大學的競選高潮迭起時，北京市委緊急下達了《關於當前選舉工作中幾個問題的通知》發出壓制學生競選運動的『三點指示』。為此，北京大學丁大海、王軍濤、田志立、劉娟、劉衛、房志遠、楊利川、楊百揆、易志剛、胡平、夏申、袁紅冰、張曼菱、張煒、姚利明、薛啟亮等十六名競選人，於十一月十一日聯合發表《告北大同學書》，表達了他們的共同心聲：『我們競選的目的是推動人民民主運動的發展。我們認為：人民代表必須代表人民的利益。人民代表的選舉必須體現人民的意願。我們參加競選，是為了接受人民的挑戰；我們的行動是符合人民願望的，是符合人民利益的，是合法的。』」

「胡平在校所有競選人中，屬比較溫和、穩健的一派。因而他演講時便遭到一些觀點激進者的反對，發問、質詢的字條紛紛遞向講臺。給我印象最深的是，費遠等學生代表甚至憤然退出會場。但多數學生還是支持胡平的，我也對他感覺不錯。」

胡平在競選期間，將他在「西單民主牆」所發表的〈論言論自由〉一文，除以大字報張貼校園內外，另以油印件散播，範圍更廣。胡平也是公開批評中共錯誤處理魏京生案的主要候選人。

十二月三日，北京大學舉行首輪預選，從二十多位競選人裡，先選出前三名，進入正式選舉。結果，由胡平，王軍濤，張煒三人勝出。十二月十一日正式選舉，胡平獲票超過半數，當選為北京大學海淀區人大代表。王軍濤、張煒二人均未達半數，於十二月十八日再投票，仍未達標準，均不能當選。

據胡平回憶說：「一九八〇年在少數大學和工廠搞過的自由競選，其中北京大學的競選為最典型。因為在北大，我們每一個都可以毛遂自薦，更重要的是，我們足足有一個月時間，能夠自主地運用大字報、油印材料、答辯會、講演會、民意測驗等公共交往手段，展開較為自由的討論。正因為這一點，賦予了那場選舉活動的真正民主含意。」

但是，中共對北京大學的學生競選的熱烈情況，和產生的激情，感到恐慌，擔心可能促成民運力量的團結，在中國形成一股反對勢力。因此，胡平最終沒被准許就任區級人大代表，也讓他在畢業後的兩年，未能分配工作。

在北京曾有一份由「北京有機化工廠」青年工人何德普、龔平主辦的民刊《北京青年》，在「西單民主牆」被禁後，也在一九八〇年投入參加工廠內之「區人代」選舉。何德普在競選活動時，乘機宣揚民主與人權，激怒了黨委，在黨委的干預下落選。他說：「中國共產黨用一黨包辦的選舉形式，代替了十二億中國人民的政治選舉。而老百姓極度盼望在各級選舉中，實行有政治競爭的選舉，應即刻廢除一黨包辦的選舉制度；人民盼望著一個政治反對黨的崛起，通過非暴力的方式『選舉』登上中國的政治舞臺，將我國帶入憲政民主的社會。」後來，在一九九八年，他與徐文立、查建國共同組建了「中國民主黨京津黨部」。

也因此，中共在一九八二年的全國「人大」會議上，將一九七九年的選舉法中「任何選民或者代表，有三人以上附議，也可以推薦代表候選人」，「各黨派、團體和選民，都可以用各種形式宣傳代表候選人」等條文，全部刪除。修改後的條款對介紹候選人的方式作了極大限制，將代表候選人推薦重新集中到各級黨組織手中，不再允許自由參選。

在一九八〇年校園競選期間，有一派民運人士反對參加選舉。據傅申奇回憶說：「（這一派）認為參加這種選舉，就是承認中共的合法性和人大的代表性。因而，只有揭露這種選舉的虛偽性，而拒絕捲入這種選舉。既不運用選舉權，也不運用被選舉權。」

在「西單民主牆」活躍時期，全國有民刊一百二十七種，光北京就有五十五種。「西單民主牆」被禁後，紛紛陸續停刊。而能在一九八〇年三月以後，還繼續堅持下來的民刊，能證實的只剩下廣州何求、王一飛的《人民之路》，能夠倖存的原因，是背後有香港民主人士的資助。不過，據王希哲回憶，武漢秦永敏、朱建斌的《鐘聲》，仍然存在。

但在一九八〇年下半年，已停刊仍主張能夠繼續辦民刊的組織，在全國大約有二十幾個。這些民運人士也感覺到如果單打獨鬥，勢必被中共各個擊破，因而有籌組全國性民刊組織之要求，並即進行全國性的大串連。這項工作，與民運學生和工人參加「人代」選舉，是同時併進。在中共眼中，這是民運份子分進合擊的策略，必須打壓。否則，一旦讓民運份子結合成力量，將對中共政權構成極大威脅。那些參與「人代」競選的民運人士，也有不少人同時參加了民刊全國大串連活動。

參與全國大串連活動最積極的民運人士是秦永敏、傅申奇等人。秦永敏建議在武漢召開「全國民刊代表會議」，並成立全國性的民刊組織。但不幸被「美國之音」電臺在一九八〇年一月提前報導，走露了消息。秦永敏為避免全國民運菁英被中共一網打盡，於是取消召開「全國」性的民刊會議，而在當年的春節期間舉行了縮小版的「部分」民刊代表會議。

出席「武漢會議」的民運人士有武漢的秦永敏、朱建斌、李曉林、杭州的楊曉雷、河南的劉二安、上海的傅申奇，還有幾位襄樊的民刊負責人。會議決定：全國民刊暫時停刊，先健全各地組織，積累力量，預定同年七、八月同時復刊，九月在廣州舉行「全國民刊代表大會」，成立全國性組織。此外，秦永敏、楊曉雷和傅申奇等人討論了籌組政黨問題，決定組建「中國民主黨」，並成立「籌備小組」。

這年八月十八日，鄧小平在中共中央政治局擴大會議上，發表《黨和國家領導制度的改革》講話。他指出現行中共政治制度中存有五大弊端：一、官僚主義（封建專制和無產階級專政相結合，產生了中國歷史上最龐大的官僚機器）；二、權力過分集中（在「加強黨的一元化領導」口號下，把一切權力集中在黨委，特別是集中於第一書記）；三、家長制；四、領導職務終身制；五、形形色色的特權。鄧小平說：「只有對這些弊端進行有計劃、有步驟而又堅決徹底的改革，人民才會信任我們的領導。」

鄧小平的講話，於八月三十一日經政治局正式通過。似乎，鄧小平在繼經濟改革後，又要推動政治制度改革，修正他所堅持的「四項原則」。這對當時被壓制的民主運動，看似是一劑強心針。

但這不過是曇花一現。就在同一天，波蘭共產黨承認格丹斯克市「列寧造船廠」工會與全國各地工會聯合成立的「全國獨立自治工會聯合會」（簡稱「團結工會」，主席華勒沙）之合法地位，並給予工會發動罷工的權利。而被史學界稱為東歐人民擺脫共產獨裁統治，邁向自由的第一步。

鄧小平對此一事件，起初認為這是波蘭人民抗議波蘭政府，和向蘇聯霸權主義的挑戰，不會對中國人民產生影響，甚至還表示支持波蘭人民的鬥爭行動。但隨著，「團結工會」與波共的對立，胡喬木給中共中央寫了一封《關於波蘭危機》的信，認為波蘭「團結工會」的工人背後支持者是知識份子。中國有可能發生類似波蘭那樣的事件，為防止中國出現「團結工會」和知識份子的結合，中央必須「引為殷鑒」，制定因應對策。

陳雲也說：「一個宣傳方面，一個經濟方面，這兩個方面如果不注意，中國也會發生波蘭那樣的事件。」

於是，中共下令停止宣傳鄧小平的政治改革指示。這個本來可以改變中共「一黨專政」、「黨大於國」獨裁專制的絕佳機會，從此煙消雲散。鄧小平直到年底中央工作會議，裁決同意陳雲和趙紫陽的「捨發展，求安定。緩改革，重調整」經濟政策後，等於正式表態放棄了政治改革。

各地民刊經過休整，於七、八月陸續重新出刊。但是，在九月中旬，先行抵達廣州的民刊代表，如武漢的朱建斌、貴州的秦曉春、和廣州的何求等人，已被中共逮捕，全國會議因此已無法開成。王希哲在廣州立即採取緊急應變措施，由王一飛通知各地民刊代表，取消民刊全國會議，並直接宣佈即日（九月十五日）成立「中華全國民刊協會」，並出版會刊《責任》。

朱建斌等人被捕後，全國民運人士嘩然，同步發起抗議中共濫權逮捕行動，並獲得香港媒體之聲援。迫於內外壓力，中共只得釋放被捕之民運人士。

正因為鄧小平的政治改革指示，未明令取

消，以及這些民運人士的獲釋，和「全國民刊協會」的成立，給予了民運人士一個假象，中共有開放民主之可能。

不但如此，甚至中共的報紙，也誤認為真。例如《人民日報》先後在這年的十月三十日、十一月十四日發表《「集中指導下的民主」的提法是否科學？》、《權力不能過分集中》；《黑龍江日報》於十月二十九日發表《「黨領導一切」的提法不科學》；《北京日報》十二月五日的《「外行領導內行」的提法是有害的》；《廣西日報》十一月十七日的《書記不等於「班長」》等等，不勝枚舉。這些文章絕大部分都是打著批評毛澤東的錯誤為文，實際上是「打著紅旗反紅旗」。

民刊《責任》的第一、二期由王一飛、何求主編，為雙月刊。在創刊號上，王一飛發表全國民刊首屆代表大會《聯合公告》，署名的有全國十三個城市的十九份民刊和負責人的姓名及地址。兩個月後，參與的民刊增加到二十八份。

在《責任》發行後的兩個月，又先後成立了東北、華北、華中、華東、西南、華南六個地區性的分會，並各自出版民刊。其中「華中分會」由武漢的民刊《鐘聲》、長沙的《共和報》、重慶的《童音》組成。「華東分會」由上海、寧波、杭州、溫州民刊組成（各地主要負責人：上海傅申奇、寧波童年、杭州沈建明、王榮清、溫州鄭玉林等人），並出版《華東民刊》。其他分會也分別出版民刊，如《東北民刊》、《華北民刊》等。

到一九八〇年底，全國恢復出版的民刊已有二十份左右。然而，多數民刊所處的環境和工作條件，仍面臨中共隨時打壓的威脅，尤其是資金和人力的不足，經常陷於困境，這些民運人士憑著一股對民主運動的熱情，無怨無悔的勉力支撐下去。

北京徐文立、楊靖等人，將已停刊的《四五論壇》，重新復刊，並加入「中華全國民刊協會」，還創辦了內部交流刊物《學習通訊》。

徐文立在全國民主運動中，十分活躍，從他後來被捕，中共對他的刑事判決書說：「（徐文立）一九八〇年七月至一九八一年二月，共出版六期《學習通訊》，每期數百份，散發至全國十八個省市，散佈反動言論，進行反革命宣傳煽動。」中共並控訴徐文立、王希哲、孫維邦和劉二安等人「祕密策劃成立反革命組織『中華民主統一促進會』。徐文立為該反革命組織撰寫了《綱領》，還決定派人去香港等地與反華反共份子進行勾結。……陰謀將這個反革命組織的總部設在香港，把香港作為勾結反共反華份子的『橋樑』。下設『大陸、臺灣、香港、海外』四個分會，『其他地區設分支機構』。『選擇適當時機，在香港或海外，絕對祕密地召開代表會議』，宣告『中華民族統一促進會』成立。」

同是《四五論壇》成員的陳爾晉，曾在「西單牆」發表長篇文章《論無產階級民主革命》，名噪一時。他則在廣州與王屹峰、何求等人商討成立反對黨「中華公權大同盟」。

一九八〇年十二月，《責任》由傅申奇接辦，改為半月刊，三個月內出版了六期(三～八期)。在一九八一年一月出版的《責任》第三期，有一篇重要文章是北大民運學生所起草的「出版法」草稿，這篇文章重點，在爭取出版自由，相對達到爭取言論自由的目的。

年底，鄧小平在十二月十六日至二十五日的中共中央工作會議上，嚴厲批評民主運動。鄧小平說：「最近一些與非法組織有關的人物特別活躍，他們假借種種名義放肆地發表反黨反社會主義的言論。」「對於這種種活動的嚴重性，我們有些同志還沒有足夠的認識，因而打擊不力，有時甚至放縱不管。」「因此，必須加強人民民主專政的國家機器，堅決打擊和分化瓦解上述各種破壞安定團結的勢力。」

鄧小平還強調：「四項基本原則，必須堅持，絕不允許任何人加以動搖，並且要用適當的法律形式加以確定。」他親口否定了他八月提出的政治改革政策，堅持中共一黨繼續壟斷國家機器和一切權力。

中共中央和國務院遵照鄧小平指示，於一九八一年二月二十日發出《關於處理非法刊物非法組織和有關問題的指示》（《九號文件》）。文件說：「現在對於廣大青年來說，有一種現實的危險，就是近期以來，全國一些地方非法刊物積極活動，擴大發行範圍並且紛紛要求註冊登記，非法組織也重新抬頭，都企圖爭取合法地位。所謂非法刊物和非法組織，就是指違反憲法和法律，以反對四項基本原則為宗旨的刊物和組織。這些刊物在一些青年中散發、訂閱，有一定的市場，其頭頭許多也就是非法組織的頭頭。……他們正在引誘、欺騙、蠱惑、煽動少數政治上幼稚的、沒有經驗的青年，以達到其險惡的政治目的。他們無視國家民族利益，唯恐天下不亂。他們互相串連、祕密開會、建立地區性和全國性團體。他們採取的策略是儘量用合法的形式掩護非法的活動，打著民主、自由、人權、改革等旗號進行反對黨反對社會主義的活動。有的甚至揑造說，我國現階段的『主要矛盾』是『人民大眾和官僚特權階層的矛盾』，目前全國各地『布滿乾柴』。」

因此，中共決定：「決不允許其以任何方式活動，以任何方式印刷出版發行，達到合法化、公開化；決不允許這些非法組織、非法刊物的成員在單位之間、部門之間、地區之間串連，在組織上、行動上實現任何形式的聯合。」「如宣佈取締後仍繼續祕密活動，則應對參加人員按照情節輕重，分別依法給予傳訊、搜查、警告、罰款、拘留或其他必要的處分，同時通知他們的家庭和所在單位密切合作。對非法刊物、非法組織的處理，不要登報、廣播。」

中共本想制定《出版登記法》以控制「非法民刊」。但是，陳雲堅決反對，他說：「不要搞什麼出版法。過去我們同國民黨蔣介石鬥，就是利用國民黨政府那個出版法去登記，鑽出版法的空子進行合法鬥爭；現在我們不能讓人家鑽我們的空子，變非法為合法，利用合法鬥爭形式同我們鬥。要讓他們登記無門，一律取締。」

形勢因此急轉直下，中共在全國全面展開清查鎮壓「民運組織」和「民運刊物」，引起民運人士極大憤慨。王希哲首先發難，他在一九八一年初，發表了《鄧小平錯了》一文，刊在民刊《責任》上。王希哲說：「（鄧小平『公民』）對我國目前的青年民主運動的批評，基本上是錯誤的。」「把全國許多大學正在展開的民主選舉和某些遊行示威活動視為邪氣，他號召要用正氣壓倒邪氣，這真正是怪事。」「鄧小平『公民』把全國許多青年工人和青年學生自行出版的刊物視為非法刊物，建議政府制定法令嚴加制止，鄧小平『公民』顯然無視共和國憲法第四十五條（註：規定公民有言論自由和出版自由）。」「歷三十年餘年之久，政府連一部正式的出版法也沒有制定出來，人民今天只好根據憲法自由出版，這到底是人民無政府主義呢？還是政府無憲法主義呢？」王希哲特意把鄧小平稱為「公民」，表示你我同為「公民」，我有憲法保障的言論與出版自由，你不可違憲。王希哲的這篇文章，如同魏京生所寫的《要民主還是要新的獨裁》一文，無疑是堅決與中共對立。後來他被判刑十四年，卻坐了十五年的牢。

一九八一年二月，中共中央九號文件宣佈：所有民刊為非法，責令停刊。「中華全國民刊協會」由秦永敏、何求、傅申奇、楊靖、朱建斌等組成「進京請願團」，向「人大」狀告中共中央違憲，侵害「人大」的立法權。中共於是進行了全國鎮壓民主運動，除即逮捕了請願團成員外，並對「協會」的主要民運骨幹進行逮捕，計有上千人被拘審，判處重刑。

面對大鎮壓，上海的林牧晨繼續出版了《責任》第九期後被捕。一九八二年，上海王建偉、何永全、秦林山、楊勤恒等，又祕密出版了《責任》第十期，都被逮捕、判刑。一九八三年，上海任海明、陳震康、陸陽生、練增明、王永剛等繼續活動，被嚴厲鎮壓。

一九九〇年一月傅申奇與《民主之聲》的另

一編輯張汝俊，發行地下刊物《復興》，作為被禁的《責任》民刊之延續，出版了五期，再遭逮捕、判刑。

前在一九八〇年時，中共曾拍攝一部電影《苦戀》，由軍中作家白樺和彭寧編劇導演。描述一位海外著名華裔畫家，在中共建政後，舉家回歸，但在文革時慘遭迫害，他女兒問他：「您苦苦留戀這個國家，可這個國家愛您嗎？」畫家無言以對，終因不堪迫害逃亡，死前在冰天雪地中，爬出一個大問號，畫家氣盡於問號尾的那一點上。整部電影極具震撼力，也反映著軍中知識份子追求政治民主的願望。

鄧小平一如當年毛澤東批判電影《武訓》一樣，親自在一九八一年三月二十七日點名批判《苦戀》，指其違反「四項基本原則」。於是，毛式鬥爭，重現中國，引起知識文藝界的恐慌和不滿，除《解放軍報》有專文批評外，《人民日報》甚至不惜抗拒鄧小平當面的責問，也不肯轉載《解放軍報》文章。因此，批判《苦戀》一事，最後漸漸不了了之。

鄧小平在與華國鋒奪權鬥爭期間，表態支持「西單民主牆」，並充分利用民刊的言論鬥垮華國鋒。在他奪得中共黨政軍大權之後，逐漸顯露他無法容忍異議的心態，正如毛澤東在「鳴放」與「反右鬥爭」時期所搞「陽謀」一樣，翻臉不認人，取締了「西單牆」。一九八〇年八月，鄧小平又發表政治改革指示。據李洪林《中國思想運動史》說：「在鄧小平《改革黨和國家領導體制》倡議下，國內民主空氣異常高漲。」不過一個月，鄧小平的政治改革號召，就消聲匿跡。但引出了「中華全國民刊協會」，一網打盡全國民運人士和民運刊物，這又與毛澤東的「引蛇出洞」有何差別。

由於中共堅持「四項原則」之專制獨裁作法，壓制民主運動的正義要求，終於引發一九八九年的全國大規模的民運，並釀成「六四天安門事件」的大悲劇。

附錄一　遇羅克的《出身論》

家庭出身問題是長期以來嚴重的社會問題。這個問題牽涉面很廣。如果說地富反壞右份子占全國人口的百分之五，那麼他們的子女及其近親就要比這個數字多好幾倍（還不算資本家、歷史不清白份子、高級知識份子的子女，更沒有算上職員、富裕中農、中農階級的子女）。不難設想，非紅五類出身的青年是一個怎樣龐大的數字。由於中國是一個落後的國家，解放前只有二百多萬產業工人，所以真正出身於血統無產階級家庭的並不多。這一大批出身不好的青年一般不能參軍，不能做機要工作。因此，具體到個別單位，他們（非紅五類）就占了絕對優勢。

由於形「左」實右反動路線的影響，他們往往享受不到同等政治待遇。特別是所謂黑七類出身的青年，即「狗崽子」，已經成了準專政對象，他們是先天的「罪人」。在它的影響下，出身幾乎決定了一切。出身不好不僅低人一等，甚至被剝奪了背叛自己的家庭、保衛黨中央、保衛毛主席、參加紅衛兵的權利。這一時期，有多少無辜青年，死於非命，溺死於唯出身論的深淵之中，面對這樣嚴重的問題，任何一個關心國家命運的人，不能不正視，不能不研究。而那些貌似冷靜和全面的折衷主義觀點，實際上是冷酷和虛偽。我們不能不予以揭露、批判，起而捍衛毛主席的革命路線。下面我們就從毛主席著作和社會實踐中尋找答案，分三個問題來闡述我們的觀點。

社會影響和家庭影響問題

先從一副流毒極廣的對聯談起。

「老子英雄兒好漢，老子反動兒混蛋，基本如此。」

辯論這副對聯的過程，就是對出身不好的青年侮辱的過程。因為這樣辯論的最好結果，也無非他們不算是個混蛋而已。初期敢於正面反駁它的很少見。即使有，也常常是羞羞答答的。其實這副對聯的上半聯是從封建社會的山大王竇爾敦那裡借來的。難道批判竇爾敦還需要多少勇氣嗎？還有人說：這副對聯起過好作用。是嗎？毛主席說，任何真理都是符合於人民利益的，任何錯誤都是不符合於人民利益的。它起沒起過好作用？要看它是否是真理，是否符合毛澤東思想。

這副對聯不是真理，是絕對的錯誤。

它的錯誤在於：認為家庭影響超過了社會影響，看不到社會影響的決定性作用。說穿了，它只承認老子的影響，認為老子超過了一切。

實踐恰好得出完全相反的結論：社會影響遠遠超過了家庭影響，家庭影響服從社會影響。

從孩子一出世就受到了兩種影響。稍一懂事，就步入學校大門，老師的話比家長的話更有權威性，集體受教育比單獨受教育共鳴性更強，在校時間比在家時間更長，黨的雨露和毛澤東思想的陽光滋潤著這棵新生的幼芽，社會影響便成了主流。

朋友的琢磨、領導的教導、報紙、書籍、文學、藝術的宣傳、習俗的薰染、工作的陶冶等等，都會給一個人以不可磨滅的影響，這些統稱社會影響，這都是家庭影響無法抗衡的。

即使是家庭影響，也是社會影響的一部份。一個人家庭影響的好壞，不能機械地以老子如何而定。英雄的老子，反動的媽媽，影響未必是好的。父母都是英雄，子女卻流於放任，有時更糟糕。父母思想好，教育方法如果簡單生硬，效果也會適得其反。同樣，老子不好，家庭影響未必一定不好，列寧就是例證。總之，一個人的家庭影響是好是壞，是不能機械地以出身判定的，出身只是家庭影響的參考。

總的來說，我們的社會影響是好的。這是因為：我們的社會制度是無比優越的；我們的黨是一貫突出政治的，是最重視年輕一代成長的；我們絕大多數人民是熱愛新社會的。當然，我們也不能忽視階級鬥爭的複雜性和尖銳性，不能忽視我們還處在小資產階級汪洋大海之中。我們的文化教育制度正待徹底改革。有時社會影響又不全是好的。無論是什麼出身的青年，如果接受社會上的壞影響，一般總要服從這種壞影響，犯這樣或那樣的錯誤。但是只要引導得法，他很快就會拋掉舊東西，回到正確的立場上來。所以，故意讓青年背上歷史包袱，故意讓青年背上家庭包袱，同屬於一種錯誤路線，二者都是殘酷的。由於社會影響是無比強大的，但又不見得全是好的，所以不管是什麼出身的青年放棄思想改造，都是錯誤的。對於改造思想來說，出身好的青年比出身不好的青年並沒有任何優越性。家庭影響也罷，社會影響也罷，這都是外因。過多地強調影響，就是不承認主觀能動性的機械論的表現。人是能夠選擇自己的前進方向的。這是因為真理總是更強大，更有號召力。你真的相信馬克思列寧主義是無比正確的嗎？你真的相信毛澤東思想是戰無不勝的思想武器嗎？你真的承認內因起決定作用嗎？那麼，你就不應該認為老子的影響比甚麼都強大。否則，只能表明你的思想混亂到無以復加的程度了。

重在表現問題

如果你沒有理由駁倒社會影響大於家庭影響，也駁不倒現在社會的好影響是主流，也不得不贊同出身和家庭影響沒有必然的聯繫。那麼，我們可以一起來研究「重在表現」的幾個問題。

無產階級文化大革命的初期，很多人都說「重在表現」是修正主義觀點。後來聽說這是毛主席提出來的，才慌忙改口。可見他們對這項政策根本不理解，讓他們來解釋這項政策，就必然會任意歪曲。限於篇幅，這裡只檢查三種提法，看是否符合毛澤東思想。

出身和成份完全不同

貌似公允的同志常對出身不好的青年這樣講：「一我們有成份論，二不唯成份論，三重在政治表現……」這是不看對象。

江青同志解釋過這句話。她說：這是對背叛本階級的個別份子講的。江青同志的解釋是甚麼意思呢？舉例說，恩格斯本人是資本家，但他背叛了本階級，成了共產主義的第一代公民，成了工人階級傑出的領袖。巴黎公社中也有一些本人是資產階級份子的委員，但他們是工人階級公社的代表。我國革命時期也有這樣的例證。我們能不能因為他們成份不好而抹煞他們的歷史功績呢？不能！我們要重在政治表現。這就叫「不唯成份論」。我們認為相反的情況也使用於這個公式。對成份是礦工，但背叛了無產階級，背叛了革命的份子，也要重在表現，也沒有一點可以輕恕他的罪惡的理由。小而言之，李鼎銘是地主份子，但他向邊區政府提出了「精兵簡政」的建議，毛主席讚揚說：「不管甚麼人……你說的辦法對人民有好處，我們就照你的辦。」這就是不以人害言，亦即不唯成份論的具體表現。出身和成份是完全不同的兩件事。老子的成份是兒子的出身。如果說，在封建家庭是社會的份子，子承父業還是實在情況，那麼，到了資本主義社會，這個說法就不完全正確了。家庭的紐帶已經鬆弛了，年輕的一代已經屬於社會所有了。而到了社會主義社會，一般的青少年都接受無產階級教育，準備為無產階級事業服務了，再把兒子、老子看作一碼事，那也太不「適乎潮流」了。

毛主席在一九三九年寫的〈中國革命和中國共產黨〉一文中說，當時的知識份子屬於小資產階級範疇。在這裡並沒有分門別類，把哪一個階級出身的知識份子劃歸為哪一範疇。

毛主席在一九五七年寫的〈關於正確處理人民內部矛盾的問題〉一文中又說：「我們的大學生，雖然還有許多人是非勞動人民家庭出身的子女，但是除了少數例外，都是愛國的，都是擁護社會主義的……」這又是一個例證。

由此可知，同一個家庭的成員不見得就是同一個階級的成員，這一點連階級敵人都知道得很清楚。例如，運動期間北京中級人民法院的一份判決書上寫道，一個反革命富農份子，因為三個兒子檢舉了他，夜間持兇器砍死、砍傷了他們。又據一份傳單，市內某公社工廠書記－一個蛻化的變質份子，臨自殺前，親手溺斃了自己的孩子。他在遺囑中說，孩子長大也不會為自己報仇的。

出身和成份是不能相提並論的。有一段對話是很耐人尋味的。甲（是個學生）：「你甚麼出身？」乙：「你呢？」甲：「我紅五類，我爸爸是工人。」乙：「那我比你強，我就是工人。」

如果說唯成份論都沒有道理，那麼唯出身論又怎麼能夠存在？

有些人會引用毛主席的話反駁說：「在階級社會中，每一個人都在一定的階級地位中生活，各種思想無不打上階級的烙印。」這是放之四海而皆準的真理。地主、資本家他們長期在剝削階級地位中生活，他們的思想無不打上剝削階級的烙印。因此，他們要想重新做人，就必須脫胎換骨地改造，這也就是我們「有成份論」的根據。但是對他們的子女，就不能這樣看了。特別是在新社會長大的青年，能說他們是在剝削階級地位中生活嗎？世界上哪有一種沒有剝削的剝削階級呢？沒有這樣的東西。給一個人的思想打上烙印的，不只是家庭，更重要的是社會。今天的社會是一所毛澤東思想的大學校。青年人的階級地位，要麼是準備做勞動者，要麼是已經成了勞動者。這時對他們還強調「成份」，那就是要把他們趕到敵對階級中去。

我們必須要劃清出身和成份這二者之間不容混淆的界限。誰抹煞了這兩條界限，雖然樣子很「左」，但實際上就是抹煞了階級界限。

出身和表現關係甚小

於是，公允派的同志不談成份了。他們說：「我們既看出身，也看表現（即政治表現）……」

這是「出身即成份論」的翻版。兩相比較，也就是五十步笑百步，沒多大差別。

出身是死的，表現是活的，用死標準和活標準同時衡量一個人，能得出同一個結論嗎？我們在本文第一個問題已經分析過：出身是家庭影響的一個因素，家庭影響是表現的一個因素，而且是一個次要的因素，社會影響才是表現的主要因素。因此，出身和表現根本沒有同一性。究竟一個人所受影響是好是壞，只能從實踐中檢驗。這裡所說的實踐，就是一個人的政治表現。表現好的，影響就好；表現不好的，影響就不好。這和出身毫無牽連。

退一步說，我們非要既看出身，又看表現不可，那麼請問：出身不好，表現好，是不是可以抹煞人家的成績？出身好，表現不好，是不是可以掩飾人家的缺點？出身不好，表現不好，是不是要罪加一等？出身好，表現好，是不是要誇大優點？難道這樣作是有道理的嗎？

「既看出身，也看表現」，實際上不免要滑到「只看出身，不看表現」的泥坑裡去。出身多麼容易看，一翻檔案，就完事大吉了。或者在街上一見面問對方：「你是什麼出身？」便瞭解了一切。真是又簡單又省事。要看表現是何等麻煩，特別是對那些莫名其妙的懷疑派來說，絕不相信你平時的表現，也不相信你大風大浪中的表現，既懷疑你過去的表現，也懷疑你現在的表現，並準備懷疑你將來的表現，直懷疑你個死而後已，才給你蓋棺論定。終於連他們也懷疑膩了。如果看出身，兩秒鐘能解決大問題。再說，表現這種東西，對於某些人根本就沒有固定的準繩。愛奉承的人，認為拍馬屁是最好的表現；愛虛偽的人，認為客套是最好的表現；愛錯誤路線的人，認為出身不好的青年終日超經驗的懺悔是最好的表現。哪裡比得上出身？只需「老子英雄兒好漢，老子反動兒混蛋，老子平常兒騎牆」三句話就解決問題了。

看一看毛主席怎樣教導我們吧，毛主席說：

「革命的或不革命的或反革命的知識份子的最後分界，看其是否願意並且實行和工農民眾相結合。我們在這裡提出了一個標準，我認為是唯一的標準。」這唯一的標準是出身嗎？

毛主席提出的革命接班人的五項條件，有出身這一條嗎？

十六條中的第五條是堅決執行黨的階級路線，談到要依靠什麼人，團結什麼人，反對什麼人，有出身這個根據嗎？

革命左派的三個標準，有出身這個標準嗎？沒有！完全沒有！出身好壞與本人革命與否又有什麼關係？即使出身不好，一樣可以是革命左派，可以是無產階級事業的接班人，可以是革命的依靠物件。在表現面前，所有的青年都是平等的。出身不好的青年不需要人家恩賜的團結，不能夠只做人家的週邊。誰是中堅？娘胎裡決定不了。任何通過個人努力所達不到的權利，我們一概不承認。革命最堅決的人，就是那些表現最優秀的人。誰也不能說王傑的光輝程度就不及雷鋒。談到怎樣看表現，想到古代思想家的一則寓言。他說千里馬常有，但認識千里馬的伯樂不常有。一般人相馬，總是根據母馬、外形、產地、價錢來判斷馬的好壞，偏忘記了讓馬跑一跑，試一試，看看它到底能不能日行千里，夜走八百，這樣就分不出哪一匹馬是千里馬。今天有的人不正是這樣嗎？他們只是著眼於出身啦，社會關係啦，這些死材料，恰恰忘了真正可以做為根據的表現。久而久之，不但糟蹋了千里馬，就連普通馬也要變成「狗崽子」了。

我們必須要擺對出身和表現的位置。衡量一個青年是否革命，出身不是標準，只有表現才是唯一的標準。你們真的認為出身好表現就好，盡可以表現上超過出身不好的同志？只有表現糟糕的人才扯起出身這面大旗當虎皮，拿老子當商標，要人買帳。我們說，你表現不好，比如：頑固堅持反動路線，不學不用毛主席著作等等，就是出身於紅五類中的前三類（革幹、革軍、革烈），也一點沒有用處。

出身、社會關係這些東西只能算是參考。只要把一個青年的政治表現瞭解清楚了，它們就連參考的價值也沒有了。

出身好壞和保險與否毫無關係

公允派的同志這回換了口氣：「黑五類子女同他們的家長當然不完全一樣子……」言外之意，和紅五類子女當然也不一樣了。為什麼呢？因為（這回功利主義這塊法寶來了），因為：「他們不保險！」

可是，為什麼不保險呢？「無論如何，他們受過壞影響！」外因決定論者這樣說。且不談家庭出身不好影響未必不好，且不談家庭影響服從社會影響。那麼，是不是家庭影響壞一些，社會影響再好，表現也要壞一些呢？這絕不是代數和的關係，而是辯證的關係。毛主席說：「不破不立」，又說：「破字當頭，立在其中」。如果不和自己頭腦中的非無產階級思想作鬥爭，無產階級思想又如何樹立得起來？我們常常形容一些只受過紅一色教育而沒有經過刻苦的思想改造的青年為溫室裡的花朵。他們經不起風浪，容易為壞人利用。不是這樣嗎？文化大革命初期，那些喊「老子英雄兒好漢」的出身頗為令人羨慕的好漢們，後來不是執行了修正主義路線，成了資產階級的代言人了嗎？他們保險嗎？而領導無產階級偉大革命事業的偉大導師馬克思、列寧、毛主席出身都不好，這個事實也絕不是偶然的。問題的關鍵，不在於出身，在於思想改造。

「革幹子弟不想復辟，不會革老子的命。」家庭觀念極重的人這樣說。往往，復辟是在不自覺中進行的。運動中揭出來的黨內走資本主義的當權派，凡是近幾年提拔的，出身一般都很好，他們保險嗎？後來形「左」實右的工作隊或明文規定、或暗中推行歧視出身不好的青年的政策，那時，選入革委會的大都是出身好的，結果大多當了工作隊的反動路線的推銷員，他們保險了嗎？北京市中學紅衛兵某負責人，他竟有男女祕書各二人、司機一人，此外還有小汽車、摩托車、手錶、照相機、答錄機等等，陳伯達同志還稱之為假紅衛兵。可見，只依靠出身好的人同樣不能取消復辟的危險。古代有個女皇名叫武則天，她把大臣上官儀殺了，卻把上官儀的女兒留做貼身祕書。有人為她擔心。她說：「只要政治修明，自然使人心悅誠服，這有什麼關係？」看看那些反動路線的執行者，他們懼怕毛澤東思想，不貫徹黨的政策，又怎麼能相信革命的青年？可笑！他們連封建帝王的這點遠見也沒有，還自稱為「無產階級戰士」呢！我們偉大領袖毛主席是絕不會在接班人的條件中寫上出身這一條的，因為他的政策最正確，路線最鮮明。在他領導下，青年也就最保險。否則，縱然如革命勝利後驅逐剝削階級的蘇聯，所有青年出身都不錯，也是不保險的。

提倡保險論的人並不少，像樣的理由卻沒有。難道這就是「階級觀點」嗎？不像！這是「階級偏見」，它和無產階級無緣，和小資產階級倒挺親近。這些人頭腦裡沒有樹立公字，私有意識濃厚，所以度己度人，沒有不變樣走形的，依照他們的觀點，老子反動，兒子就混蛋，一代一代混蛋下去，人類永遠不能解放，共產主義就永遠不能成功，所以他們不是共產主義者。依照他們的觀點，父親怎樣，兒子就怎樣，不曉得人的思想是從實踐中產生的，所以他們不是唯物主義者。依照他們的觀點，一個人只要爸爸媽媽好，這個人的思想就一定好，不用進行艱苦的思想改造、思想鬥爭，所以他們不是革命者。他們自己不革命，也不准出身不好的人革命。他們稱自己是「自來紅」，殊不知，「自來紅」是一種餡子糟透了的月餅而已。

我們必須相信毛澤東思想哺育下的廣大青年，應該首先相信那些表現好的青年。不能用遺傳學說來貶低一部份人抬高一部份人。那樣做，無非是一種拙劣的政治手段，絕沒有任何道理。我們不允許用資產階級的階級偏見代替無產階級的階級觀點。當然，任何一個有出息的青年都應該下定決心改造自己。這樣即使影響不好，也能變壞事為好事，變阻力為鞭策。如果沒有這種決心，那也就無所謂有好的政治表現，也就不堪設想了。

受害問題

有一位首長在一九六一年講過，「出身不同的青年之間，不應該存在一道不可逾越的鴻溝。」

不應該存在，可是偏偏存在著，這是怎麼造成的？

記得運動初期，受害問題首先由一些時髦人物提出來了。隨著，大家都說自己受了修正主義集團的迫害。修正主義集團那麼反動，要是自己不但沒受迫害，反而受到寵愛，那還算是革命者嗎？於是譚立夫也說他受害了。經濟上受害嗎？困難時期他大吃荷蘭煉乳；政治上受害嗎？思想那麼反動還入了黨，哪一點像受過委屈的公子哥兒？新改組的《北京日報》也大登特登紅五類出身的青年訴苦文章，說他們是前市委修正主義路線的受害者。應該說，所有的青年都是受害者，為什麼單是出身好的青年是受害者呢？我們看一看他們受了哪些害？

一，「我們被拒於大學之外，大學為剝削階級子女大開方便之門」；二，「大學裡出身好的青年功課不好，大受教授白眼」；三，「有的出身不好的青年竟被提升當幹部」；四，「……」。假使這就算是受害，那麼，受害的正是出身不好的青年，堂堂首都一份大報竟然這麼顛倒黑白，那也無怪乎它壽終正寢了，還是讓事實說話吧！

回想修正主義集團當政時，每年大學招生完畢，前高教部總發表公告：「本年優先錄取了大批工農子弟，革幹子弟。」不少大學幾乎完全不招收黑五類子女。大學中的重要科系就更不用提了。學校則以設立「工農革幹班」為榮。難道這就是「為剝削階級子女大開方便之門」了嗎？上了大學的，也是出身好的人受優待。不少大學成立「貧協」一類的組織，與團組織並立。這次運動開展以來，有禁止黑七類子女串連的，有用出身攻擊敢於寫大字報的同學的，有不許出身不好的青年參加各種戰鬥組織的，有借出身挑動群眾鬥群眾的……。這些大家都不感到怎樣意外，可見出身不好的青年受迫害歷來就是常事。至於說紅五類出身的青年學不好功課，那純粹是對出身好的青年的誣蔑。何以見得出身和學習一定成反比呢？中學也如是，據前北京市教育局的調查亂班的材料，其中有「搗亂」學生出身調查一項（注意，這裡的「搗亂」和造反沒有關係，材料中指的是大談男女關係，有偷竊行為的），大多出身很好，有在亂班中別人都鬧他不鬧的，出身反而挺糟，問其原因，答曰：「我出身不好，人家鬧沒事，我一鬧就有事了。」這話不假，不用說中學，連小學也是如此。有位校長對青年教師說：「有兩個孩子同時說一句反動的話，出身好的是影響問題，出身不好的是本質問題。」不知道是不是前團市委的指示，有一度某些學校所有出身不好的少先隊幹部全改選了。近幾年中學的團幹部、班幹部也都是從出身這個角度考慮的。一般教師也許是為輿論左右，也許是發自肺腑，沒有不對出身好的青年（特別是革幹子弟）另眼看待的，相反的情況純然是例外。否則，早就扣你個「沒有階級觀點」的大帽子了。

工廠這種現象也很普遍。凡是近三、四年提升的行政幹部，幾乎無一例外是出身好的。就連先進工作者候選名單上也有出身這一欄。有的工廠還規定，出身不好的師傅不許帶徒工，不許操作精密機床。運動初期還有規定「出身不好的工人有選舉權但沒有被選舉權」的。在總結各廠當權派罪狀的時候，所謂招降納叛（即曾經提拔過某個出身不好的人做了技術幹部），是十分要緊的一條。可想而知，以後的當權派要再敢這麼辦才怪呢。工廠裡也組織了紅衛兵。出身限制很嚴。翻遍中央文件，只有依靠工人一說，從未見依靠出身好的工人一說。是誰把工人分成兩派了呢？

農村中這樣的例子更多。修正主義代表人物搞過「四清」的地方，把地富子女劃分了一下成份，表現不好的，出身就是成份；表現一般的，是農業勞動者；表現好的，是中農。為什麼表現好的就是中農呢？不能算貧下中農嗎？那麼貧下中農子弟表現壞的是不是也要劃成地主富農呢？表現是出身的結果呢？還是出身是表現的結果呢？出身不好，便不能做行政、財會、保管等工作，也不能外調。沒有普及中學教育的農村，能夠上初中的，要教師、貧協、大隊長三結合推薦。當然，他們誰肯為出身不好的少年背黑鍋呢？大隊長介紹：「這個娃出身好，又聽話，肯幹活，就是他吧！」這樣的，就上初中。

社會上其他部分也如是。北京的街道近兩年改選居民委員會，出身是一個首要條件。連街道辦事處印製的無職業青年求業登記表上也有出身這一項。求業表上主要就有兩項，除去出身，還有一項是本人簡歷。自己填寫簡歷，又都是青年，自然情況差不多。用工單位來挑人，沒有不挑出身好的。要不，放著出身好的你不挑，單挑出身壞的，是什麼思想？所以，不被學校錄取而在街道求職的青年，積年沉澱下來的，大多是出身不好的。只有在大批分配工作的時候，他們才會有被分配的把握。

「出身壓死人」這句話一點也不假！類似的例子，只要是個克服了「階級偏見」的人，都能比我們舉的更多、更典型。那麼，誰是受害者呢？像這樣發展下去，與美國的黑人、印度的首陀羅、日本的賤民等種姓制度還有什麼區別呢？

「這正是對他們的考驗呀！」收起你的考驗吧！你把人家估計得和他們的家長差不多，想復辟、不保險、太落後，反過來又這樣過高地要求人家，以為他能經受得住這樣超人的考驗。看其估計，審其要求，是何等矛盾！忘記了馬克思的話嗎？「要求不幸者是完美無缺的」，那夠多麼不道德！

「他們的爸爸壓迫過我們的爸爸，所以我們現在對他們不客氣！」何等狹隘的血統觀念！在資本主義社會中，父親破了產，兒子只要宣佈放棄繼承權，就可以脫離關係，想不到今天父子關係竟緊密到這個地步了，「左」得多麼可愛啊！算了！我們不再浪費筆墨於這種毫無見地的謬論了。讓我們研究一下產生這種新的種姓制度的根源吧！

這正是修正主義份子一手造成的。那麼資產階級份子為什麼要壓迫資產階級出身的子弟呢？這不奇怪嗎？我們說這一點也不奇怪。正因為這些青年和他們不屬於同一階級，所以他們才這樣做。而對於實現復辟陰謀，無論是無產階級出身的子弟，還是非無產階級出身的子弟，在他們看來是沒有區別的。或許，那些溫室裡的花朵，那些不諳世面而又躺在「自來紅」包袱上的青年對他們更有利一些。特別是一九六二年，毛主席提出了「千萬不要忘記階級鬥爭」的偉大號召以後，這些陰謀家便慌了手腳。當前的階級鬥爭，矛頭指向誰呢？鬥爭的矛頭主要是指向黨內走資本主義道路的當權派，指向他們所包庇的牛鬼蛇神。為了轉移鬥爭的方向，他們便偷換了概念。本來父親的成份應該是兒子的出身，現在，他們卻把父親的成份當成了兒子的成份。這樣就在「階級鬥爭」的幌子下，不顧中央指示，一場大規模的迫害，通過有形無形的手段，便緊鑼密鼓地開場了。出身不好的青年是他們的擋箭牌，而壓迫這些天生的「罪人」，則成了他們掛羊頭、賣狗肉，擾亂視聽的金字招牌。黨中央正確地指出了他們推行形「左」實右路線，這便是其中一個淵源。

他們幹這種罪惡勾當，利用的是社會上的舊習慣勢力，利用的是青少年的天真幼稚，特別利用一些高幹子女的盲目自豪感（例如把自己劃在一二三類，因為革軍、革烈實際也就是革幹，而工農子女便只好是第四、第五兩類了）。他們還利用部分中下層幹部的缺點和錯誤。有些幹部所以承認並且推行了這一套反動的政策，在理論上是無知的表現，他們分不清什麼是馬克思主義的階級論，什麼是小資產階級的唯出身論；在認識上是曖昧的表現，他們分辨不出青年的哪些表現是本質的，哪些表現是表面的；在工作上是軟弱無力的表現，他們不會給青年人提供表現政治思想的機會，他們不會做政治工作，以致把出身當工具，打擊一些人，鼓勵一些人，以推進工作；在政治上是熱情衰退的表現，他們不願做細緻的調查研究，滿足於用出身當框框；在革命意志上是怕字當頭的表現，他們不敢提拔真正表現好的人，怕負責任。於是這些東西一起推波助瀾，形成了在我們的社會制度下，在我們黨的身邊所絕對不能容忍的現象。一個新的特權階層形成了，一個新的受歧視的階層也隨之形成了，而這又都是先天的，是無法更改的。正如毛主席指出的，種族壓迫，就是階級壓迫。反動的修正主義份子的這套做法，也正是資產階級反革命復辟的前奏。我們不能不指出，即使如此，反革命修正主義份子主要還是從右邊抹殺了階級路線，因為他們肆意包庇地富反壞右份子，包庇資產階級份子。他們把資產階級權威老爺拉入黨內，給某些五類份子厚祿高薪，和他們大講和平共處。反過來卻迫害出身不好的青年，迫害無產階級事業的一部分接班人，這不是一場尖銳複雜的階級鬥爭又是什麼？

工作隊當政時期，又以極「左」的面目抹殺了階級路線。在對待出身問題上，與修正主義集團可以稱得上是一丘之貉。因此，這個嚴重的社會問題非但沒有解決，反而更加深化了，反而將矛盾擴大化、公開化了。殘酷的「連根拔」，極盡侮辱之能事的所謂「辯論」，以及搜身、辱罵、拘留以及毆打等嚴重侵犯人權的行為，破壞這一部分青年生活的正常秩序的種種手段，剝奪他們政治權利的種種措施，全都以「超毛澤東思想」的面目出現了。迫使這麼多人消沉了，感到自己是無罪的罪人，低人一頭，很見不得人。他們不能以全部力量投入運動。想革命而又沒有革命的本錢，想造反而又沒有造反的條件，窒殺了多少革命青年的熱情！革命隊伍縮小了，這正中了反動路線的下懷。客觀上起到了包庇鑽進黨內走資本主義道路的當權派的作用，起到了挑動群眾鬥群眾的作用。有理由這樣講：如果不把以前受壓迫最深的這一大部分革命青年徹底解放出來，那麼這次運動就決不會取得徹底勝利！

同志們，難道還能允許這種現象繼續存在下去嗎？不應當填平這人為的鴻溝嗎？在反動勢力當政時期，受壓抑的青年不僅是出身不好的青年，也包括和走資本主義道路當權派對抗的工農出身的青年及其他革命青年。我們呼籲：一切受反動勢力迫害的革命青年，在毛澤東思想旗幟下，團結起來！組織起來！你們受資產階級壓迫最深，反抗應該最堅決。在批判他們的時候，你們最有發言權。那些冒牌受害實際上得寵的譚式人物沒有發言權。依靠他們批判，必然不深不透。所以你們決不是局外人，你們是掌握自己命運的主人。只有膽小鬼才等待別人恩賜，而革命者從來依靠的就是鬥爭！你們應該責無旁貸地捍衛毛澤東思想，捍衛黨的階級路線。既不容許修正主義集團從右面歪曲它，也不容許反動路線從「左」面攻擊它。你們應該相信自己能夠勝任這一光榮任務！你們也不應該排斥那些沒有受壓抑也沒有偏見的青年。你們可以團結他們，共同戰鬥，共同提高。同志們，我們要相信黨，我們要牢記毛主席的教導，「徹底的唯物主義者是無所畏懼的」！勝利必將屬於你們！

一切受壓迫的革命青年，起來勇敢戰鬥吧！

一九六六年七月初稿九月定稿

十一月修改

附錄二　魏京生的〈第五個現代化——民主及其他〉

序言

現在報刊雜誌和電臺中不再震耳欲聾地宣傳無產階級專政和階級鬥爭了。一方面，因為它是被打倒的「四人幫」的法寶，但更重要的一方面是因為人民群眾實在聽膩味了，這一套再也不能拿來作欺騙人民的工具了。

歷史的規律是：舊的不去，新的不來。舊的既然已經去了，人們自然要拭目以待。老天不負有心人，他們終於等來了一個偉大的諾言，叫做「四個現代化」。英明領袖華主席和在有人心目中更英明偉大的鄧副主席終於擊敗了「四人幫」，使得天安門廣場上流血的偉大人民，有了實現他們夢寐以求的民主與繁榮的可能性。

「四人幫」抓起來以後，人們就日日盼望有可能「復辟資本主義」的鄧副主席，作為一面偉大的旗幟重新樹立起來。終於，鄧副主席重新回到了中央領導的崗位上，人們何等的激動，何等的興奮，何等的……。但遺憾的是：人們所厭惡的舊的政治制度沒有改變，人們所希望的民主與自由甚至連提也不被提起了，人民的生活狀況沒有什麼改變，「提高」的工資，遠遠趕不上物價的飛速上漲：聽說要「復辟資本主義」搞獎金制了，細打聽一下，原來是馬克思主義的祖先們詛咒過的那種「最大限度剝削工人」的「無形的鞭子」。有消息證實不再搞「愚民政策」了，人民不能在「偉大舵手」的領導下，但仍可以在「英明領袖」的領導下去「趕上並超過世界先進水準」的英、美、日本和南斯拉夫(?)：「參加革命」不那麼時髦了，「上過大學」開始身價百倍，人民也不必任憑「階級鬥爭」的叫嚷來磨厚他們的耳朵的繭子了，「四個現代化」可以代表一切。當然還必須本著四‧五學社向我們傳達的中央精神，在統一領導下，加以指導或引導後，這整個美妙的圖景才能算是完成。

中國古代有個寓言，叫「畫餅充饑」還有一個成語，叫做「望梅止渴」。在古代就能總結出這樣幽默的諷刺性經驗的人民，據說還在歷史長河中不斷發展、前進，以至到了今天。總不該有人會以為他們也會做這種蠢事吧。

但是竟然就是有人這樣認為，但是竟然就是有人這樣做。

中國人民在幾十年內緊跟在「偉大舵手」後邊用「共產主義理想」做畫餅，就著「大躍進、三面紅旗」的止渴梅，勒緊了褲腰帶，勇往直前，三十年如一日地得到了一個經驗教訓；這三十年來大家都好像猴子撈月亮一樣，怎麼能不一場空呢？因此當鄧副主席提出「務實」的號召後，人民群眾就以潮水般的呼聲一次又一次地把他擁上了台，人們期待著他用「實事求是」的態度檢查過去，引導人們走向可以達到的未來。

但是有人告誡我們了：馬列主義、毛澤東思想是一切的一切的基礎，甚至是談話的基礎，毛主席是人民的「大救星」，「沒有共產黨就沒有新中國」＝「沒有毛主席就沒有新中國」。誰否認這一點，有告示為憑—就沒有好下場。而且「有人們」提醒我們注意：中國人民是需要獨裁的，即使超過封建皇帝，那正說明他的偉大：中國人民不需要民主，除非它是「集中指導下的民主」，否則一錢不值，信不信由你，有監獄為憑—剛騰出來的。

但是有人給你留下了出路：以四個現代化為綱，安定團結地走吧，勇(?)作革命(?)的老黃牛，你們會達到你們的天堂—共產主義和四個現代化的繁榮。好心的「有人們」又給了我們這樣一個提示：如果你們想不開，就努力鑽研馬列主義、毛澤東思想吧！想不開是因為你們不懂，不懂正說明了學問的高深嘛！你們不要不聽話，你們單位領導是不會答應的！等等，等等……。

我勸大家不要再相信「這一類政治騙子」了，我們明知要受人騙，還不如老老實實地信賴一下自己，文化革命的鍛煉已使我們不那麼愚昧了。我們自己來研究一下自己該怎麼辦吧！

一、為什麼要民主？

幾世紀來人們談論這個題目已經多得很了。民主牆的諸公們也作過詳細的分析，說明民主比獨裁究竟好多少。

人民是歷史的主人，這是一個事實呢，還是一句空話？它既是事實，也是空話，說它是事實，是因為沒有人民的力量，沒有人民的參與，任何歷史都是不可能的，任何「偉大舵手」、「英明領袖」恐怕都不會存在，更不要說什麼創造歷史了。從這個意義上說，沒有新的中國人民就沒有新中國，而不是「沒有毛主席就沒有新中國」。鄧副主席感謝毛主席救了他的命，這是可以諒解的，但他難道就不感謝那個把他推上臺的「呼聲」嗎？他難道就應當對「呼聲」說：你們不應該說毛主席的壞話，因為他救了我的命。從這事上我們同時看出了，人民是歷史的主人成為了一句空話，它之所以是空話，是人民不能按照他們大多數的願望來掌握自己的命運，他們的功勞被記在別人的帳上，他們的權利被編織成別人的皇冠，有這樣的主人嗎？倒不如說是好奴隸。在歷史上他們作為主人創造了一切，在現實中他們作為奴僕垂手拱立，以便讓像麵團中的酵母那樣不斷產生的領袖來「引導」他們。

他們應當有民主，如果他們向誰要民主，那他們只不過是要回本來就屬於他們自己的東西。如果誰不給他們民主，誰就是無恥的強盜，比搶走工人的血汗錢的資本家更純粹的強盜。

但是現在人民有民主嗎？沒有。人民不想當家做主人嗎？當然想。共產黨戰勝國民黨的原因就在這兒。勝利後這個諾言到哪去了呢？隨著人民民主專政的口號改為無產階級專政，在人口幾千萬分之一的少數中實行的「民主」也取消了。

代之以「偉大領袖」個人的獨裁，按照偉大領袖的教導在黨內發牢騷的彭德懷也被打倒在地。又一個新的諾言：因為領袖是偉大的，所以迷信一個領袖比民主更會給人民帶來幸福，人民半被迫半自願地聽信了這個諾言直到今天，但他們更幸福了嗎？更不幸了，更倒退了。為什麼會這樣這是他們第一個要考慮的問題。現在怎麼辦？這是他們第二個要考慮的問題。現在根本不需要評價毛澤東幾分功勞、幾分錯誤，當初他提出這個說法只是為他自己辯護，現在人民需要反省一下，沒有毛澤東的個人獨裁，中國是否也必然會落到今天這一個地步。是中國人笨，中國人懶，中國人不想過更富裕的生活，中國人天生不安分嗎？正相反。那為什麼？答案是明顯的，中國人不該走他們走過的道路，他們為什麼會走這條路？不正是那個自賣自誇的獨裁者引導他們走上這條路的嗎？不想走就專政你，人民聽不到不同的情形，還以為天下只有這是條可走的路呢？這不叫欺騙嗎？這裡邊也有幾分功勞嗎？

這是條什麼路？聽說叫「社會主義道路」，按馬克思主義的祖先們的定義，社會主義首先是人民群眾，或叫無產階級大眾當家作主人。試問中國的工人們、農民們，除了每月發給你們糊口的一點點錢以外，你們作了誰的主？作了什麼的主？說來可憐，你們被人作了主，甚至婚姻也不例外。社會主義保障生產者除完成他的社會義務外，得到他的勞動成果，但你們的義務是有止境的嗎？你們得到的不正是「維持勞動力的生產所必須」的一點點可憐的薪水嗎？它能保證社會的每一個公民都有受教育、發揮個人能力……等等許多權利？但我們在眼前的生活中一樣也看不到，看到的只有「無產階級專政」和「俄羅斯式獨裁的變種」—中國式的社會主義獨裁。難道這樣的社會主義道路是人民所需要的嗎？難道獨裁就等於人民的幸福嗎？這是人民所希望的那條馬克思描述過的社會主義道路嗎？顯然不是。那是什麼？說來可笑，倒有點像《宣言》裡說的封建社會主義，也就是披著社會主義外衣的封建君主制。聽說蘇俄已從社會封建主義升格為社會帝國主義，中國人也必須走這條路嗎？

有人建議把過去的帳全算在封建社會主義的法西斯獨裁統治上，我是完全同意的，這裡邊不存在功過問題，順便說說，臭名昭著的德國法西斯的正名叫「國家社會主義」，他們也有一個獨裁暴君，他們也號召人民勒緊褲腰帶，他們也欺騙人民說：你們是偉大民族。最主要的是，他們也扼殺哪怕是最起碼的民主，這因為他們清楚地認識到：民主是他們最可怕的、不可抗拒的敵人。在這個基礎上，史達林和希特勒握手簽訂了《德蘇條約》；在這個基礎上，社會主義國家和國家社會主義舉杯瓜分了波蘭；在這個基礎上，兩國人民遭受著奴役和貧困。我們也必須繼續遭受這樣的奴役和貧困嗎？如果我們不想民主是我們唯一的選擇，換句話說，如果我們想在經濟、科學、軍事等方面現代化，首先就必須使我們的人民現代化，使我們的社會現代化。

二、第五個現代化：要什麼樣的民主？

我想問問大家：我們要現代化幹什麼？在有人看來：紅樓夢那個時代不是滿好嗎？看看書，寫寫詩，還可以搞女人，飯來張口，衣來伸手，現在還加上看看外國電影，真是神仙的日子。不錯，是神仙的日子，老百姓可是不能沾邊的，人民要的是人民有可能真正享受到幸福的日子，最起碼也要不比人家外國的人民享受的更差，而所有老百姓都能夠享受到的富裕是社會普遍富裕，這種富裕只有隨著社會生產力水準的提高才能夠達到，這一點是十分明白的，但最重要的一點，被有些人給遺漏了，社會生產力提高後人民就能夠享受到富裕的生活嗎？這裡邊還存在著支配權的問題，分配的問題，剝削的問題。

解放後的幾十年中，人民勒緊褲腰帶拼命的幹，也確實創造了許多的財富，這些財富都到哪去了？有人說：拿去餵肥了像越南這樣的較小型號的獨裁政權，有人說餵肥了林彪、江青這樣的

「新生資產階級份子」，這都對。總而言之，它沒有落到中國勞動人民手裡，這些財富不是被大大小小的手中有權的「一類政治騙子」直接揮霍掉了，就是被他們賞賜給了越南、阿爾巴尼亞這類與他們志同道合的混蛋們。毛澤東臨死前為了老婆向他要幾千塊錢還難受過，他把中國人民的血汗錢，幾百億地扔了出去，誰發現他心疼過？而且這還是在中國人民勒著腰帶上街討飯來搞社會主義的時候。跑到民主牆來拍毛澤東馬屁的人，你們既然睜著眼睛，為什麼就看不到這些？恐怕是有意看不見這些吧？假如真看不見，請諸位把寫大字報的功夫用來跑跑北京站永定門，或在街上注意一下上訪的外地人，問問他們在外地要飯是否也算稀罕事，我想這些要飯的不一定也想把雪白的大米去支援什麼「第三世界的朋友們」吧！可是他們的意見重要嗎？可悲的是在我們這個人民共和國裡，只有那些吃飽了沒事，看書寫字過過神仙日子的人才有支配的權力，人民難道沒有最充分的理由把權力從這些老爺們手裡奪過來嗎？

什麼是民主？把權力交給勞動者全體來掌握，就是「真正的民主」。勞動者不能掌握住國家權力嗎？南斯拉夫正在這條路上走，並給我們證明了，人民不需要大小的獨裁統治者，可以把事情辦得更好。什麼是真正的民主？人民按他們自己的意願選擇為他們辦事的代理人，按照他們的意願和利益去辦事，這才談得上民主，並且他們必須有權力隨時撤換這些代理人，以避免這些代理人以他們的名義欺壓人民。這是可能的嗎？歐美各國人民就在享受著這種民主，他們可以按自己的願望把尼克森、戴高樂、田中等人趕下臺，如果他們需要，還可以再讓他們上臺，誰也干涉不了他們的民主權力。而中國人民即使談論一下已經死去的「偉大舵手」毛澤東、「歷史上絕無僅有的偉人」毛澤東，監獄的大門、各種意想不到的厄運就在等待著他們。

對比之下，社會主義的民主集中制與資本主義的「剝削階級民主」真是有天壤之別呀！人民有了民主就會天下大亂、無法無天了嗎？最近報刊上透露的一些情況不是說明正是由於沒有民主，大小獨裁統治者才得以無法無天嗎？怎樣維持民主的秩序，這是一個需要人民自己解決的內政問題，無需特權者老爺們替他們操心，老爺們操心的不是人民民主，而是怎樣用這個籍口來取消人民民主的權利。內政問題當然不會一下子就解決，必須要在發展的過程中，不斷地去解決，錯誤和缺點是難免的，但這是我們自己的事，總比受了老爺們的欺壓無處申冤要強千百倍，耽心民主會無法無天的人，正像辛亥革命後耽心人民沒有皇帝，會無法無天的人一樣，他們的結論都是：安心受壓迫吧，沒人壓迫你們，你們的脊梁會飛到天上去呢！

我要恭敬的奉告上述諸君：我們要自己掌握自己的命運，不要神仙和皇帝，不要相信有什麼救世主，我們要做天下的主人，我們不要作獨裁統治者擴張野心的現代化工具，我們要人民生活得現代化，人民的民主、自由與幸福，是我們實現現代化的唯一目的，沒有這第五個現代化，一切現代化不過是一個新的諾言。

我號召同志們：團結在民主的旗幟下，不要再相信獨裁者的「安定團結」，法西斯集權主義只能帶給我們災難，不要再對他們抱有幻想，民主是我們唯一的希望，放棄民主權利無異於重新給自己套上枷鎖。相信我們自己的力量吧！人類的歷史是我們創造的，讓一切自封的領袖和導師滾蛋，他們把人民手中最寶貴的權利騙走已好幾十年。

我堅定地相信：在人民自己的管理下，生產將更發達—因為這是勞動者為自己的利益而生產；生活將更加美好—因為一切將以勞動者的生活為目的；社會將更加合理—因為社會的一切權力將以民主的方式歸於勞動者全體。

我並不以為人民能不費吹灰之力地從某救星手中得到這一切，我也並不認為中國會嫌困難重重而放棄這個目標。只要人民認清了目標和障礙，他們會毫無猶豫地踩扁那些攔路的螳螂。

三、向現代化進軍：實行民主

中國人民要現代化，首先必須實行民主，把中國的社會制度現代化。民主並不完全像列寧編造的那樣，僅僅是社會發達的結果。它不僅是生產力和生產關係發達到一定階段的必然產物，也是生產力和生產關係在這個發達階段以及更加發達的階段中得以存在的條件，沒有這個條件，社會將停滯不前，經濟的增長也將遇到難以克服的障礙。因此，對於以往的歷史來說，民主的社會制度是一切發達—或叫現代化—的前提和先決條件，沒有這個先決條件和前提，不但進一步發展是不可能的，就連保持現有發展階段的成果也是很難做到的，我們偉大的祖國，三十年來的經歷，就是一個最好的證明。

人類的歷史為什麼要走向發達—或叫現代化？是因為人類需要發達的社會所能夠給予他們的全部現實結果，是因為這一現實結果的社會效果所能最大限度地使他們達到追求幸福的頭一目標，就是自由；民主是人類現在已知的最大限度可能達到的自由。民主成為人類近代鬥爭的一個目標，不是十分顯而易見的嗎？

近代歷史上一切反動份子，為什麼都在反民主的旗幟下團結起來呢？是因為民主給予了他們的敵人——人民大眾——以一切，而不給予他們——各種壓迫者——以反對人民的任何手段，最大的反動派就是最大的反民主主義者，這從德國、蘇聯以及「新中國」的歷史中可以看得很明白；最大的反民主主義者就是社會和平與繁榮的最大、最危險的敵人，這從德國、蘇聯以及中國的歷史中同樣可以看得十分明白。人民要求幸福、社會要求發展的鬥爭，就集中在對反民主主義者—獨裁法西斯主義者的鬥爭上，這也可以從德國、蘇聯以及中國的歷史上鮮明地看出來。民主反對專制的鬥爭取得勝利必然給社會的發展帶來最優條件和最大的速度，關於這一點，美國的歷史就是一個最鮮明、最有力的證據。

人民追求幸福、和平、繁榮的一切鬥爭，

都只能以追求民主為前提，人民反抗壓迫與剝削的一切鬥爭，也都只能以達到民主為先覺條件，以我們的全部力量投入到為民主而鬥爭的戰鬥中吧！人民所能得到的一切，都是民主的非民主的任何幻想都不是人民可能得到的，任何形式的獨裁和專制集權主義都是人民最直接、最危險的敵人。

敵人會讓我們實行民主嗎？當然不會，他們會不擇手段地阻止民主的進程欺騙和蒙蔽人民的耳目，是他們可以採取的最有效的辦法。一切獨裁法西斯主義者都告訴人民：你們的現狀實際上是全世界最美好的。

民主真的到了自然而然的地步了嗎？並不是，它的每一個微小的勝利都要花費巨大的代價，甚至要認識到這一點，都必須花費流血犧牲的代價。民主的敵人一貫都欺騙人民說：民主就是必然產生也必然消亡的，因此是不必花費力量去爭取的。

但是看看真實的而不是「社會主義政府」的御用文人們編寫的歷史吧！真實而有價值的民主每一個細節末枝，都浸潤著烈士們和暴君們的鮮血，向民主邁出的每一步，都必須抗拒反動勢力的全部打擊。民主之所以會克服這些障礙，正說明它對於人民的寶貴，等於他們的一切希望，因此這一潮流是不可阻擋的。中國人民從來沒有怕過什麼，他們只要認清了方向，暴君們的強大就不會再是不可戰勝的力量。

為民主的鬥爭是中國人民的目標嗎？文化革命是他們第一次顯示自己的力量，一切反動勢力都在它面前發抖了。由於人民當時還沒有認清方向，民主的力量還不是鬥爭的主流，因此大多數鬥爭被獨裁暴君們用收買誘入迷途、挑撥離間、造謠中傷和武力鎮壓的方式扼殺了，由於當時人民迷信各種獨裁野心家式的領袖，因此他無意中又一次成為暴君和潛在的暴君們的工具和犧牲品。

今天，十二年後的今天，人民終於認識到了目標的所在，認清了鬥爭的真正方向，認出了他們真正領袖—民主的旗幟。西單民主牆成為他們向一切反動勢力所作鬥爭的第一個陣地。鬥爭一定會勝利—這已經是老生常談了，人民一定會解放—這是具有新意識的口號。還會流血，還會犧牲，還會遭到更陰險的暗算。但是民主的旗幟不會再被反動勢力的妖霧遮住了。讓我們團結在這一偉大而真實的旗幟下，為謀求人民的安寧與幸福，為謀求人民的權利與自由，向社會制度的現代化進軍吧！

一九七八年十二月五日在西單牆貼出，後發表於一九七九年一月八日出版的《探索》第一期。

參考資料

一、臺灣出版書報：

01.《林彪的忠與逆》。翁衍慶著，新銳文創，二〇一二年七月出版。
02.《統一戰線與國共鬥爭》。翁衍慶著，中共研究雜誌社，二〇〇六年二月出版。
03.《命運－李洪林自傳》。李洪林著，文統圖書有限公司，一九九三年十一月出版。
04.《毛澤東全傳》。辛子陵著，書華文化事業有限公司，一九九三年十二月出版。
05.《中國大陸研究》。張五岳主編，新文京開發出版股份有限公司，二〇〇三年七月出版。
06.《毛澤東與文化大革命》。韋政通著，立緒文化事業有限公司，二〇〇九年九月二版。
07.《毛澤東私人醫生回憶錄》。李志綏著，時報文化出版企業有限公司，一九九五年四月出版。
08.《毛澤東、鄧小平的重大過錯與決策失誤》。民聲著，靈活文化事業有限公司，二〇一〇年三月出版。
09.《中國共產黨簡史》。楊碧川著，一橋出版社，一九九七年四月出版。
10.《紅狗－我在中國的日子》。齊家貞著，允晨文化實業股份有限公司，二〇一一年四月出版。
11.《中華人民共和國史十五講》。王丹著，聯經出版事業股份有限公司，二〇一二年七月出版。
12.《王丹獄中回憶錄》。王丹著，新新聞文化事業股份有限公司，一九九七年五月出版。
13.《火與血的真相－中國大陸民主運動紀實》。中共研究雜誌社，一九八九年十月出版。
14.《紅朝傳人－誰將把中國帶向未來？》。德國包爾著，中共研究雜誌社，一九九一年八月出版。
15.《天安門一九八九》。聯合報編輯部，聯經出版事業股份有限公司，一九八九年八月出版。

16.《天安門民主運動資料彙編》。中共問題資料雜誌社，一九八九年十二月出版。

17.《危城手記》。趙慕嵩著，時報文化出版企業有限公司，一九八九年八月出版。

18.《求索與守望－中國民運江湖回望錄》。秦晉著，新銳文創，二〇一二年十一月版。

19.《我無罪－劉曉波傳》。余杰著，時報文化出版企業股份有限公司，二〇一二年八月出版。

20.《九評共產黨》。大紀元系列社論，聯鳴文化有限公司，二〇〇八年五月版。

21.《北平大屠殺－一九八九年中國大陸人民爭取民主運動紀要》。匡華出版公司編印，一九八九年七月出版。

22.《西山日落－人民解放軍「六四」屠城用兵內幕》。郭進著，大國文化事業股份有限公司，一九九二年六月出版。

二、大陸、香港和美國出版書籍報刊：

01.《中國思想運動史1949－1989》。李洪林著，香港天地圖書有限公司，二〇一〇年八月修訂版。

02.《五十年祭－從反右到文革》。王成彬著，香港中國文革歷史出版社，二〇一一年四月出版。

03.《中共九十年功罪－篡改的歷史》。《新史記》編輯部編印，香港外參出版社，二〇一一年九月出版。

04.《魏京生假釋以來言論集》。香港民主大學編印，一九九七年二月二版。

05.《中國大陸學潮實錄》。曾慧燕著，香港新報出版部，一九八九年一月出版。

06.《中國之春文選1982－1992》。《中國之春》編輯委員會編輯，紐約中國之春雜誌社，一九九三年一月出版。

07.《中國民主團結聯盟十年簡史》。陳力、蘆葦著，美國中國民聯總部一九九四年出版。

08.《中國民主革命之路－中國民主化運動百題問答《民運手冊》》。王炳章著，環球實業（香港）公司，二〇〇〇年十二月修正稿。

09.《歷史的見證－『文革』的終結》。薛慶超著，北京人民出版社，二〇〇八年十一月出版。

10.《八九中國民運紀實》上、下冊。吳牟人、鮑明輝、倪培華、倪培民、王晴佳編輯，一九八九年八月紐約出版。

11.《天安門屠殺》。杜斌編著，香港明鏡出版社，二〇一三年六月出版。

12.《趙紫陽最後的機會》。袁會章主編，香港明鏡出版社，一九九七年五月出版。
13.《大夢誰先覺－《中國之春》與我的民主歷程》。丁楚著，香港海風出版社，二〇〇九年四月出版。
14.《紀念中國聖女林昭逝世四十四週年》。美國大紀元時報，二〇一二年五月一日。
15.《林昭忌日－悼念微博未屏蔽》。美國世界日報，二〇一二年四月三十日。
16.《楊巍就是楊巍－楊巍妹妹楊瀟貝、妹夫餘芒採訪記》。《中國之春》雜誌，一九九一年二月號。
17.《名校雙博士民運實踐者楊建利求仁得仁》。曾慧燕著，北美世界日報《世界周刊》，二〇〇七年九月二日。
18.《中國終會以方勵之為傲》。美國世界日報，二〇一二年四月八日。
19.《《北京之春》－海外民主運動的一面旗幟》。美國世界日報，二〇一三年六月二日。

三、網路資料：

01.《梁漱溟》。維基百科、自由的百科全書。
02.《梁漱溟與毛澤東唱反調》。讀秀社區－人物論壇。
03.《梁漱溟受毛澤東嚴厲批評的歷史公案真相》。賀吉元著，中國共產黨新聞－史海回眸。
04.《胡風反革命集團案》。維基百科、自由的百科全書。
05.《波茲南事件》。維基百科、自由的百科全書。
06.《最早揭露毛澤東真面目的女英雄馮元春》。曉楓著，看中國，二〇一二年一月二十四日。
07.《林希翎》。百度百科，二〇一一年十一月二十三日。
08.《林希翎》。維基百科、自由的百科全書，二〇一二年七月十日。
09.《最後一個右派－林希翎》。中國歷史－鐵血社區。
10.《頭號大右派羅隆基迷倒美女無數，被美女揭批》。章詒和著，阿波羅新聞網，二〇一一年六月二十三日。
11.《歷史紀錄：他們敢於大罵國民黨，卻只能向共產黨低頭認罪》。阿波羅新聞網，二〇〇七年七月四日。
12.《費孝通的後半生：從著名右派到學術泰斗》。李懷宇著，人民網之文史頻道，二〇一〇年十一月十二日。
13.《百花齊放、百家爭鳴》。維基百科、自由的百科全書，二〇一二年六月十六日。
14.《反右運動》。維基百科、自由的百科全書，二〇一二年七月二十七日。
15.《還原一九五七年－反右派運動的歸因研究》。魏紫丹著，博訊網。
16.《李達（哲學家）》。維基百科、自由的百科全書。
17.《中共「一大」代表李達的悲慘結局》。林輝著，大紀元評論，二〇一一年四月四日。
18.《馬寅初〈人口論〉遭批判始末》。鳳凰資訊，二〇〇八年六月四日。
19.《馬寅初與毛澤東人口問題的一場論爭》。賀吉元著，人民網，二〇〇二年六月十三日。
20.《劉文輝（上海）》。維基百科、自由的百科全書，二〇一二年九月十一日。
21.《劉文輝、上海被殺第一人》。中國地方網聯《東方之子》。
22.《張志新》。維基百科、自由的百科全書，二〇一二年五月二十三日。
23.《張志新》。陳少京著，中國文革浩劫遇難者紀念園《我們沒有忘記你》，（原載《南方日報》），二〇〇〇年。
24.《千古奇冤－張志新的生前死後》。大紀元網系，二〇〇〇年三月十二日。
25.《〈出身論〉－遇羅克》。Hello, MyWorld.二〇〇九年四月十四。
26.《遇羅克》。維基百科、自由的百科全書，二〇一二年六月二十日。
27.《哥哥遇羅克的故事》。遇羅文著，簡選自《我家》，中國文革浩劫遇難者紀念園《我們沒有忘記你》。
28.《不朽的遇羅克》。胡平著，大紀元評論，二〇〇八年十月。
29.《遇羅克》。星島環球網，二〇〇六年五月十二日。
30.《一九七〇年遇羅克因〈出身論〉被判處死刑》。二〇〇九年九月二十三日，三聯生活周刊，新浪網。
31.《李九蓮》。維基百科、自由的百科全書。
32.《反華國鋒，李九蓮被辱屍體、鐘海源被活摘器官》。昝愛宗著，大紀元評論，二〇〇八年八月二十六日。
33.《因聲援李九蓮，鐘海源被判死刑活體取腎》。大紀元網系，二〇〇六年四月十日。
34.《史雲峰》。百度百科，二〇一一年十一月二十七日更新。
35.《散發反革命傳單，長春工人史雲峰就義前被縫嘴》。中華網，二〇〇五年四月七日。
36.《史雲峰烈士》。吉林省英烈網著，二〇〇九年八月十一日。

37.《長春英烈－史雲峰》。阮耀鍾著，新浪博客，二〇一一年五月十九日。
38.《王申酉》。維基百科、自由的百科全書。
39.《王申酉》。互動百科，二〇一二年三月十四日。
40.《王申酉供詞摘錄》。天材教育網。
41.《傑出青年思想家王申酉》。金鳳著，新浪博客轉載自《炎黃春秋》二〇〇四年九期。
42.《王佩英》。維基百科、自由的百科全書，二〇一三年二月二十四日。
43.《文革時期被槍斃的知名「反革命份子」毛應星》。晨藍新元的日誌，網易博客，二〇一三年四月五日。
44.《冰火「八・一八」：王容芬與宋彬彬》。祭園守園人著，新浪博客，二〇〇八年四月八日。
45.《王容芬與王申酉：中國人應該知道的兩個名字》。淮水安瀾網，二〇一〇年九月五日。
46.《揭密：一九七六年四五天安門事件的真相》。來源：楊尚昆日記，美國僑網，二〇一三年四月六日。
47.《批鄧、反右傾翻案風》。維基百科、自由的百科全書，二〇一三年一月十七日。
48.《四五運動》。維基百科、自由的百科全書，二〇一三年四月五日。
49.《李一哲》。維基百科、自由的百科全書，二〇一二年七月二十四日。
50.《李一哲大字報－關於社會主義的民主與法治》。中國民主社會主義網，二〇一三年一月十七日。
51.《胡平》。維基百科、自由的百科全書，二〇一一年十二月二十九日。
52.《西單民主牆》。維基百科、自由的百科全書，二〇一二年四月二十二日。
53.《彭真拿著魏京生大字報去找鄧小平，把他說服了》。明鏡新聞網，二〇一二年四月十八日。
54.《七十年代末北京的西單民主牆》。倍可親全球快訊，二〇一二年七月一日。
55.《郭羅基》。維基百科、自由的百科全書。
56.《魏京生》。維基百科、自由的百科全書，二〇一三年九月十二日。
57.《一九七六年四月五日「四・五運動」》。人民網，二〇〇三年八月一日。
58.《吳德：十年風雨事一九七六年天安門事件真相》。中新網，二〇〇七年十二月四日。
59.《楊巍反革命宣傳煽動案》。上海市地方誌辦公室，上海通。

60.《劉曉波》。
61.《六四事件》。維基百科、自由的百科全書，二〇一二年八月六日。
62.《汪岷：回憶王炳章和早期《中國之春》》。六四維基，原載：《新世紀》，二〇一二年七月。
63.《兩次「天安門事件」的對比》。嚴家其著，大紀元評論，二〇〇九年四月二十一日。
64.《方勵之》。維基百科、自由的百科全書，二〇一三年十一月十九日。
65.《一九八九年社會運動的歷史條件與「新自由主義」的反歷史解釋》。汪暉著，勞工世界網，二〇〇九年六月。
66.《華夏歷史：中共暴政統治時期五、六、七、二十三》。心緣著，明慧學校，二〇〇六年四月二十五日。
67.《蘇聯解體》。維基百科、自由的百科全書，二〇一四年七月十五日。
68.《東歐民主化》。維基百科、自由的百科全書，二〇一四年六月二十七日。
69.《匈牙利十月事件》。維基百科、自由的百科全書，二〇一三年一月九日。
70.《周恩來在「匈牙利事件」的風頭》。淳于雁著，博訊新聞網，二〇一二年九月十五日。
71.《匈牙利十月事件》。中文百科在線，二〇一三年一月十一日。
72.《史海回眸：一九五六年匈牙利事件真相》。孔寒冰、郭潔著，鳳凰網資訊摘自《世界知識》二〇〇六年二十一期，二〇一〇年十一月八日。
73.《王炳章是中國民運的一桿大旗》。費良勇著，大紀元評論，二〇一三年十月十五日。
74.《民主中國陣線介紹》。博訊（政黨社團之聲及民運之聲）。
75.《「六四」二十一名通緝學生今安在？人生際遇各不同》。超級蘋果網新聞。
76.《中國民主團結聯盟、民主中國陣線、中國民主聯合陣線聯合公報》。博訊新聞網，二〇一〇年四月二十二日。
77.《丁子霖》。
78.《一九八九年六四鎮壓受害者狀況民間報告》。江棋生著，天安門母親網站。
79.《民運向中共建黨八十周年獻禮》。人民報，二〇一四年十月一日。
80.《中國逮捕民運人士王炳章》。博訊新聞網，二〇〇二年十二月二十一日。
81.《岳武故意隱瞞重大情節沒有說》。海納百川，二〇〇三年一月六日。
82.《王炳章博士被中共綁架真相》。中華民主正義黨、中華正義自救聯軍網，二〇一二年二月二十六日。
83.《中國民主黨》。
84.《楊建利闖關回國探索民運新路》。中國民主教育基金。
85.《楊建利》。維基百科、自由的百科全書。
86.《周鋒鎖抵達北京「重返天安門廣場」被抓捕遣返美國》。自由亞洲，二〇一四年六月。
87.《李洪志》。維基百科、自由的百科全書。
88.《法輪功》。維基百科、自由的百科全書。
89.《三退》。維基百科、自由的百科全書，二〇一四年十月十八日。
90.《竊國強盜的敲詐》。劉曉波網站，二〇〇三年二月十六日。
91.《王炳章越南蒙難記》。岳武著，CDN《華夏文摘》編輯，二〇〇三年一月二十九日。
92.《從王炳章被誘捕到共產大圈人、臨死的共產匪要比往昔更瘋狂》。曉峰著，自由中國，二〇〇三年二月六日。
93.《芒街遇險話英豪－紀念王炳章博士蒙難十周年》。方圓著，工黨論壇，二〇一二年六月二十七日。
94.《與世人共析閻慶新的共特身份》。鄭錚著；《從炳章失蹤後的一年，看海外民運圈內圈外諜影幢幢》。李克新著，二〇〇三年六月二十九日；《關於王炳章事件的階段調查報告》。李克新著，二〇〇四年二月十三日；《民運之風是從哪裡敗壞的》。趙杰著；《張琦是炳章的未婚妻？還是中共安插在炳章身邊的女諜》。鄭錚著。反共產抗強拆聯合會《掃諜風暴之三》。
95.《張宏堡》。百度百科，二〇一四年六月二日。
96.《中功》。互動百科，二〇一四年八月三十日。
97.《中功張宏堡自封總統逃制裁》。新浪網，二〇〇三年九月一日。
98.《七七憲章》。維基百科、自由的百科全書。
99.《零八憲章》。維基百科、自由的百科全書。
100.《三百多名零八憲章簽署人要求共擔刑罰》。美國之音，二〇〇九年十二月十二日。
101.《零八憲章何罪？不得不說的話》。（鮑彤），自由亞洲電臺，二〇〇八年十二月十一日。
102.《和平憲章產生的歷史背景》。秦永敏著，天易（綜合）網，二〇一三年十月十三日。
103. 《和平憲章》第二版。秦永敏著，《北京之春》網刊，二〇〇三年二月二日。
104. 《秦永敏》。維基百科、自由的百科全書，二〇一四年十一月十二日。
105. 《孫志剛事件》。維基百科、自由的百科全書，二〇一四年六月十九日。
106. 《蔣彥永》。互動百科。
107. 《蔣彥永談披露中國隱瞞SARS真相經過》。大紀元網，二〇〇三年四月十日。
108. 《孫大午事件的詳細實情》。百度百科，二〇〇三年七月二十一日。
109. 《孫大午事件，孫大午案件》。和訊博客，二〇一三年七月十五日。
110. 《李思怡事件》。維基百科、自由的百科全書，二〇一四年二月二十五日。
111. 《李思怡》。百度百科，二〇一四年十一月五日。
112. 《杜導斌》。維基百科、自由的百科全書。
113. 《杜導斌》。百度百科，二〇一四年七月八日。
114. 《中國維權運動時代的興起》。古川著，旺報文化副刊。
115. 《公盟》。維基百科、自由的百科全書，二〇〇九年十二月二日。
116. 《新公民運動》。維基百科、自由的百科全書。
117. 《中華人民共和國民主運動》。維基百科、自由的百科全書。
118. 《高智晟》。維基百科、自由的百科全書。
119. 《陳光誠》。維基百科、自由的百科全書。
120. 《譚作人》。維基百科、自由的百科全書。
121. 《艾未未》。維基百科、自由的百科全書。
122. 《蕭國珍律師談維權運動》。黃花崗雜誌。
123. 《博訊推出二〇一一年中國維權運動「25」》。博訊網，二〇一一年十二月二十八日。
124. 《維權》。維基百科、自由的百科全書，二〇一四年七月十九日。
125. 《中國維權運動和公民社會的發展》。大紀元網，二〇〇六年八月三十日。
126. 《中國維權運動》。維基百科、自由的百科全書，二〇一二年五月二十六日和二〇一四年九月十六日兩稿。
127. 《中國維權運動的歷史和現狀》。獨立中文筆會，二〇一四年十月十三日。
128. 《從維權運動看中國「公民人格」的養成》。王策著，二〇一四年九月二十日。
129.《中國維權運動往何處去？》。滕彪著，二〇一一年五月七日。
130.《中國民間維權運動風起雲湧》。谷歌網。
131.《茉莉花革命》。維基百科、自由的百科全書，二〇一四年十一月三十日。
132.《茉莉花革命》。百度百科，二〇一四年十二月二十六日。
133.《茉莉花革命見證人民力量》。臺灣讀報教育指南，二〇一一年。
134.《中國茉莉花革命》。維基百科、自由的百科全書，二〇一四年八月三日。
135.《中國「茉莉花革命」緣起及其影響》。何清漣著，看雜誌83期，二〇一一年三月十七日。
136.《中國大陸「四五運動」與茉莉花行動：從反極權到反威權》。陳華昇著，國政基金會國政評論，二〇一一年三月十六日。
137.《網民發動中國茉莉花革命，解放軍嚴陣以待》。蘋果日報，二〇一一年二月二十日。
138.《從荒謬的高瑜案看中國的問題》。侯立藩著，風傳媒，二〇一五年五月五日。

血歷史66　PF0169

新銳文創
INDEPENDENT & UNIQUE

中國民主運動史
──從延安王實味爭民主到西單民主牆

作　　者	翁衍慶
責任編輯	盧羿珊
圖文排版	楊家齊
封面設計	蔡瑋筠
出版策劃	新銳文創
發 行 人	宋政坤
法律顧問	毛國樑　律師
製作發行	秀威資訊科技股份有限公司 114 台北市內湖區瑞光路76巷65號1樓 電話：+886-2-2796-3638　傳真：+886-2-2796-1377 服務信箱：service@showwe.com.tw http://www.showwe.com.tw
郵政劃撥	19563868　戶名：秀威資訊科技股份有限公司
展售門市	國家書店【松江門市】 104 台北市中山區松江路209號1樓 電話：+886-2-2518-0207　傳真：+886-2-2518-0778
網路訂購	秀威網路書店：http://www.bodbooks.com.tw 國家網路書店：http://www.govbooks.com.tw
出版日期	2016年4月　BOD一版
定　　價	400元

Printed in Taiwan

國家圖書館出版品預行編目

中國民主運動史：從延安王實味爭民主到西單民主牆 / 翁衍慶著. -- 一版. -- 臺北市：新銳文創, 2016.04

面； 公分. -- (血歷史 ; 66)

BOD版

ISBN 978-986-92257-5-5(平裝)

1. 中國大陸研究 2. 民主運動

574.1 104021594

讀者回函卡

感謝您購買本書，為提升服務品質，請填妥以下資料，將讀者回函卡直接寄回或傳真本公司，收到您的寶貴意見後，我們會收藏記錄及檢討，謝謝！

如您需要了解本公司最新出版書目、購書優惠或企劃活動，歡迎您上網查詢或下載相關資料：http:// www.showwe.com.tw

您購買的書名：______________________________

出生日期：________年________月________日

學歷：□高中（含）以下　□大專　□研究所（含）以上

職業：□製造業　□金融業　□資訊業　□軍警　□傳播業　□自由業

□服務業　□公務員　□教職　□學生　□家管　□其它_____

購書地點：□網路書店　□實體書店　□書展　□郵購　□贈閱　□其他

您從何得知本書的消息？

□網路書店　□實體書店　□網路搜尋　□電子報　□書訊　□雜誌

□傳播媒體　□親友推薦　□網站推薦　□部落格　□其他__________

您對本書的評價：（請填代號　1.非常滿意　2.滿意　3.尚可　4.再改進）

封面設計____　版面編排____　內容____　文／譯筆____　價格____

讀完書後您覺得：

□很有收穫　□有收穫　□收穫不多　□沒收穫

對我們的建議：______________________________

____

____

____

請貼
郵票

11466
台北市內湖區瑞光路 76 巷 65 號 1 樓
秀威資訊科技股份有限公司 收
BOD 數位出版事業部

（請沿線對折寄回，謝謝！）

姓　　名：________________ 年齡：________ 性別：□女　□男

郵遞區號：□□□□□

地　　址：____

聯絡電話：（日）________________（夜）________________

E-mail：____